中译翻译文库

案例教学法在 MTI 口译教学中的应用

理论、实践与反思

姚 斌 / 著

中国出版集团
中译出版社

图书在版编目(CIP)数据

案例教学法在MTI口译教学中的应用：理论、实践与反思 / 姚斌著. -- 北京：中译出版社，2022.9
（中译翻译文库）
ISBN 978-7-5001-7072-3

Ⅰ. ①案… Ⅱ. ①姚… Ⅲ. ①英语－口译－教学研究 Ⅳ. ①H315.9

中国版本图书馆CIP数据核字(2022)第081345号

出版发行 / 中译出版社
地　　址 / 北京市西城区新街口外大街28号普天德胜大厦主楼4层
电　　话 / (010) 68359827，68359303（发行部）；68359725（编辑部）
邮　　编 / 100044
传　　真 / (010) 68357870
电子邮箱 / book@ctph.com.cn
网　　址 / http://www.ctph.com.cn

出 版 人 / 乔卫兵
总 策 划 / 刘永淳
策划编辑 / 范祥镇　钱屹芝
责任编辑 / 钱屹芝
营销编辑 / 吴雪峰　董思嫄

排　　版 / 冯　兴
封面设计 / 潘　峰
印　　刷 / 北京玺诚印务有限公司
经　　销 / 新华书店

规　　格 / 710毫米×960毫米　1/16
印　　张 / 17.5
字　　数 / 269千字
版　　次 / 2022年9月第1版
印　　次 / 2022年9月第1次

ISBN 978-7-5001-7072-3　定价：79.00元

版权所有　侵权必究
中译出版社

序

看到姚斌老师的新作《案例教学法在MTI口译教学中的应用：理论、实践与反思》，不觉为之一振，搁下案头的事情，一睹为快。本书的内容丰富翔实，从案例教学的历史、国内外学者在这一领域的研究，到案例教学的理论以及案例在翻译教学中的具体应用，姚斌教授作了非常全面、详细和专业的阐述。为本书写序，我有些诚惶诚恐，觉得无论再说什么，好像都是对书中内容的重复，但同时我又觉得这是义不容辞的事。说到教学创新以及理论与实践的结合，这本书确实是一个很有意义的尝试。作为一个多年从事翻译教学、研究和实践的教育工作者，我觉得自己有义务支持这一努力。

所谓创新，倒不局限于方法的创新。正如书中所述，案例教学具有悠久的历史，在商学院教学中的应用尤为广泛。将案例教学法引入翻译教学本身是一个非常有益的尝试，但更为重要的是，通过这种方法引入一种理念和思维方式。多年来，关于"教学翻译"还是"翻译教学"的讨论长久不衰，从"教学翻译"向"翻译教学"的转换也是一个蜿蜒曲折的过程。随着翻译教育的高速发展，越来越多的人加入了翻译教师的行列，开始探索学习"翻译教学"的途径。中国翻译工作者协会在21世纪初期翻译教育事业刚刚起飞的时候就洞察到翻译师资的缺失，每年暑期举办全国高校翻译师资培训。但是观念的转换和建立不是几日之功，也不是仅靠了解一些翻译的基本理念、原则和方法就可以完全实现的。

对许多教师而言,最好有一种看得见、摸得着的方法,一种程序或规范,使他们可以按部就班地实施其所掌握的教学理念和教学方法,从而实现从"教学翻译"到"翻译教学"的转换。案例教学方法是按照在实践中学习的基本理念建立的,其特点是本身有一个完整的程序。案例教学的每一个步骤、每一个环节,从案例的制作到使用的整个流程,目的都是实现这一基本的教学理念,达到其教学目的。完成这个程序或流程,就实现了教学的设计理念。换句话说,就是通过程序规范了教学过程,保证教学理念的实现。因此,案例教学可以说是"以过程为基础"(process-based)的翻译教学的具体实例,是实现翻译教学专业化的一个有效手段。

根据其程序的设计,案例教学为教师提供一个新的思维框架,要求教师对翻译教学有一个新的认识。根据设计要求,教师在教学的过程中就很难继续采用传统的讲座式教学方式,不能简单地采用通过例句佐证理论的传统授课方式。在案例教学中,学生首先面对的是实践,他人实践的案例和经验以及自己参与实践的感悟,一切从实践开始。学生在实践中进行观察,发现规律,总结规律。教师的着眼点也不仅限于就事论事以及对语言进行技术上的处理,如词性转换、加字减字,而是帮助学生提高批判性思维能力,在实践的基础上进行总结归纳,从而培育理论升华的能力。

我们经常强调理论与实践的结合,但是理论到底如何与实践相结合,理论如何指导翻译实践?关于这个问题的讨论似乎一直停留在宏观的层面,但我们更需要的是找到理论联系实际的契合点。目前的问题是,宏观理论不少,但大多过于抽象,没有切实落到可操作的层面。而具体的翻译策略或技巧又往往拘于形式上的机械式转换,中间似乎缺了一个环节。案例教学似乎能够为理论结合实践提供这样一个层次,或者平台,其中关键的环节是发现问题、确定问题的根源并找出解决问题的方法。机械式的语言转换方法可以用,但必须知道为什么这样用,既知其一,也知其二。在案例教学中,学习的顺序是:实践—观察—描述—总结规律—形成规范,最后的规范再升华至理论的高度。实际上,自然科学以及社会科学中许多理论基本上都是经这个过程形成的。也许可以这样说,宏观理论是对实践中形成的规范的一种高度概括与描述,但并不能直接指导翻译实践。就自然科学而言,有了基础研究并不能直接开发产品,必须建立起应用科学理论才能以此指导实践。翻译学科也是如此，应该也有基础理论与应用理论之分，而理论结合实践，应该是在应用理论的层面，但又不仅仅是单纯的语言转换的技巧。从这方面讲，案例教学为翻译理论的应用，或者更准确地说，是为翻译研究（translation studies）提供了一个平台。也可以说案例教学拓展了翻译研究的空间，对口译而言尤其如此。

口译的教学，乃至整个翻译教学，最容易出现的问题是就事论事，局部讨论某个语言现象，常常造成翻译的格局太小，见木不见林。而在案例教学中，每一个案例可以说是一个完整的个体，有开始，有结尾，有故事，有结论，有启示，最后形成规范，上升为理论。每一个案例的编写及其教学，都是一个精心打磨的过程，其结果是形成后人可以模仿遵循的惯例。案例教学的整体性与全面性，以及其中产生的规范，正是翻译研究所需的必要条件。对宏观理论进行研究很有必要，若能提出新的理论或模型则更是壮举，但理论的另一层面也不能忽视，就是更能直接指导翻译实践的应用型研究，而且这是一个具有广阔空间的研究领域。

案例教学在翻译教学中有巨大的潜力，但也有其挑战。首先就是对翻译教学中的案例如何定义。应该说案例（case）和例句（example）是不一样的。有经验的教师在教学中会大量地使用例句说明一个问题，而一个案例本身就是一个故事，有头有尾，有结论有启示，是一个整体。如果从形式上作这样的区分，那我们如何归纳翻译中大量的趣闻轶事？有些事情很有启发，但又比较简单，没有太多的前因后果，就单独一件事情而言，不一定能够形成类似于商学院使用的那类完整的案例。关于这一点，姚斌老师作了创新的处理，并没有单纯地追求与商学院普遍使用的案例在形式上的一致，而是采用了比较灵活的案例形式，案例可大可小，不在于事情的复杂程度，而是关注案例可能提供的启示。

另外一个挑战，正如姚斌老师在书中所说，鉴于案例教学在翻译教学中还是一个"新生事物"，案例的编写、收集和累积还远远不够。如果每个学校每个教师个人单独编写或收集自己的案例，也容易出现重复和资源浪费。解决这一挑战需要共同的努力。首先对案例教学在翻译教学中的必要性和重要性需要达成共识，然后由几家院校合作，或者由MTI教指委牵头立项，建立一个全国性的翻译案例库，由各个学校或个人参与编写或供稿，案例库的资源也开放，供各个学校的翻译教师使用。这些年来，关于翻译和语言方面的语料库和教学资料库已不在少数，完全可以以此为基础，开发和建立专门的翻译案例库。这是关系到翻译教学基础设施的大事，只靠一两位教师甚至一两个学校的力量远远不够。

希望姚斌老师的这本著作能够引起翻译界对案例教学的关心和重视，为翻译教学开拓一片新的天地。

鲍川运

美国明德大学蒙特雷国际研究学院高翻学院教授

2022.6.1

前　言

案例教学法（The Case Method）是一种成熟的教学模式。在过去一个多世纪的时间里，案例教学法在法学、商学、医学等诸多学科领域发挥了重要作用，培养了大批服务于经济和社会发展所需的实践性和应用型人才。

2007年，我国正式设立翻译硕士专业学位（Master of Translation and Interpretation，MTI），至今开办MTI项目的院校数量已达316所之多，累计招收9.7万余人。《翻译硕士专业学位研究生教育指导性培养方案》（2011年）明确指出，MTI的培养目标是："德、智、体全面发展、能适应全球经济一体化及提高国家国际竞争力的需要、适应国家社会、经济、文化建设需要的高层次、应用型、专业性口笔译人才。"由此看来，在MTI专业的口笔译人才培养过程中采用案例教学法可以说是"水到渠成"。

将案例教学法应用于MTI口译教学是笔者近几年来一直在实践中探索的方向。笔者在为硕士研究生和本科生开设的"口译职业与伦理"课程中尝试用大量来自职业实践中的案例作为教学的主要工具，同时在口译技能训练中尝试引入案例教学法作为有效的手段之一。这样的教学模式取得了较好的效果，也收获了学生的好评。不少学生在教学反馈中提出希望更系统地开展案例教学。

2021年3月，笔者与朱玉犇的《从新手到高手：口译实战案例30讲》一书出版，其中不仅收录了我们在过去几年课堂教学中使用过的源于自身口译实践的案例，而且还通过访谈搜集了大量来自一线职业译员的鲜活案例。书中的案例及相关分析既可以供口译学习者和爱好者阅读与学习，也可应用于口译课堂上的案例教学。

然而，尽管案例教学法的教学成效已为多领域的人才培养实践所充分证明，同时其对MTI口译教学的适用性也在笔者的教学实践中得到证明，但毕竟这种教学模式目前对多数口译教师来说仍是一个"新鲜事物"，若要得到更加广泛地推广与应用，尚需更多从事口译教学的同仁了解和参与。正因如此，笔者萌发了撰写本书的想法。

为使案例教学法能够在MTI口译教学中真正落地，本书对案例教学法应用于MTI口译教学的理论基础进行了剖析，并对案例教学模式中的一些核心要素，如教学案例采编、教学原则和流程进行了阐释，同时还提供了多个教学案例样本和教学过程实例。理论和要素的阐释为案例教学法系统地应用于MTI口译教学提供了理论基础，而案例样本和教学过程实例的展示则为广大口译教学同仁探索和实施案例教学提供了实践指南。因此，本书的主要对象是有志于将案例教学法应用于口译课堂教学的教师，同时也适合对口译教学和口译人才培养有兴趣的广大读者。

"问渠哪得清如许？为有源头活水来。"只有不断探索和创新，MTI教育改革的源头活水才不会中断，MTI教育才能真正肩负起为我国经济与社会建设提供高层次、应用型和专业性口笔译人才的重任。将案例教学法应用于MTI口译教学是在MTI教育改革创新大势背景下的一种尝试，我们希望以此为契机，推进MTI人才培养模式创新，切实提升MTI人才培养质量。

在开展将案例教学法应用于口译教学的研究和实践以及撰写本书的过程中，笔者得到过很多师友的启发和帮助。首先要特别感谢美国明德大学蒙特雷国际研究学院高翻学院的鲍川运教授，他不仅在百忙之中拨冗为本书撰写序言，而且充分肯定了案例教学法应用于翻译教学的潜力，使笔者更加坚定了在这个领域继续探索前进的信心。同时我也要感谢北京语言大学高翻学院的刘和平教授，她对将案例教学法引入口译教学的认可，以及她本人在这方面所做的大量工作都给了我启示和动力。我还要感谢对外经济贸易大学英语学院王建国教授、复旦大学外文学院王炎强副教授、北京外国语大学中国外语与教育研究中心徐浩副教授、北京语言大学高翻学院雷中华博士,与他们的学术交流带给了我启发和灵感。感谢本书中所用诸多案例的"主人公"们,他们慷慨提供了自身的口译实践案例,这些鲜活的案例为口译教学和口译人才培养提供了源源不断的"养料"。感谢国际会议口译员协会(AIIC)会员魏震钢参与组织模拟情境口译案例教学实践,并校改了相关部分的文字内容。当然,我也要特别感谢我教授过的历届同学,他们的积极配合与反馈,使得我可以在实践中不断改进案例教学法在口译教学中的应用成效。

衷心感谢中译出版社,特别是钱屹芝和范祥镇两位编辑老师为本书的编辑和出版付出的辛勤劳动,同时也特别感谢中译出版社刘永淳副总编辑对本书内容的肯定。他们的鼓励和协助使得本书质量得到进一步提升。千虑一失,书中若仍有错漏之处,均为笔者本人之责。

本书作者姚斌入选2019年"北京外国语大学卓越人才支持计划"。本书的出版还得到了以下项目的经费资助:北京外国语大学双一流建设科研项目(项目名称:多语种翻译教学理论与实践研究,项目批准号:2022SYLPY003);中央高校基本科研业务费专项资金项目(项目名称:翻译人才培养的"北外模式"构念研究,项目批准号:2021JJ026);2019年北京外国语大学一流学科建设经费项目(项目名称:北外多语种高层次翻译人才培养创新模式的构念研究,项目批准号:YY19ZZB004)。在此一并鸣谢。

姚斌

2022.6.1

目 录

第一章 绪论 ... 1
第一节 我国专业学位研究生教育的发展历程及其特点 ... 2
第二节 翻译硕士专业学位（MTI）的设置和人才培养模式 ... 4
第三节 案例教学法与翻译能力培养 ... 8

第二章 案例教学法及其在翻译教学中的应用研究 ... 12
第一节 案例教学法的历史与内涵 ... 12
 一、案例教学法发展简史 ... 12
 二、案例教学法的内涵 ... 16
第二节 案例教学的实施 ... 20
 一、"案例"的特点 ... 20
 二、案例教学的实施步骤 ... 21
第三节 案例教学法应用于翻译教学的研究综述 ... 23
 一、案例教学法应用于笔译教学研究 ... 23
 二、案例教学法应用于口译教学研究 ... 32
 三、案例教学法应用于翻译职业伦理教育研究 ... 35
 四、案例教学法应用于翻译教学研究中的问题和建议 ... 41

第三章　案例教学法应用于 MTI 口译教学的理论基础　45
- 第一节　建构主义学习论视角下的"教"与"学"　45
- 第二节　案例教学法应用于 MTI 口译教学的教学论基础　47
  - 一、从传统教学论到现代教学论　47
  - 二、教师和学生的角色变化　52
- 第三节　MTI 口译案例教学的三要素　55
  - 一、教学目标　55
  - 二、教学案例（库）　57
  - 三、教学方法　61

第四章　MTI 口译教学案例采编　64
- 第一节　明确口译案例的教学目标　65
- 第二节　口译教学案例素材的来源　68
  - 一、教师本人的口译实践经历　69
  - 二、译员回忆录　70
  - 三、公开或未公开发表的论文　71
  - 四、口译实务案例集　72
  - 五、互联网和社交媒体　73
  - 六、口译员访谈　74
- 第三节　口译教学案例的撰写　75
  - 一、准备案例正文　76
  - 二、提出课堂讨论的问题　80
  - 三、编写或准备与正文相关的辅助资料　81
  - 四、编写教学案例使用说明书　81
- 第四节　口译教学案例采编的指导原则　83
  - 一、典型性　83
  - 二、时代性　84
  - 三、职业性　85
  - 四、创新性　86

  五、真实性   87
  六、趣味性   89
 第五节 口译教学案例样本   90

第五章 MTI 口译案例教学的原则和流程   107
第一节 口译案例教学的基本原则   107
  一、创设良好的教学环境   107
  二、准确把握学生特点   108
  三、以学生为中心   110
  四、开放参与   112
  五、以能力培养为重点   114
  六、教学内容和形式的多样性   118
第二节 口译案例教学的基本流程   121
  一、课前准备   122
  二、课堂实施   132
  三、课后评估   140

第六章 MTI 口译案例教学实例   143
第一节 口译工作中的"忠实性"原则   144
  一、课前准备   144
  二、课堂实施   147
  三、课后评估   153
第二节 口译工作中的"中立性"原则   154
  一、课前准备   155
  二、课堂实施   159
  三、课后评估   164
第三节 模拟情境口译案例教学实例   166
  一、课前准备   166
  二、课堂实施   172

三、课后评估 　　　　　　　　　　　　　　183
第四节　视译案例教学实例　　　　　　　　　　　184
　　一、课前准备 　　　　　　　　　　　　　　185
　　二、课堂实施 　　　　　　　　　　　　　　190
　　三、课后评估 　　　　　　　　　　　　　　198
第五节　交替传译案例教学实例　　　　　　　　200
　　一、课前准备 　　　　　　　　　　　　　　200
　　二、课堂实施 　　　　　　　　　　　　　　209
　　三、课后评估 　　　　　　　　　　　　　　217
第六节　同声传译案例教学实例　　　　　　　　219
　　一、课前准备 　　　　　　　　　　　　　　219
　　二、课堂实施 　　　　　　　　　　　　　　229
　　三、课后评估 　　　　　　　　　　　　　　240

第七章　案例教学法应用于MTI口译教学：必要性、挑战与前景　　　　　　　　　　　　　　245
第一节　案例教学法应用于MTI口译教学的必要性　　245
第二节　案例教学法应用于MTI口译教学的挑战　　249
第三节　案例教学法应用于MTI口译教学的前景　　251

参考文献　　　　　　　　　　　　　　　　　　255

第一章 绪论

2015年5月11日,国家教育部下发《关于加强专业学位研究生案例教学和联合培养基地建设的意见》[①],指出:"加强案例教学,是强化专业学位研究生实践能力培养,推进教学改革,促进教学与实践有机融合的重要途径,是推动专业学位研究生培养模式改革的重要手段。"

2020年11月28日,国务院教育督导委员会办公室印发《全国专业学位水平评估实施方案》[②](以下简称《方案》),全面启动对包括翻译在内的30个专业学位类别开展评估工作。在"教学质量"评估指标方面,《方案》特别提出要"重点考察课程体系建设、校外资源参与教学、案例教学应用与开发建设等方面的情况,以及对学生应用能力和职业能力培养的支撑成效"。

国家教育主管部门专门发文推动案例教学法在专业学位研究生教育中的发展,将其视为"推进教学改革"和"推动专业学位研究生培养模式改革"的抓手,更在对专业学位水平的评估中将"案例教学应用与开发建设"作为重要指标。这无疑说明案例教学法在专业学位研究生教育中占有的重要地位。为理解案例教学法为何在专业学位研究生教育中受到如此重视,我们将首先从我国专业学位研究生教育的发展历程及其特点开始探寻。

---

① http://www.moe.gov.cn/srcsite/A22/moe_826/201505/t20150511_189480.html. 2022-6-1. 全书下同.
② http://www.moe.gov.cn/srcsite/A11/s7057/202011/t20201126_501861.html.

第一节　我国专业学位研究生教育的发展历程及其特点

我国的专业学位研究生教育正式起步于1991年，至今已有30年历史。但与英美等国相比，我国专业学位研究生教育起步时间较晚。美国的哈佛大学早在1908年就已经授予了第一个专业学位，即工商管理硕士学位（MBA）。目前，美国每年授予的硕士学位中，80%以上是应用型学位。而英国目前的专业学位研究生教育也已成为研究生学位教育的主体，在校专业学位研究生规模占研究生总规模的80%左右。其他一些发达国家，如法、德、日、韩等也都高度重视专业学位教育的发展，以职业导向或应用性较强的领域为重点，设置了类型丰富、适应专门需求的专业学位，有力地支撑了本国的经济与社会发展。

我国在1991年设立的第一个专业学位就是工商管理硕士。2010年以来，我国专业学位研究生教育的发展比较迅猛，截至2019年，我国已设置了5996个硕士专业学位授权点，累计授予硕士专业学位321.8万人。自2017年起，专业硕士招生规模始终高于学术学位硕士。2019年我国硕士研究生总招生规模为81.1万人，其中专硕招生47.4万人，占招生总数的58.5%。2019年全国专业硕士研究生在校147.4万人，占比60.4%。可以说，经过30年左右的发展，应用型人才培养从不及学术型人才，到与学术型人才培养并重，现在已经发展到超越学术型人才规模的局面。目前，针对行业产业需求我国已经设立了包括工商管理硕士、法律硕士、教育硕士、工程硕士、翻译硕士等在内的47个专业学位类别。根据国务院学位委员会、教育部2020年9月25日印发的《专业学位研究生教育发展方案（2020—2025）》，到2025年，以国家重大战略、关键领域和社会重大需求为重点，我国还将增设一批硕士、博士专业学位类别，并将硕士专业学位研究生招生规模扩大到硕士研究生招生总规模的三分之二左右。[①]

专业学位是应我国经济和社会迅速发展的需求而设立的。经济建设和

---

① http://www.moe.gov.cn/srcsite/A22/moe_826/202009/t20200930_492590.html.

社会发展都需要大量应用学科的高层次人才。在1996年7月国务院学位委员会发布的《专业学位设置审批暂行办法》①中就明确指出，设立专业学位是为了完善我国学位制度，加速培养经济建设和社会发展所需要的高层次应用型专业人才；……培养目标是特定职业高层次专门人才。国务院学位委员会、教育部2002年1月《关于加强和改进专业学位教育工作的若干意见》②进一步指出，实践证明，专业学位教育适合我国国情和教育实际，已成为学位与研究生教育的重要组成部分，是培养应用型高层次专门人才的重要途径。国务院学位委员会和教育部将积极发展专业学位研究生教育，大力推动研究生教育结构调整，培养高层次应用型专门人才等内容列为2009年、2010年工作要点。在2010年7月颁布的《国家中长期教育改革和发展规划纲要（2010—2020）》中亦将"加快发展专业学位研究生教育"列为高等教育发展的重要任务之一。以上的重要事实说明，对专业研究生教育发展的重视是自我国恢复研究生教育、实施学位制度以来，在学位与研究生教育发展理念方面的一次比较重大的历史性调整（黄宝印，2010）。

我国于1981年开始实施学位制度，但在较长的时间里，我国硕士研究生教育都定位于培养具有独立从事科学研究或教学或工作能力的教学科研人才。随着我国经济和社会的发展，仅培养学术型的硕士研究生已不能满足经济建设和社会发展的迫切需要。因此有必要大力发展专业学位，实现研究生教育理念的深刻转变。与学术型学位相比，专业学位教育在培养目标、课程设置、培养方式以及知识和能力结构方面都有其特定要求和质量标准。设置专业学位的目标是针对社会特定职业领域需要，培养具有较强专业能力和职业素养、能够创造性地从事实际工作的高层次应用型专门人才。因此，专业学位一般设置在知识密集、需要较高专业技术或实践创新能力、具有鲜明职业特色、社会需求较大的领域。在培养方式方面，专业学位教育的特点主要体现为由各专业学位教育指导委员会设置统一的指导性培养方案和采用紧密结合职业实践的教学模式。专业学位研究生课程内容的设计依据的是特定职业领域需要，而非学科体系。课程内容

---

① http://www.moe.gov.cn/s78/A22/xwb_left/moe_833/tnull_3445.html.
② http://www.moe.gov.cn/s78/A22/xwb_left/moe_826/tnull_3077.html.

要"着重培养学生的思维能力、逻辑推理能力和操作能力以及观察问题和创造性解决问题的能力",因此在教学方法上强调多样化,要将教师讲授与师生研讨、模拟场景、案例教学、实习实践等形式有机结合(黄宝印,2007)。从专业研究生培养的角度来看,其核心是"学生的专业素养及就业、创业能力"(黄宝印,2010)。

总之,专业学位研究生教育的特色可以概括为"以职业需求为导向,以实践能力培养为重点,以产学结合为途径"(黄宝印、唐继卫、郝彤亮,2017)。正是在我国专业学位研究生教育蓬勃发展的背景下,翻译硕士专业学位也于 2007 年应运而生。

第二节　翻译硕士专业学位(MTI)的设置和人才培养模式

翻译硕士专业学位是在我国专业学位研究生教育快速发展时期设立的。2007 年 1 月 23 日国务院学位委员会第 23 次会议审议通过设置翻译硕士专业学位。该专业学位的设置是"我国翻译学科发展的一个里程碑式的成果,为我国翻译学的学科发展指明了方向,为我国培养高层次、应用型的专业化翻译人才提供了重要途径"(仲伟合,2017)。

翻译硕士专业的设置,恰逢中国走向国际舞台中央之时。中国与世界各国的交往、交流迅速扩展。伴随着经济发展和国际合作的深化,我国对翻译需求激增,翻译产业也呈现了"井喷式增长"的态势。然而,在翻译硕士专业设置之前,虽然我国每年获得外国语言文学学科硕士学位的人数已达万名,但其中能从事翻译实践的应用型人才却只占很小比例,现有的翻译从业人员远远不能满足市场的需求,尤其是对高端翻译人才的渴求。翻译需求激增与翻译人才供给不足之间的矛盾是设置翻译硕士专业的主要动因。在论述设置翻译硕士专业必要性时,仲伟合(2006)指出,"翻译职业本身有很强的职业背景,对于译者要求有很高的双语能力,跨文化交际应对能力及广泛的专业知识,是典型的高层次、应用型人才。……合格的职业翻译应该在研究生层次。"而这样的人才在传统的外语学科研究生教育体系下是很难培养出来的，必须专门构建适用于高层次、应用型翻译人才成长的培养体系。

事实证明，翻译硕士专业学位的设置确实顺应了国家发展的战略需求。近十年来，随着"中国文化走出去""讲好中国故事""一带一路""构建人类命运共同体"等国家倡议的次第提出，对高层次、应用型翻译专业人才的需求也与日俱增。在此背景下，翻译硕士专业学位教育一直保持了较快发展速度。2008 年，MTI 招生人数还只有 350 人，而到 2020 年，年均招生数量已经突破 1 万人。截至 2020 年 12 月，全国的 MTI 累计招生人数已达 8.3 万人，已为我国的经济建设和社会发展累计输送了 5.7 万余名毕业生。截至目前，全国共有 262 所院校设立了翻译硕士专业学位点，共有学位授权点 259 个，开设语种数量及专业领域数量分别达到 11 个和 22 个。翻译硕士专业招生人数已经超过学术型翻译硕士招生人数，成为我国高层次、应用型翻译人才供给的主要来源。

正如其他专业学位一样，翻译硕士专业学位也同样在培养目标、课程设置、培养方式及素质要求方面与学术性翻译硕士有明显差异。根据 2007 年《翻译硕士专业学位设置方案》（以下简称《设置方案》），翻译硕士专业学位的培养目标是"具有专业口笔译能力的高级翻译人才"，学位获得者应具备"较强的语言运用能力、熟练的翻译技能和宽广的知识面，能够胜任不同专业领域所需的高级翻译工作。"[①] 2011 年 8 月修订的《翻译硕士专业学位研究生教育指导性培养方案》（以下简称《培养方案》）则进一步丰富了培养目标的内容："培养德、智、体全面发展、能适应全球经济一体化及提高国家国际竞争力的需要、适应国家社会、经济、文化建设需要的高层次、应用型、专业性口笔译人才。"《培养方案》中所修订的培养目标更具体，也更能体现专业学位的特色。

在培养方式方面，《设置方案》提出翻译硕士专业研究生教育应"采用课程研讨、模拟、实训等多种形式；充分利用现代化教育技术手段和教学资源；强调学生学习的自主性和教学的互动性；加强教学实践，学生在读期间必须完成一定数量的翻译实务"。而《培养方案》则进一步明确了

---

① http://www.moe.gov.cn/s78/A22/xwb_left/moe_833/tnull_33152.html.

具体的教学手段,指出应"采用实践研讨式、职场模拟式教学。口译课程可运用现代化电子信息技术,如网络技术、口译实验室、多媒体教室等设备开展;笔译课程可采用项目式授课,将职业翻译工作内容引入课堂,运用笔译实验室或计算机辅助翻译实验室,加强翻译技能训练的真实感和实用性;要聘请有实践经验的高级译员为学生上课或开设讲座"。从方案中有关培养方式的内容来看,与其他专业学位教育相仿,翻译硕士专业教育的培养重点也是学习者的"职业能力"。方案中所列各种教学手段的共同特点是都旨在连接翻译课堂与职场实践,为学生打造从课堂到职场的"直通车"。

专业学位的人才培养是直接面向职场的,也就是说,用人单位对翻译硕士专业毕业生的期待是一走上工作岗位就能较为熟练地独立开展工作,所以翻译硕士专业毕业生必须具备较强的职业实践能力。传统的外语人才培养模式较为单一,学术重于应用,理论重于实践,而且往往有把外语专业等同于翻译专业,将外语人才等同于翻译人才的误解。这种模式下培养的翻译人才很难在毕业时就达到工作岗位的要求,一个外语人才成长为优秀的翻译人才基本上都是依靠在工作岗位上再学习才实现的。从这个角度来看,翻译硕士专业学位解决的核心问题其实就是让应用型翻译人才的培养从传统的外语人才培养及翻译专业研究型人才培养的模式中独立出来。

根据 MTI 教学指导委员会员(以下简称教指委)2018 年发布的《翻译硕士专业学位基本要求》,毕业生应掌握"扎实的语言知识、翻译知识、百科知识和信息技术知识",同时又具备"语言能力、翻译能力、跨文化交际能力、百科知识获取能力及团队协作能力"。这就要求翻译硕士专业的培养必须以新的、不同于传统外语人才或学术型翻译研究人才的方式开展,课程设置和教学方法也必须创新。正如仲伟合、姚恺璇(2016)所指出的:"翻译硕士作为专业学位教育……在课程设置上,应当更加突出专业指向性和实践性。以实践性、应用型课程为主,并辅以丰富的相关领域的专业选修课程。……在教学方法上,要切实采用模拟教学、案例教学和实习实践相结合的方式,使学生在学习期间就对行业有较为系统的了解,提升学生的职业能力和综合素质。"

对我国翻译人才培养现状的相关研究表明,翻译硕士专业学位的设置的确在宏观上转变了翻译人才培养的理念，也为我国经济建设和社会发展输送了不少急需的人才。但不可否认的是，目前翻译硕士专业教育中仍存在一些棘手且亟待解决的问题。这些问题集中体现在一些设置翻译硕士专业的学校培养理念不清、教学方法不新、师资力量不强和实践机会不多等方面（仲伟合，2014；仲伟合、姚恺璇，2016）。出现上述问题的原因是设置翻译硕士学位的学校数量虽然激增，但其中不乏条件尚不完善而"匆匆上马"者。一些具有翻译硕士专业授予权的学校在应用型翻译人才培养方面并不具备丰富的经验，翻译硕士专业在培养模式、教学方法和师资队伍构成等方面都未能与学术型翻译硕士作出明确区分，常常出现专业硕士和学术型硕士课程设置相同，教学方法无异的现象。可以说，自翻译硕士专业设置以来，直至今日，如何实现培养模式和教学方法的创新，进而确保培养质量，一直是 MTI 教指委、各授予点所在高校，以及关心 MTI 专业学位发展成效的人士所关注的焦点问题。仲伟合、姚恺璇（2016）指出，"务必坚持走以质量提升为核心的内涵式发展道路，在自我完善中逐步提升人才培养质量。"

对翻译硕士专业培养模式创新和质量的重视也体现在 MTI 教指委举办的多次年会主题中。2014 年，全国翻译专业学位研究生教育年会的主题为"创新翻译人才培养模式，提升翻译人才培养质量"。2017 年的年会主题是"下一个十年：MTI 教育的传承与创新"。2020 年的年会主题为"对接国家发展战略，提升翻译人才质量"。2021 年年会主题则为"新时代翻译专业教育的高质量发展"。由此可见，翻译人才培养模式的创新和保障培养质量是贯穿 MTI 专业学位发展的一根红线。翻译硕士专业的培养目标不同于学术型翻译硕士，因此在培养模式方面必须走创新之路。正如仲伟合在翻译硕士专业设置十周年之际所指出的："培养人才是翻译专业学位教育的根本任务，只有通过不断创新和改革培养模式，才能完成教育的根本任务。"（仲伟合，2017）

过程决定结果，培养过程中的创新举措如果得当，就可以确保培养出来的人才是符合方案中的培养目标的。但是，翻译硕士专业脱胎于学术型翻译硕士，传统的翻译教学模式仍占据主流地位。这种模式主要体现在：课堂教学由教师主导，学生主要扮演被动接受者的角色；学生对教师的"权威"有较大的依赖性，学生的主体性较弱；教学中理论内容较多，实践性内容偏少；教学材料偏重文学文本，对非文学文本的翻译重视不足；教学的重点是翻译技能，对职业素养的培育不足等。由于翻译硕士专业培养的主要对象是应用型翻译人才，传统翻译教学模式显然不能满足新的需求。高质量的应用型人才培养的关键在于采取具有创新性的、有效的教学模式。

案例教学法是一种在其他专业人才培养领域已经得到充分应用的教学方法，它同样也是适用于翻译硕士专业培养的有效方法。早在2010年，时任MTI教指委主任黄友义就已明确指出："在教学过程中要注重结合社会需求，加强案例教学，培养翻译的实干能力。"（黄友义，2010）仲伟合在谈及翻译硕士培养模式的创新路径时也提到："可以通过建设笔译教学资源库、口译教学资源库和MTI教学案例库，实现翻译专业教育的资源整合。"（仲伟合，2017）可以说，在翻译硕士教育中采取案例教学法既是教育主管部门的要求，也是翻译硕士教育领导层的共识，更是翻译硕士培养模式创新的内在要求。

第三节 案例教学法与翻译能力培养

案例教学法之所以在广泛的专业人才培养领域具有强大生命力，是因为它符合以"职业能力"为目标的专业学位培养的本质规律。翻译硕士专业教育的核心也是能力培养。已有不少研究者指出，翻译专业的课程设置，包括MTI的课程设置，应基于翻译能力的培养而进行（文军，2005；冯全功、张全慧，2011；祝朝伟，2015）。案例教学法着眼于学生分析和解决问题能力的培养，这与翻译能力研究领域的新进展不谋而合。

由西班牙巴塞罗那自治大学翻译系研究人员组建的PACTE小组自1997年以来一直致力于翻译能力及其子能力构成研究。在前人理论探讨和该小组长期的实证研究基础上，他们提出了翻译能力模型，并对翻译行为做出了以下定义："翻译是一种有明确目的的交际行为，在翻译过程中需要做出决策和解决问题，也需要专业知识。"（PACTE，2003）定义中加黑的部分体现了PACTE小组对翻译行为本质的认识。从该定义可以看出，翻译的过程决不仅是表面上看到的不同语言之间的简单对应和转换，而是一个决策和解决问题的过程。这就意味着，一个好的译者理应能够根据实际情况做出正确决策，并解决翻译过程中的难题。

PACTE 小组在 2000 年推出了他们的翻译能力模型第一版（参见图1），其中位于中心地位的是"转换能力"，其四周环绕着"双语交际能力""语外知识能力""心理—生理能力"和"工具使用及职业能力"，置于最外围的是"策略能力"。但在 2003 年翻译能力模型的修正版中，PACTE 小组对翻译能力的子能力构成结构进行了调整。调整后处于中心地位的是之前放在最外围的"策略子能力"，而围绕该核心能力的是"双语子能力""言外知识子能力""工具子能力"和"翻译知识子能力"。"一系列心理—生理因素"则被置于了最外围，对此，马会娟（2013：71）解释道："心理—生理成分可以是影响翻译能力的重要因素，但却不是翻译能力的组成部分"，因此 PACTE 不仅将原先的"心理—生理能力"改成了"心理—生理要素"，而且还将其在能力模型中的位置边缘化了。

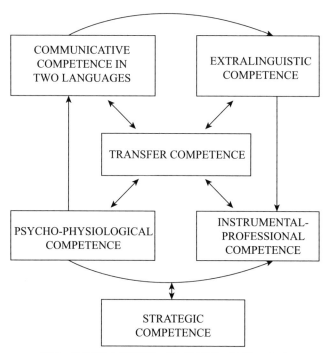

图1　翻译能力模型第一版（PACTE, 2000: 101）

图 2　翻译能力模型修正版（PACTE，2003：60）

PACTE 小组多年致力于翻译能力实证研究，对模型的修正体现了他们的研究成果。他们在研究中认识到，在翻译能力的各项子能力中，最核心的应该是策略运用的能力，而非语言转换能力。根据 PACTE 小组的定义，"策略子能力"是指："保证翻译过程效率和解决所遇难题的程序性知识。它是影响到其他所有子能力的核心子能力，因为它控制着整个翻译过程，并在不同子能力之间建立联系。"（PACTE, 2003）"策略子能力"的功能有以下四种：（1）规划翻译过程，开展翻译项目（选择最合适的方法）；（2）评估翻译过程及已译出的部分译文与翻译目的之间的联系；（3）激活其他各种子能力，弥补其他子能力可能存在的不足；（4）发现翻译难题，并按一定程序解决这些难题。

PACTE 小组在多年研究的基础上将"策略子能力"置于翻译能力的核心地位，是因为翻译的过程在本质上就是解决翻译难题，不断做出决策的过程。反观案例教学法，其主要目标正是为了培养学生分析和解决问题的能力。在实施案例教学法的过程中，通过对真实发生的翻译案例的思考和分析，学生需要在拟真的环境中对翻译中的难题提出解决方案。这其实就是培养学生在翻译过程中策略运用的能力。只有掌握了良好的"策略子能力"，学生才能在今后的职业工作中遇到难题时从更高的层次看待问题和解决问题。

PACTE 小组的研究主要针对笔译能力，但其研究成果同样适用于口译能力。口译能力的子能力构成非常复杂，据刘和平归纳，口译能力至少"可以涵盖脱离原语语言外壳能力、听取分析能力、短期记忆能力和协调能力、记笔记能力、记忆能力、笔记信息读取能力、译语生成能力、话语分析能力、跨文化理解能力、源语及言外知识的理解能力、目标语重构能力、转换能力、抉择能力等"（刘和平，2018：165）。其中，口译员的"抉择能力"是关键。所谓"抉择能力"就是指口译员在面对职业实践中的问题时对情境作出正确判断，并据此作出适宜的行为选择的能力。与 PACTE 所提的"策略子能力"类似，"抉择能力"是决定译员其他诸种能力是否能够发挥的关键所在，换句话说，其他各种能力最终都要体现在"抉择能力"上。如果译员缺乏"抉择能力"，其他所有能力也就无用武之地了。案例教学法的核心就是通过对案例的分析和讨论培养学生在面对职业问题时分析和解决问题的能力，这正是口译员所需要的"抉择能力"。

在口译能力培养方面，刘和平提出了包括自省式、互动式、模拟式、实战式和团队式等教学方法在内的"口译五式教学法"。自省式主要是指由学生对自身的口译能力发展进行自评和反省，提高教学的针对性。互动式指以学生为中心，最大限度地调动学生课堂主动参与的积极性。模拟式是指模拟实际口译环境，在相对真实的环境中给学生提供"感悟"或"顿悟"的条件，并通过有效的"自省"和讨论，改善学生的心智行为和行为模式。实战式是指以"项目"为主导，将有代表性、能集中体现翻译某些能力的项目直接引入课堂，为学生进入职场奠定良好的基础。团队式强调的是学生之间的团队合作（刘和平，2018：55-63）。"口译五式教学法"所强调的自省、互动、模拟、实战和团队合作等都是案例教学法的特征。可以说，在口译教学中应用案例教学法可以较好地实现上述"五式教学法"的目的，全面提高口译人才的培养质量。

作为一种效果已在多个专业领域人才培养中得到充分检验的方法，案例教学法对翻译教学的适用性在过去 20 年左右的时间里也逐步吸引了研究界的关注，下一章我们将介绍案例教学法的内涵、特点及实施方式，并对案例教学法应用于翻译教学的相关实践与研究进行综述。

第二章 案例教学法及其在翻译教学中的应用研究

一般认为，现代意义上的案例教学法（The Case Method）最早起源于美国哈佛大学。19 世纪 70 年代，朗代尔（Christopher Columbus Langdell）在担任哈佛大学法学院院长期间将案例引入法学教育。19 世纪 90 年代，哈佛医学院开始应用案例教学的方法。1908 年成立的哈佛商学院又将案例教学法引入商业教育领域。自那以后，案例教学法逐渐成熟发展，并在 20 世纪 60 年代以后在很多专业教育领域得到广泛应用。自 20 世纪 90 年代末以来，翻译教学领域的实践者和研究者也为案例教学法在翻译人才培养方面发挥独特作用做出了一些有益的探索。

第一节 案例教学法的历史与内涵

一、案例教学法发展简史

顾名思义，案例教学法，是指以案例作为载体开展的教学活动。实际上，这种教学方法的雏形在中西方都至少可以追溯到两千多年以前。中国古代的王朝统治者很重视总结前朝统治中的成败经验，在《诗经·大雅·荡》中就有"殷鉴不远，在夏后之世"之语，这句话就是在借夏朝亡国的"案例"劝勉商朝统治者。春秋战国时代的诸子百家中有不少都很善于利用"案例"来阐发观点，例如，《韩非子》中的"滥竽充数""买椟还珠""自相矛盾"等寓言故事直到今天仍有很强的教育意义。从这些故事中，读者所获得的信息并不限于故事情节本身，而是从中悟出了做人做事的一些道理，同时也增强了自己的分析和理解能力。当然寓言故事不完全等同于现代教学意义上的"案例"，它们可以说是"案例"的雏形。

这种讲故事的方法在后世得到进一步发展，特别是在史学和医学领域。例如，《资治通鉴》就是一部以收集前朝案例，教育当朝统治者为目的的史书。在《资治通鉴》的序言中，宋神宗写道："其所载明君、良臣，切摩治道，议论之精语，德刑之善制，天人相与之际，休咎庶证之原，威福盛衰之本，规模利害之效，良将之方略，循吏之条教，断之以邪正，要之于治忽，辞令渊厚之体，箴谏深切之义，良谓备焉。"这段序言是对《资治通鉴》内容的概括。从中可以看到，这部书正是为读者提供了历史上大量的统治成败、朝代兴亡的案例，列出这些案例的目的绝不仅仅是讲述一些历史故事，而是需要统治者从中汲取经验教训，用以更好地治理自己的国家。在医学领域，中国古代也留下了大量的名医医案，学医者在正式行医之前，往往要反复仔细阅读和分析这些医案，从前辈医生辨证、开方和预后判断中获取知识、治疗方案和启示。由此可见，通过"案例"学习治国理政之道和悬壶济世之术其实是我国自古以来从未中断的传统。

在西方，案例教学法亦可以上溯到古希腊、古罗马时代。著名的古希腊哲学家和教育家苏格拉底采用对话和讨论等方式对学生进行启发式教育。他主张对权威或前人观点采取批判性思维，所用方法中就有利用"案例"进行教学。柏拉图继承了老师的教学方法，在他撰写的《理想国》一书中，就讲述了多个蕴含深刻道理的故事。比如著名的"洞穴故事"，讲的就是一群被关押在山洞中的囚犯，每天只能看到洞穴墙上的影子，以为那些影子就是真实世界。直到有一天，他们中的一人出了山洞，顿觉阳光刺眼，并且因为习惯了看墙上的影子，反倒觉得洞外的世界是虚假的。柏拉图通过这个故事让读者感悟到现象与本质的关系，并且反思自身对世界的看法，这与今天的案例教学法很相似。当然，正如韩非子所讲的故事一样，柏拉图的故事也有较多的虚构成分。这里我们不妨简单地分析一下传统文学、史学等领域的"讲故事"与我们所说的"案例教学"的异同。

首先,"故事"的内容是可以虚构的,诸子百家在用故事讲道理的时候,故事的内容既可能是真实的,也可能是虚构的,讲故事是服务于说道理的目标。而"案例"中的内容必须来自真实情境,尽管可以在细节上做一些加工处理,但必须是真实发生过的事件,绝不能为了达到某种教学目的而虚构情境。运用"案例"进行教学的最终目的并不是仅仅说明某种既定的道理,而是要让学习者通过对"案例"的思考和讨论锻炼和提高分析问题和解决问题的能力。其次,"故事"是可以流传很久的,其中的道理也往往具有跨时空的性质,例如,"自相矛盾"的故事到今天仍有其教育意义,而且其中的道理对任何人都是有启发的。而"案例"则通常有一定的时效性和行业性。"案例"一般是最近特定时间内在某个特定行业发生的,这样才具有教学意义。因为"案例"用于某一行业人才的培养,因此"案例"应该是该行业内出现的,而且应该是能够体现行业发展现状的,这样其应用价值才更强。最后,传统的"讲故事"一般都是作者单向的讲述,而且是把故事和其中蕴含的道理一股脑地灌输给读者,其主要是为了说明作者的观点。而"案例教学"强调的却是学习者对案例开展集体分析和讨论的过程,在此过程中,通过师生、生生之间的互动,共同探索和建构案例背后的意义。

1870年前后美国哈佛大学法学院院长朗代尔提出一种新型的法学教育方法,即直接采用法庭的判例作为教学内容。受其启发,哈佛医学院在19世纪90年代开始引入案例教学的方法。但案例教学法最终形成规模和影响还要归功于1908年成立的哈佛商学院。商学院首任院长盖伊(Edwin Gay)在学院成立伊始就提出,商学院的教学方式应该是实践性的,课堂教学内容应该是讨论商业管理中的各种问题(Copeland, 1958: 255)。在他的大力倡导下,1911—1912年,阿奇·萧(Arch Wilkinson Shaw)在商业政策课上采用了邀请工商界领袖直接进课堂,与学生分享自己在经营中所遇到问题的教学方式。这种教学方式打开了课堂与产业界的通道,而这门课留下的演讲资料成为后来商学院首批案例的基础。盖伊院长将这种教学方法称为"问题教学法"(The Problem Method)。

多纳姆(Wallace Donham)是商学院第二任院长。在他1919年上任时，案例教学的方法已经有了一定基础。多纳姆在此基础上开始大力推动案例教学法在哈佛商学院课程中的广泛应用。上任不到一周，他就邀请时任商业研究处（Bureau of Business Research）主任的科普兰（Melvin T. Copeland）编写第一本教学案例集。这本案例集于 1920 年出版，名为《营销问题》（*Marketing Problems*），由此标志着案例教学法的成型。1921 年，多纳姆院长将这种基于案例的教学方法定名为"The Case Method"，不再使用前任院长盖伊所采用的 The Problem Method。这一命名一直延续至今，也就是我们所熟知的案例教学法。对于命名的变化，多纳姆曾做过一番解释："我用'case'一词替代'problem'，是因为后者不能体现围绕具体情境的真实情况和具体细节，而这些是情境符合生活现实的前提。一个案例中总会包含一个或多个问题。"（Donham, 1922: 57）

在多纳姆的大力推动下，案例教学法在哈佛商学院教授的各门课程中得到广泛应用。学院 1923—1924 年度的报告宣称，全院已有三分之二的课程都采用了案例教学法，而到 20 世纪 30 年代中期，案例教学法就成了哈佛商学院采用的主要教学方法。不过，案例教学法产生更大范围的影响还要归功于 20 世纪 50—60 年代哈佛商学院在福特基金会的资助下连续举办的 11 期 8 周制的案例教学研讨班。研讨班邀请了 20 多名管理学院院长和资深教授参加，这才使得案例教学法逐渐推广到美国其他商学院以及加拿大等国的商学院。到了 20 世纪 60 年代，案例教学法又被其他不少专业教育领域所借鉴和广泛应用，该教学法渐趋成熟。

案例教学法引入我国是在改革开放以后。据谢敬中（1983）介绍，案例教学法是我国工商行政管理代表团 1979 年访美后才被介绍到国内的。国内最早公开发表的介绍案例教学法的文章就是谢敬中的《案例教学法简介》，发表在《成人教育》杂志 1983 年第 6 期上。该文简要介绍了案例教学法的历史、实施方法以及案例采编过程。1980 年美国商务部与我国教育部、国家经济委员会、国家科学技术委员会联合举办了"袖珍 MBA"培训班，并将中美合作培养 MBA 的项目执行基地设在大连工学院，成立了"中国工业科技管理大连培训中心"。培训中心成立后，中美双方教师组成了案例开发小组，到中国企业实地考察并采编了 83 篇教学案例，编写了《案例教学法介绍》一书。可以说，这本书是我国最早编著的教学案例集。1986年，大连培训中心首次举办了为期两周的案例教学培训班，年底成立"管理案例研究会"，次年创办《管理案例教学研究》（朱方伟、孙秀霞、宋昊阳，2014：2）。这一系列的举动标志着案例教学法开始被我国的工商管理教育界所认识和接受，并对案例教学在国内管理教育领域的广泛应用起到了较大的推动作用。

20世纪90年代开始，由于工商管理硕士专业学位（MBA）的设立，我国的工商管理教育进入了蓬勃发展期，案例教学法也迎来了发展的春天。1997年，MBA教指委正式提出在56所MBA培养院校推广案例教学法。同时，以哈佛商学院为代表的国外知名商学院也加大了对我国市场的培育开发力度，在这些商学院所广泛采用的案例教学法自然也随之推广。在这样的背景下，案例教学法不仅在我国管理教育领域快速推广，而且还逐步应用到其他多个专业教育领域。

案例教学法在国内的推广应用主要得益于专业学位教育的迅猛发展。2013年，教育部学位与研究生教育发展中心牵头开始建设"中国专业学位案例中心"（https://case.cdgdc.edu.cn/index/enterIndex.do）。在对"案例中心"的介绍中，案例教学法被视为推动专业学位培养模式改革，提高人才培养质量的良策。迄今，"案例中心"已经收录了公共管理、会计、教育、工商管理、法律、工程管理、林业、汉语国际教育、临床医学、药学、风景园林、兽医、农业、税务、文物与博物馆、公共卫生、护理、旅游管理、国际商务、保险、警务、出版、口腔医学、中药学、中医、图书情报、体育等27个专业教育领域的数千则教学案例。由此可见，教育部在2015年下文推广案例教学在专业学位研究生教育中的应用，以及国务院教育督导委员会办公室在2020年制订全国专业学位水平评估方案时将案例教学作为重要指标纳入是有扎实基础和充足理由的。

二、案例教学法的内涵

我们将从教学理念和教学手段的视角将案例教学法与传统教学方法进行对比，以便更清晰地展示案例教学法的内涵及创新之处。

在1931年发表的《案例教学法》一文中，哈佛商学院教授德文

（Arthur Stone Dewing）对工商管理教育领域的案例教学法与传统教学法进行了对比。他认为，传统教学法只是"对商业经验和结果的概括。这些经验和结果按照一定的规律整理、排列和系统化，抛给商学院学生们的是令人眼花缭乱的一堆原本要通过长期经验积累才能得出的最终和确定无疑的结论，或者说是商业行为中最实用和最好用的方法"（Dewing, 1931）。传统教学方法又被称为"灌输法"（The Telling Method），即由教师将知识、分析方法和结论单向灌输给学生，学生只能通过死记硬背的方式记住这些内容。然而，在这种教学方法下，学生没有主动性，也缺乏独立分析与思考，一旦遇到新问题，从已学内容中找不到现成答案时，就不知道该如何切入和解决问题了。

而案例教学法的理念恰恰与此相反。德文指出，案例教学法鼓励学生从现实情况出发思考问题，并提出行动方案。他认为，"教育的终极目标是培养思考的能力，而不是了解一堆事实，如果案例教学法能得到充分的利用，将是实现该目标的最具实践意义的手段。"（Dewing, 1931）德文指出了案例教学法的核心理念，即培养学生的思辨能力，包括分析问题和解决问题的能力。这种能力是可迁移的能力，也就是说，学生通过案例教学所获得的能力是可以在他们今后的实际工作中用以分析和解决实际问题的。

关于案例教学法的定义是比较多的。管理界的权威百科全书《帕尔格雷夫策略管理百科全书》（*The Palgrave Encyclopedia of Strategic Management*）认为："案例教学法采用案例分析作为课堂讨论的基础，目的是在课堂上探索发现具有普遍适用性的概念，或运用概念解决具体问题的手段。换句话说，案例教学法是帮助学生学习如何在社会情境中解决问题和做出决策，而这些正是管理工作的内容。"

在第一章开始提到的教育部《意见》中，也给出了案例教学法的定义，即："案例教学是以学生为中心，以案例为基础，通过呈现案例情境，将理论与实践紧密结合，引导学生发现问题、分析问题、解决问题，从而掌握理论、形成观点、提高能力的一种教学方式。"

案例教学法应用于不同专业领域时，其定义也会有一定的变化，在这里不再一一列出。但我们有必要对这些定义中的核心内容进行提炼，从而对案例教学法的内涵有更全面和深刻的理解。我们可以分别从教与学的关系、教学目的、教学内容和教学效果等方面通过与传统教学方法的对比，探究案例教学法的内涵。

首先，在教师与学生的关系方面。传统教学是以教师为主体的。教师传授知识，学生接受知识，是传统教学模式的主要特征。而案例教学法是以学生为主体的，在教师的引导下，学生的主观能动性得到充分发挥。在案例教学中，教师的角色发生了变化，他/她不再是课堂上理所当然的"主角"，而更像是一位主持人。案例教学对习惯"满堂灌"的教师也是一种不小的挑战，因为角色的变化并不意味着对教师的要求低了，反而意味着对教师的知识储备、理论素养、教学经验乃至实操能力提出了更高要求。在案例教学的过程中，教师必须抓住适当的时机向学生提出问题，在讨论陷入僵局时为学生打开思路，并及时总结讨论中的闪光点，将讨论引向深入。案例教学的过程对教师也是一个学习过程，因为教师经常会发现在围绕案例展开讨论的过程中，学生可能会提出他/她从未想到过的新观点和新视角。案例教学法同样对学生提出了更高要求。在传统教学模式下，学生只要带上笔记本，上课认真听讲，认真记录，就可以顺利完成学习任务。而在案例教学模式下，从阅读案例、分析案例，到加入课堂讨论和进行课后反思，学生必须开动脑筋，积极思考，主动参与，养成较强的自学能力和独立思考的能力。

其次，在教学目的上，传统教学法主要通过教师的单向传授，将知识或观点灌输给学生，学生的主要任务就是牢牢记住知识，并认同和理解一些既定的观点。而案例教学法的目的是促使学生运用理论方法去发现、分析并最终解决问题，并在此过程中，锻炼和提高思维能力、创造能力和人际沟通能力。在应用型专业人才培养领域，有"专家型新手"的概念。所谓"专家型新手"，是指可以"像专家一样进行问题解决、像专家型学习者那样来进行学习"。具体而言，这些"专家型新手"在解决问题的过程中，"像专家一样有较多的反省性监控，对注意资源的较多的调节，对更多的有意义的深层次的信息给予关注，具有更大的情境敏感性，随着复杂性的增加而提升解释的复杂性，对任务性质和难度等进行判断，对过程进行调整、对过程提出问题并不断进行自我评价"（钟建军、陈中永，

2006）。从关于"专家型新手"的研究中我们至少可以得到两条启示：一是要对特定领域专家的思维特征进行充分研究；二是要训练学习者有意识地运用专家思维方式去认知、思考和解决问题。在专业学位教育中，案例教学的对象是在校研究生，他们可能还没有实际工作经验或者实践经验有限。但是，在教师的引导下，通过对职业实践中发生的真实案例的思考与分析，可以训练他们学会专业人士在解决复杂的实际问题时的思维方式和决策模式。这种专家型的思维方式一旦实现"内化"，在进入职场后，他们就会自觉地加以运用，工作时能较快地进入角色，实现更高的起步。可以说，案例教学法是培养职场所需要的"专家型新手"的有效途径。

再次，就教学内容而言，传统教学法以"陈述性知识"的传授为主。而案例教学法则重在传授"程序性知识"。在认知心理学中，"陈述性知识"是指能直接加以回忆和陈述的知识，是一种静态的知识，也即有关"是什么"的知识，而"程序性知识"则是一种动态的、操作性的知识，也即关于"怎么办"的知识。在案例教学过程中，学生围绕案例展开思考、分析和讨论，不仅要识别案例中的问题是什么，更要知道面对问题应该怎么办。因此从教学内容角度来看，传统教学法和案例教学法的区别就是"授人以鱼"和"授人以渔"的关系。

最后，在教学效果方面，由于传统教学法主要依靠教师的单向知识灌输，学生处于被动接受状态，因而往往缺乏创新性、主动性和合作意识。而案例教学法的全过程都是师生共同参与的，在此过程中，学生将形成批判性的思维模式，在遇到问题时会创造性地寻找解决问题的切入点。

综上所述，案例教学法区别于传统教学法的主要特征是：（1）在教学目标上，以全方位提升学生的职业实践能力为目标；（2）在师生关系上，以学生为主体，教师提供引导；（3）在教学内容上，以"程序性知识"为主；（4）在教学手段上，以案例分析为主要抓手。只要抓住这几个主要特征，无论是理解还是实施案例教学就都有据可循了。

第二节 案例教学的实施

一、"案例"的特点

我们在前文中已经简要对比了"案例"和"故事"的差异。在这里有必要对"案例"本身做进一步说明，因为案例是案例教学的基础，案例采编是案例教学的关键环节之一，没有好的案例，案例教学法就很难取得预期成效。

"案例"一词是英文"case"的中文翻译。case 一词的含义较为广泛，但在中文里我们一般会用不同的词对应它在不同领域的应用，如事例、情况、案例、病例等。在现代汉语中，"案例"通常是指具有典型意义，能做范例的个案。但是用于教学的案例则应满足更多基本要求。首先，案例内容必须以实际发生的事件为素材，不能虚构。其次，案例中必须包含特定领域的一个或多个问题。再次，案例应该有明确的教学目的。将案例应用于教学的目的是通过案例让学生"身临其境"地思考和分析问题，引导学生将理论运用于实践，并在此过程中提高他们发现与解决问题的能力。最后，案例的采编和使用必须得到当事人和当事机构的许可。鉴于案例内容的真实性，在没有得到明确许可的情况下，是不能使用的。同时，案例的使用目的也不能超越当事人和机构所允许的范围。如果仅得到在课堂上使用案例的许可，就不能将其用于商业出版目的。

在明确了用于教学的"案例"所包含的几个要素后，我们还需了解什么是"好"案例的标准。首先，案例中必须包含有教学价值来自实践中的问题。案例中的问题应该是具有典型意义，内涵丰富，且有一定挑战性的。但同时问题的难度应与教学目的和教学对象的水平相称。如果难度过低，学生可能会因为没有挑战性而失去讨论的热情。而如果难度超过了学生现阶段的认知水平，他们也可能会因为无法进入角色而失去兴趣。其次，案例中对实际事件的描述，应该能让学生进入"角色"，进入"现场"。案例教学的重要特征就是让学生能够"身临其境"和"感同身受"，只有当学生能进入案例中的"角色"和事件发生的"现场"情境中时，他们才能站在真实角色的角度，从实际发生的情境出发，思考和分析问题。只有这样，他们发现和解决职业实践中问题的能力才能得到真正的锻炼和提高。再次，案例应该有较强的可读性。案例虽不等同于故事，但案例中的情节一般都具有较强的故事性。好的案例不仅包含有价值的问题，还一定不乏引人入胜的情节，因此对案例编写者的写作技巧是有较高要求的。最后，案例还应该有丰富的表现形式。单一的文字叙述有时会让案例使用者感到枯燥，在案例中加入图表、图片，乃至制作多媒体素材，以更加生动的方式呈现案例内容，对学生的"带入感"更强，也会激发更加热烈的讨论。

案例教学经过多年的发展，在案例格式方面已经形成了一定之规。通常来说，一则规范的案例应包括两个主要部分，即案例正文和案例使用说明。案例正文是案例的主体部分，是需要学生阅读、思考、分析和讨论的素材。而案例使用说明则主要用于指导教师如何应用案例进行教学，例如，提供更多有关案例的背景信息，或提供可用于案例分析的理论资源等。完整的案例正文包括标题、摘要（关键词）、主体内容、注释、附件，其中标题、摘要和主体内容是核心要素，其他如注释、附件等属于或有要素，可根据具体情况增删。

二、案例教学的实施步骤

我们在了解了案例教学法的内涵和用于教学的案例的特点之后，下一个问题自然就是如何实施案例教学了。案例教学的实施过程与传统教学模式有较大差异。案例教学以学生为主体，以开放性问题、互动式讨论和启发式教学为特色，因此其实施流程应体现上述特征。案例教学通常包含三个主要步骤，即课前准备、课堂实施和课后评估。

课前准备包括教师的课前准备和学生的课前准备。教师的课前准备又包括理论准备、案例选择、案例内容准备、确定案例教学重点、准备教学计划和为学生划分小组等。教师在课前准备时，首先要确定所选案例是否适合特定课程特定主题的教学需要，继而确定案例中包含的教学重点。这就要求教师对案例做全面、充分的研究，并在此基础上对在课堂中可能出现的问题做出预期。同时，教师还要提前将学生划分为几个讨论小组，以开展分组讨论，避免大组讨论时有部分学生不能积极参与的问题。学生同样需要进行课前准备，包括阅读和思考案例，个人案例分析和小组案例讨论。在案例教学中，教师可以根据教学需要决定是否将案例提前发放给学生。一般说来，如果案例比较复杂，其中涉及的背景信息需要学生自行查询，而案例中需要解决的问题也需要学生花费时间查找相关理论依据，则可以在课前将案例提供给学生。而如果案例本身并不复杂，且教师会在课堂教学时向学生介绍相关背景，则无须在课前将案例提供给学生，教师可以布置学生做针对性的准备，如相关的理论概念或背景知识等。如果学生在课前拿到案例，则可展开个人对案例的思考和分析，进而在小组范围内进行讨论，形成的小组意见将在班级讨论时反馈。如果案例比较复杂，考虑到课堂时间有限，小组提前讨论并形成小组意见，有助于节约课堂时间，使讨论更加深化。

课堂实施过程是案例教学的核心步骤，一般包括背景介绍、小组讨论、小组代表发言、相互提问、重点问题讨论和教师归纳与引申等环节。课程开始时，先由教师对本次课上采用的案例进行介绍，接着由学生分小组对案例进行分析和讨论，如果课前已经发放案例，并进行过小组讨论，则可以直接过渡到各小组代表对本组就案例展开的讨论情况、对案例的分析和问题的解决方案进行发言。在一组代表发言后，其他小组成员可以就该组的发言内容提出问题，例如对其分析的过程或给出的方案提出质疑或商榷。继而再由另一组发言，其他组提问讨论，直到每组代表都发表了本组的观点，并展开了一定的讨论。在此过程中，教师必须密切关注各小组提出的方案，以及讨论的内容和走向。学生在讨论案例过程中，有时会偏离重点，有时会浮于表面，在必要时，教师可以择机介入，或提供更多与案例相关的背景信息，或对讨论的方向加以引导，其目的都是为了让讨论能够集中在案例中的重点问题上，并不断走向深入。与此同时，教师还要特别善于抓住学生讨论中的"闪光点"，例如学生提出的"出乎意料"的新问题、新视角，并及时提醒他们聚焦于创新性的问题解决方案。在课堂讨论接近尾声时，教师需对讨论进行简要的概括与总结，同时特别重要的是要能对讨论的问题在理论方面有所升华，让学生更清晰地看到恰当的理论如何能够更好地运用于解决实践中的问题。

课后评估是案例教学过程中不可或缺的步骤。实施案例教学的课堂是一个知识和智慧的"方生方成"的场所。每一次课对教师和学生来说都是一次学习过程。课后评估是由教师和学生共同参与的。在案例教学中经常采用的一种课后评估方式是学生和教师撰写反思日志。学生的反思可以包括在经过课堂讨论后对案例形成的新认识，对讨论过程中各种问题的思考，以及对本次案例教学的优点和不足之处的评价等。而教师则主要反思本次案例教学在实施过程和实施效果方面还有哪些可以改进之处。课后评估是为了让通过案例开展学习的过程更加顺畅，持续改进案例教学的效果。

第三节　案例教学法应用于翻译教学的研究综述

案例教学法作为一种培养应用型专业人才的有效手段已经在商学、法学、建筑学、护理学等诸多学科得到大量教学实践的证明。翻译硕士专业的培养目标是翻译领域的应用型专业人才，因此，案例教学法理应大有用武之地。国内外都已经有一些研究者关注到案例教学法在翻译教学中的适用性，并已将案例教学法应用于各个层次，针对不同对象的口笔译教学进行探索和研究。现有研究对案例教学模式在笔译和口译教学中的运用都有涉及，涵盖了案例教学法用于翻译技能、机辅翻译、项目管理及职业伦理教学的实践。总体来说，案例教学作为一种不同于传统翻译教学的新型教学方法，其对于翻译教学的适用性和有效性已经得到初步证明。为全面呈现在翻译教学中应用案例教学法的研究现状，本节既包括在MTI教育中采用案例教学法的研究，也涵盖了在其他各种层次的翻译教学中应用案例教学法的研究。在对现有文献综述的基础上，我们将讨论在MTI翻译教学中推广案例教学法的挑战和机遇。

一、案例教学法应用于笔译教学研究

20世纪90年代初，我国专业硕士学位创办伊始，案例教学法就被作为重要的教学手段应用于专业硕士教育，特别是MBA教育中。受此启发，外语教育界也早在20世纪90年代中期就有研究者提出要把案例教学法应

用于外语教学（程志超、杨丹阳，1996）。最早明确提出将案例教学引入笔译教学的是于连江、张作功于2001年发表的论文《以案例教学模式培养实用型英语人才》。作者认为，应用型外语人才是指"能适应社会需要，以外语为工具从事各种职业的人才，其标志是具有坚实、宽厚的所学语言的基础，具有较强的听说读写译的能力，运用语言进行交际的应变能力"。为此，需要采取创新的教学模式，如案例教学，以培养面向市场的应用型人才。作者提出，案例教学重在培养学生的应用翻译能力，学、用并举，是"课堂和社会间的直通车"。此文对将案例教学法引入笔译教学起到了明显的推动作用，这一点也可以从后来文献对该文的高引用率看出。

于连江在从外语学院调入本校商学院后，又成为首位提出将案例教学模式应用于商贸翻译教学的研究者。她于2005年发表的《商贸翻译教学研究》一文开启了在商务翻译教学领域应用和研究案例教学法的先河。她提出，商贸翻译教学应以功能翻译理论为指导、以案例教学模式为主的观点。她认为，在案例教学中，学生是在了解了该翻译任务的背景后才进行译文准备或分析的，因此是一种培养学生服务客户意识的有效方法。

如果说于连江、张作功对将案例教学引入商务笔译教学有首倡之功的话，那么张小波则对案例教学法应用于更广泛的翻译教学领域起到了推动作用。张小波于2006年连续发表了两篇有关翻译教学中的案例教学法的论文，分别是《实用性翻译教学模式探索》和《基于案例教学法的翻译教学探讨》。《实用性翻译教学模式探索》一文提出，案例教学法可以应用于实用性翻译教学，应用领域从商贸拓展到国际金融、科技文献、新闻、外交等。作者基于管理领域的案例教学法的教学步骤提出了基于案例教学法的翻译教学步骤，即："文本准备、分析与讨论、译例总结、确定译文"。后来的一些文献中照搬了她设计的步骤或者稍加改良。在《基于案例教学法的翻译教学探讨》一文中，作者着重讨论了案例教学法相较于传统翻译教学法的优势，提出在实施案例教学过程中应遵循以学生为中心、因材施教、师生互动、智力与非智力因素相结合、激励教育等原则。

由于案例教学法是一种普适于实用型人才培养的教学方法，因此同样是在2006年，朱慧芬就将其引入了高职院校的商务英语翻译课。在《案例教学在高职商务英语翻译课中的运用》一文中，朱慧芬从高职院校英语课程的教学要求出发，认为案例教学符合高职教育的教学目的和商务英语翻译课程的实践性性质。高职学生的语言运用能力和学习动力相对本科生较弱，而就业市场对他们的应用能力要求又非常明确，因此，课堂教学必须与社会实践、市场需求接轨。作者认为，案例教学法是体现该门课程的实用性，提高学生的积极性和主动性，加强学生职业能力的有效手段。

由以上几位研究者的实践和研究可见，采用案例教学时，所使用的教学案例和材料在主题和难度上都可以根据不同的教学对象进行灵活调整，因此案例教学法是一种适用性很广泛的教学模式。

经过以上几位研究者对案例教学法应用于实用型翻译教学的早期探索和实践，该话题引发了翻译教学研究界的持续兴趣。谢彩虹、朱艳宁、张敏（2008）在《案例教学法在商务英语翻译教学中的应用》一文中继续探讨案例教学法应用于商务英语翻译教学中的可行性。她们将翻译教学中的案例教学法拓展为五个步骤，即：理论准备、文本准备、翻译讨论、译文确定、总结规律和撰写案例报告或论文。作者还专门探讨了案例来源问题。相较管理教育领域已经相当成熟的案例采编程序，翻译教学中的案例选材及其来源还是一个需要加大力度的方面。好的案例选材是高质量案例教学的基础。在这方面，作者提出，案例素材应由教师依照翻译教学大纲的相关要求，自行编写、设计或收集，并在案例教学实践中不断加以充实、改进、完善。案例可以从互联网上收集，也可以从相关的案例教材中选编，还可以由教师到社会上的相关企业进行考察，以获取真实案例。

曾倩（2009）继朱慧芬之后继续探讨在高职院校翻译教学中运用案例教学法的问题。她在《案例教学在高职英语教育专业翻译教学中的应用》一文中，从高职英语专业翻译课堂教学改革要求突出实践性与实用性的角度出发，说明案例教学法的适用性。同时，她也指出了在高职院校开展案例教学的一些特殊挑战，例如，学生相对本科院校学生而言知识水平较低、学习能力较弱等，这制约了案例教学在高职翻译课堂教学中的有效开展。

2007年，翻译硕士专业学位正式设置，应用型专业翻译人才的培养层次上了一个台阶。而案例教学法也因为其在专业性人才培养方面的特色而被研究者引入MTI的笔译教学中。

冯全功、苗菊（2009）是最早进行案例教学在MTI笔译教学中实验的研究者。在《实施案例教学,培养职业译者——MTI笔译教学模式探索》一文中,他们介绍了案例教学的特征,指出案例教学符合MTI教育的目标,即提升学生的职业翻译能力,同时也有很多其他学科领域的资源参考,因此案例教学在MTI教育中是可行的。他们进而提出,用于教学的翻译案例应具有问题性、典型性、真实性、针对性、系统性和时效性等特征。他们对案例教学应用于MTI教育提出了几点建议,包括要把握好案例教学与其他教学方式(如授课教学、实践教学等)的关系;要有针对性地培养或引进能够胜任案例教学的翻译师资;要加强校企之间的合作等。作者倡导应尽快将案例教学纳入MTI教育体系中,以丰富和优化MTI教学方法、教学内容,科学构建MTI教学模式,培养高水平、高素质的职业翻译人才。

两位作者在MTI设置刚刚两年之际就认识到案例教学法是实现MTI培养目标,创新MTI教学模式的有效途径,应该说是相当敏锐的。但是他们发出的倡议,并没有立即得到广泛响应,这与案例教学本身的难度,如案例的采编,对教师在教学、科研和实践方面的综合素质要求等,不无关系。

2010年,张作功、于连江再次联袂,发表了《高校翻译教学的案例模式研究》一文,对翻译案例教学的案例选择、教学组织模式和翻译技巧的单元设置等问题进行了集中探讨。作者在文中对翻译案例教学中"案例"的特点及其与传统翻译教学中的"译例"的不同之处进行了较为详尽的讨论。作为将案例教学应用于笔译教学的首倡者,两位作者在此文中对利用案例进行翻译教学中的一些重点问题进行了阐述,同时着重区分了案例教学与传统教学模式的差异,对案例教学在高校翻译教学中的应用有一定的推动意义。

李富春、刘宁(2010)和胡琼(2010)都将关注点放在商务英语翻译教学。前者指出,与传统教学法相比,案例教学法改变了高职院校学生学习活动的过程和效果,学生通过主动思考、积极探索、亲身体验、合作交流,对知识的记忆更加牢固,对技能的掌握更加熟练。而后者则强调案例教学法在培养学生跨商务文化交际能力方面的价值。

赵淑华(2010)延续了对案例教学法在应用翻译教学中的研究。她采取的方法是利用优秀硕士毕业论文中的实际翻译案例，尝试将实践、理论、批评及论文写作融为一体。通过带领学生在一学期内对 15 篇硕士论文进行仔细研读和案例讨论，不仅提高了学生的翻译技能，也培养了学生的论文写作能力和学术精神。这一尝试有一定的创新性，对缺少实践平台和案例来源的高校来说，这种做法可以弥补教师和学生在实践经历方面的不足，让学生在接触到实际发生的翻译案例的同时熟悉了实践报告类的论文写作套路，可以说一举两得。

王玉西（2010）和余国良（2010）进一步拓展了案例教学法的应用范围。王玉西在《对大学英语翻译教学若干问题的思考》一文中建议加大大学英语翻译课教学中案例教学的比例，原因是现有的英语翻译教学与学生的应用能力目标之间存在不小差距。他指出，从事翻译教学的教师要在教学和翻译实践中大量收集和积累贴近社会、贴近时代的有代表性的翻译案例，广泛用于教学，作为学生不可缺少的学习实践，变知识学科本位为知识传输加能力培养。余国良在《翻译教学中批判性思维的培养模式研究》一文中则将案例教学法作为培养批判性思维能力的一种教学模式，以归化/异化教学为例，通过理论讲解，译例探讨，教师点评和提问，引导学生形成对翻译理论的批判性态度。

到 2010 年左右，案例教学法应用于笔译教学的研究已经基本成型，商务英语翻译教学、应用型翻译教学、大学英语翻译教学、高职院校翻译课和 MTI 翻译硕士翻译教学是几个主要研究领域。同时，案例教学对提升学生在翻译实践领域思考、分析和解决问题能力的作用也得到了较充分的阐明。近 10 年来的研究基本都是在以上几个领域中继续推进的。

在应用型翻译教学方面，王传英、赵琳（2011）讨论了依托字幕翻译开展案例教学的潜力。王连江（2012）介绍了自己在法律专题翻译教学中采用案例教学法的情况。黄映秋（2012）则以商务标识语翻译为例，探讨通过案例教学提高教学质量和学生的翻译实践能力。2012 年，石蕊发表了两篇有关在应用翻译教学中运用案例教学的论文。她主要通过对比案例教学与传统教学，突显了案例教学在培养学生翻译实践能力方面的优势。她指出，案例教学法具有实践性、交互性、开放性和自主性等特征，可以提高学生的应用翻译能力，达到"学、用并举"的效果，提高翻译教学质量。但她同时也提出运用案例教学时应注意的一些问题，如应处理好案例教学与其他教学方式互补的问题，做好翻译案例的开发，迎接案例教学给教师带来的新挑战等。作者提到的案例教学和其他教学方式互补问题是案例教学应用于翻译教学时需要考虑的重要问题。案例教学相较传统教学有很多优势，但是，仅凭课上用于案例教学的练习素材是远远不够的，学生还需在课外进行大量的自我训练。要真正提升学生的翻译实践技能，必须多管齐下。

赵振强（2012）在《案例教学法在翻译教学中的应用研究》一文中建议，教师可依照翻译教学大纲的相关要求，自行编写、设计或收集相关案例素材，并在案例教学实践中不断加以充实、改进、完善。他指出，在案例教学中虽然要以学生为主体，但也不能淡化教师的主导作用。但教师应坚持启发诱导，民主教学，反对满堂灌。此外，他也强调案例教学应与其他教学方法，如交际教学法、讲授法等，灵活搭配，综合运用。

案例教学法在 MTI 培养方面的作用也吸引了一些研究者的目光。连彩云、荆素蓉、于婕（2011）在《创新翻译教学模式研究——为地方经济发展培养应用型专业翻译人才》一文中指出，地方经济发展需要应用型的专业翻译人才，案例教学是一种理论与实践相结合的有效教学模式，可以在应用翻译工作坊中采用案例教学，给学生提供作为学习主体的参与机会，引导学生积极思考和讨论。

王玉西（2012）在《探索案例教学法在翻译硕士专业教学中的应用》一文中从 MTI 的定位出发，提出有必要引入案例教学法以解决翻译专业人才培养模式中对"应用型"重视不够的问题。他提出，案例教学的课堂规模不宜过大、案例教学要因人制宜、评价方式要与传统方式有所区别等建议。他特别强调案例教学对教师素质的高要求，案例教学要求教师既具有渊博的理论知识，又具备丰富的实践经验，并能将理论与实践融会贯通。

李家春（2014）以《案例教学法在 MTI 笔译教学中的应用》为题介绍了黑龙江大学在翻译硕士专业教学中运用案例教学法的经验。他指出，案例教学法不仅是教学方法和教学模式的革新，还是对传统教学理论的革新，而且，案例教学法与 MTI 人才培养目标高度契合，对于提高 MTI 教育教学质量具有重要意义。他介绍了黑龙江大学创建的"基于体裁的非文学笔译教学案例库"及其在教学中的应用。该案例库涵盖了学生未来职业生涯中将会遇到的各种类型的体裁,对学生就业后服务于国家和地方经济社会发展有较大助益。

开发建设翻译教学案例库是在 MTI 阶段开展和推广案例教学的必要基础。案例教学法中需要解决的难点之一就是高质量案例的供应问题。教学案例必须来自实践,必须是在真实场景中出现的文本。因此,仅凭现有的翻译教材是远远不能满足需求的。如果能够借助教研团队的力量,共同采编和建设教学案例库,那将是解决横亘在案例教学面前的一道难关的有效手段。

贾正传、贾玉嘉(2014)发表的《MTI 专业课程案例库建设和应用系统模式探讨》一文提出以系统观和系统工程三维结构模式为指导建设 MTI 专业课程案例库。潘政旭、王蕾(2017)探讨了 MTI 朝鲜语同声传译教学案例库的建设思路和设计要点。他们设想的案例库由教学功能和信息资源两个层面构成。其中教学功能层面包括:强化记忆、熟练运用、分析及预测问题能力、掌握自我训练方法等模块,而信息资源层面则包括:文化领域、经济领域、政治领域及其他领域等模块。柴明颎、王静(2017)介绍了上海的 8 所 MTI 院校参与的翻译教学语料库的建设情况。该语料库中的材料按教学需要分为原文库、参考译文库和学生典型案例库。入库的很多语料都根据教师讲课、示范和分析时的需要进行了标注和对齐处理,有助于那些职业经验还不太丰富的教师从中学到职业岗位的实践技能。在教学时,教师可以展示翻译典型案例、讲解案例和分析案例。所以,该平台虽然名为"语料库",但其在教学中实际上可以发挥"案例库"的作用。

在商务英语翻译教学领域,研究者一直保持着探索实践案例教学法的浓厚兴趣。王森、郭林(2013)、陈玉莲(2014)、杨巍(2015)、陈婉转(2016)、周小燕(2017)和闫苏(2017)都讨论了案例教学法在商务英语翻译教学中的应用。他们都强调,案例教学法可以让学生置身于商务往来的工作环境和氛围中,能够提高学习热情和参与的自觉性,培养他们的语言能力和应用能力,助他们成长为符合市场需求的高素质人才。闫苏特别指出,要避免案例教学法给课堂带来的困难,如课堂秩序管理难度加大、教师备课时间长、学生的个性和态度差异性等。他认为，案例教学法相较于传统教学法来说更加具有挑战性和不确定性，它的推广前景还有待研究。

在案例教学法应用于本科阶段的翻译教学方面，寇鸽（2014）、陈保红（2017）从高校英语专业教学大纲的新要求出发，指出案例教学的目的与本科翻译专业"培养符合社会需求的应用技术型人才"的目标一致，是满足该要求的有效途径。

对在高职院校采用案例教学法的探索也在持续进行。梁法丽（2013）所在的华锐学院学生翻译实践机会少，翻译实践资源和平台不足，她因此建议通过设计合理、可行的翻译案例提高学生实践能力。她还提出，案例教学法应采取多媒体教学手段，创造更加愉悦的学习氛围。李美平（2013）还尝试将案例教学法引入法语翻译教学。她提出，好的教学案例是案例教学法成功的前提条件。教学案例的选择不能依据教师个人的兴趣和喜好，而要从学生和市场的角度考虑，选择兼顾典型性、真实性、时效性、针对性等特点的案例。同时，她也强调，单独使用案例教学对学生翻译能力的提高作用还是有限的，还需要其他的教学形式作为补充，比如与项目型或任务型教学相结合，承接一些适宜学生水平的市场笔译任务，给学生们提供实战机会，使学生能学以致用，真实地体验感受翻译活动，更好地了解翻译行业和市场。刘晓晨（2020）也指出，对位于中小城市的高校，由于当地语言服务和外贸企业少、规模小，学生的翻译实践机会少、形式单一，案例教学法是补充和强化翻译教学的重要方式。但同时她也强调，在实施案例教学过程中，应关注"过程"，重视翻译案例报告，不能让案例教学流于形式、终于"热闹"。

还有一些研究者从理论视角探讨了案例教学法应用于翻译教学时的特点和优点。杨晓华（2014）从"基于问题的学习（PBL）理论"出发，指出基于问题学习的翻译教学汲取了"建构—阐释主义认识论"的精髓，将翻译教学目标从教授"翻译能力"转向"译者能力"的协作建构及"译者素养"的培养。她以社会文化文本翻译模块的旅游文化文本翻译为例，介绍了基于问题学习的案例教学方法在文化翻译课程教学中的运作情况及其教学效果。甄晓非（2016）在《以翻译策略能力培养为导向的翻译案例教学模式研究》一文中着重强调了案例教学法在培养学生翻译策略能力方面的价值。案例教学通过引导学生译者共同参与对典型翻译案例的讨论和问题解决，调动学生的知识背景，引导学生理解并掌握相应翻译理论或基本概念，掌握解决翻译问题的翻译策略。陈淑仪（2020）则提出案例教学法的新型教学模式实现了对传统翻译教学的两个"颠覆"。第一，它颠覆了传统翻译教学"先讲授理论、后引用例句"的老式授课方法；第二，它颠覆了传统翻译课程"只重结果、不重过程"的教学模式。

值得一提的是，案例教学还在机辅翻译和翻译项目管理的教学中得到了应用。在《真项目 真实践 真环境 真体验》一文中，张政、张少哲（2012）介绍了利用 CAT 工具完成真实翻译项目的案例教学全过程。作者发现，以真实项目作为案例展开机辅翻译教学不仅锻炼了参与者的翻译能力，而且增加了他们对市场模式的了解，加强了他们的团队协作能力、适应能力、技术应用能力以及研究能力。但同时作者也指出，该教学模式对参与学员的水平和教师的时间及精力投入都提出了比较高的要求，甚至会影响到教师从事其他教学与科研工作。周兴华（2013）也强调，为提高学生 CAT 工具的综合使用能力，采用项目案例教学、引入仿真或真实的翻译项目能起到事半功倍的效果。刘士祥（2014）着重分享了基于众包翻译模式在高职商务英语翻译实训教学中所进行的创新尝试。他指出，通过基于众包翻译模式的现场讲授、项目实训及案例教学，可以培养高职院校商务英语专业学生翻译项目组织与管理能力、团队合作意识及抗压能力。崔启亮（2021）讨论了翻译技术教学案例资源建设及应用问题。他认为，案例教学可以把翻译软件的功能与翻译场景、翻译任务、翻译实践紧密结合，是培养应用型、实践型、专业性翻译人才的有效方式。但是目前翻译技术教学模式陈旧，教学案例资源不足，有必要加强资源建设。他具体介绍了翻译技术教学案例资源建设和应用的原则与方法，讨论了案例获取渠道、结构内容设计、教学方法以及共建共享共用等问题。

二、案例教学法应用于口译教学研究

在口译教学研究领域，提出采用案例教学法早于笔译教学。但较之笔译教学中的相关研究，案例教学法在口译教学中的应用价值尚未得到充分挖掘和利用。

有意思的是，早在1998年，就已经有学者提出要将案例教学法引入口译教学，比最早倡导将之引入笔译教学的时间更早。这有点出乎意料。因为在跨学科借鉴方面，一般来说，都遵循着从外语教学到笔译教学再到口译教学的规律，口译教学研究往往是最后才"闻风而动"的领域。

20世纪90年代末，张文（1998; 1999）连发两文，讨论如何在口译教学中培养学生的文化意识问题。她指出，文化意识与语言能力的培养同等重要，而前者特别需要引导学生由"知"到"悟"。她明确提出，在工商管理和其他专业领域已经广泛应用的案例教学法的显著特点就是对人的悟性的启迪，因此适合用于在口译教学中培养学生的文化意识。她同时认识到案例选材对案例教学的基础性作用。她指出，案例教学的选材需要大量前期工作，如：建立一个较为完备的资料库，资料库包括文字资料、声像影视制品和在一切可能的时机、地点，运用声像技术录制的口译现场资料。但搜集这些资料仅靠教师个人的努力是远远不够的，必须建立一个集科研、编辑、教学于一体的队伍。同时，她也明确指出，案例教学与常规口译教学之间是互补关系，而非替代关系，案例教学是口译教学可采用的方式之一。

张文在20世纪90年代末就提出要将案例教学法引入口译教学，这种观点是相当有远见的。可惜的是，在此后10年时间里，尽管在笔译教学中开展案例教学的呼声越来越高，也吸引了不少研究者的关注，但在口译教学领域，这一想法却没有人再次提起。直到2008年，这个话题才重新出现在研究者视野中。不过，张玉翠（2008）、耿娟、彭正文（2008）在论文中都没有提到张文此前的倡议，而均参考的是大学英语教学中应用案例教学法的经验。

张玉翠（2008）指出，口译课是一门实践性课程，学生必须通过大量实践，才能提高口译能力。案例教学法有助于学生亲身体会译员的任务和压力，积累相关的实践经验，并将这些感性知识运用到口译实践中。她对口译案例采编提出了建议，指出案例必须要具有真实性或拟真性，不能杜撰。选编案例时应考虑案例的典型性、学生的知识背景和能力水平、文化敏感性、载体的多样性等。在案例教学的组织实施方面，她介绍了开展口译技能案例教学的一般性步骤，包括学生分组进行案例模拟，对模拟过程中的问题进行分析、讨论和辩论，大班汇报和教师总结等。她提出，在完成上述步骤后，教师可以提供由职业口译员提供的译稿，或展示资深口译员的现场口译录像，请学生分析其优缺点，对讨论中的重点和难点作补充或提高性阐述，由该案例引申出掌握相关理论的现实意义，激发学生的学习热情，并系统介绍相关理论，实现知识的迁移。她还指出案例教学应用于口译教学时须注意的问题，一是学生人数不宜过多，二是对教师和学生都提出了新的和更高的要求。

耿娟、彭正文（2008）介绍了在口译教学中运用案例教学的实践及其良好效果的论文。作者认为，口译教学案例的主要来源是教材、报纸、杂志、图书、企业商务文案或互联网，所选材料的内容应具体生动，有明确的情节，最好选择跟生活，包括时事息息相关的材料。作者所说的案例教学主要是学生通过模拟预演实际发生过的口译案例，从而在走出校门前便对社会和翻译工作有一定的了解。

与笔译教学领域的研究类似，在口译教学中，研究者很快将目光投向了商务口译课程教学。

庞愿（2010）在《应用型本科商务口译课程借鉴 MBA 案例教学的思考》一文中，首先对口译教学中的"案例"进行了概念上的澄清。他将国内市场上有关口译"案例""实务"或"实战"的教材分为三类：一是以原文和译文作为案例，分析译文质量；二是以技能作为案例，在口译情境或者原文基础上分析技能运用的要点；三是以口译过程中可能出现的问题为案例，有针对性地提出应对策略。但他认为这三种所谓的"案例"都仍然是以教师向学员传授要点为主，学员自主决策和论证其方案的空间有限。他指出，来源于现实的商务口译案例应是一个真实的、需要译员进行决策、制定并实施方案的业务活动，其已知条件很复杂，其突出特点是不确定性。涉及人员包括联络人、客户、业务专家、合作者、受众等，主题内容、过程要求、设备仪器等更是五花八门，远超出一般教科书所设定的简单情景。他认为正是商务口译和 MBA 课程在课程实践性、任务复杂性、评价全面性等方面的共同点构成了引进开放式案例教学的现实基础。

杨建娣（2010）则总结了她在高职高专商务口译教学应用案例教学的情况和效果。作者针对商务口译活动的特点，利用多媒体教室给学生讲解相关的口译技巧，并且观看一些真实现场口译情景，调动学生的兴趣。继而对学生进行分组，进行情景模拟和角色扮演，每一位学生都轮流担任译员角色，结果发现由于学生心态较放松，表现出了浓厚的兴趣和强烈的参与欲，气氛十分活跃，效果良好。大部分学生在经过三四次的模拟和评价之后，不仅能基本改掉表情不自然、手足无措等不良习惯，而且也慢慢学会了发现、分析和解决问题，并提高了在实践中应用的能力。

许艳（2010）同样关注案例教学模式在商务口译教学中的应用。在《商务口译案例辅助教学模式研究》一文中，她提出可利用现场真实发生的商务口译案例作为辅助教学的工具。她强调，由于案例教学中所使用的案例来自真实商务情境，通过学习案例，学生可以获得可迁移到今后实际工作中的能力，同时案例教学还能兼顾口译技能和行业背景知识，使商务口译员既能像业内人士一样思考，又具备精湛的口译技巧。她认为商务口译与工商、教育、管理等领域相比在案例的真实性、明确的教学目的和讨论式教学方法方面均类似，但其特殊性表现在以技巧训练为导向，因而应尽可能还原真实场景，体现口译的动态交际特点，并需激发口译逻辑、形象和灵感思维。她提出，案例内容可以包括译员与主办方的沟通过程及记录、译员拿到的准备材料、口译笔记、现场语音及录像资料、客户反馈等，也可以是译员叙述自身经历的报告，甚至包括所涉商业产品实物。为使素材模态多样化，她建议采取以下几种方式采编案例：第一，教师亲自参加商务口译实践，并与客户协商，索取录像录音资料；第二，在征得客户同意后，由助手（学生）现场录制；第三，与职业商务口译员保持联系，以获取资料。此外，她还提出案例编写人或团队应与口译客户保持联系，以获取最大程度的支持，在适当时候可以拓展口译课堂，加入企业元素。

在《商务口译案例形成性评估模式研究》一文中，许艳（2014）又专门讨论了案例教学中的评估问题。她指出，评估方式是案例教学中的难点之一，因为案例教学不像传统翻译教学那样对错分明，教师本人也没有"标准答案"。因此她建议采取译中、译前和译后分阶段评价的形成性评估模式。译前阶段评价主要针对学生的译前准备工作，由小组自评、听众评分和教师评分构成。译中阶段评价分为两个部分，由专家评委和听众评委分别评分。译后阶段评价以学生自我反思和撰写自评报告为基础，由个人自评和教师点评构成。这种评估模式有助于对学生分析案例、准备案例、实战口译的全过程起到诊断、激励和强化作用。但是，她也指出，在上述评估模式中，除了学生和教师以外，还要引入专家评委和听众评委，从而加大了课堂教学的复杂程度。因此这种评估模式可以作为学生期中或期末考试所采取的形式，如果作为常规的课堂教学模式有较大困难。

正如李美平（2013）研究表明案例教学适用于英语以外其他语种的笔译教学，李正实（2018）在《创新口译教学模式，培养应用型韩国语经贸口译人才》一文中也提出在韩语经贸口译人才的培养中可以引入案例教学。他认为，案例教学模式解决了教学与市场需求脱节、理论与实践内容脱节等问题。在案例的选择和运用方面，他提出要选择"接地气"的接近职场的材料，模拟职场上翻译活动场景，构建真实体验式的实训环境。这样可以提高学生的实际操作能力，使学生更加贴近职场，为将来的就业打下基础。由此可见，案例教学法作为一种普适性的教学模式在多语种翻译教学中有着广泛应用前景。

除此之外，案例教学在"口译+专业"教学中也有良好的应用前景。张林熹（2020）基于深度学习与情境学习理论，建议在中医口译教学中采取案例教学等情境化教学方式。他建议可以按照中医诊疗常见病症进行分类，组织相关案例练习。他认为，通过模拟或重现真实工作场景可以激发学生的兴趣与热情，鼓励学生共同协作解决问题，培养良好的团队精神，帮助学生适应未来职场可能出现的复杂状况。

三、案例教学法应用于翻译职业伦理教育研究

我国的翻译教育在近十年的时间里经历了高速发展，全国现已有301个翻译专业本科（BTI）和316个翻译硕士专业（MTI）项目，每年翻译

专业毕业生多达近万人，他们是我国翻译行业蓬勃发展的有生力量，也有力地支持了我国的经济发展和对外交流事业。但是，在当前的译员培养项目，包括 BTI 和 MTI 项目的课程设置中，明显缺乏系统化的职业伦理教育。据研究者对国内 MTI 培养单位的调研，国内目前只有 6 所高校开设了翻译职业伦理类课程，仅占全部 MTI 项目的 2% 左右（赵田园、李雯、穆雷，2021）。

与此形成鲜明对比的是，其他诸多实践型学科的专业课程体系中早已将职业伦理教育作为不可或缺的要素纳入。研究者指出，专业硕士学位研究生注重培养的是学生直面和解决职业中的具体问题的能力，其贡献在"很大程度上是由其所培养的学生的价值观和在复杂伦理情境下进行独立思考、有担当的选择和负责任的决策决定的"，因此，"职业伦理教育应当是专业硕士研究生培养环节一个不可或缺的内容"。（杨斌、姜朋、钱小军，2014）例如，清华大学早在 2016 年就已开设 29 门职业伦理教育课程，"涉及工程、设计、法律、传播、生命、医学、商业、公共事务、社会工作等各行业领域"（王钰等，2016: 57-58）。与课程相配合的是职业伦理教材的开发建设，例如，在法律、新闻、医学等领域都已出版了多部职业伦理教材，为这些领域的职业伦理教育奠定了基础。翻译专业与法律、医学等专业类似，也是一个实践性很强的领域，职业伦理教育的缺失无疑会影响翻译行业的长远、有序发展。

翻译职业伦理教育缺失已经引起了一些行业组织和研究者的关注。其中，比较具有代表性的进展就是中国翻译协会于 2019 年 11 月正式发布的《译员职业道德准则与行为规范》（以下简称《准则与规范》）。该文件是我国翻译行业组织颁布的最新职业道德规范。根据"编写说明"，《准则与规范》的主要目的是："规范在中国境内执业的译员的职业行为，指导译员在翻译工作中做出合乎职业道德的专业决定，提高译员的职业道德水平，保障译员在提供翻译服务时明确自己的责权利，维护译员的职业声誉，营造翻译行业和谐共生的生态环境。"（任文等，2019：Ⅱ）

《准则与规范》中提出了译员在从事翻译活动时应遵循的九条基本准则，包括端正态度、胜任能力、忠实传译、保持中立、保守秘密、遵守契约、合作互助、妥用技术以及提升自我等。而在译员的行为规范方面，

《准则与规范》则从基本行为规范、译前行为规范、译中行为规范,以及译后行为规范等四个方面,提出了译员在职业道德准则指导下应采取的具体行动。可以说,《准则与规范》一方面为已经进入职场的译员提供了在口译实务中应该遵循的基本准则和行为规范,而另一方面也可以被充分利用于对还在学习阶段的未来从业者进行职业伦理教育。然而,尽管《准则与规范》特别指出,译员培养单位可参照其进行译员职业道德教育,但却并没有提供在具体人才培养过程中如何进行职业伦理教学的方式与方法。

案例教学法是实施翻译职业伦理教育的天然工具,因为来自翻译实务中的案例往往包含了现实中复杂的职业伦理问题,这些问题并没有放之四海而皆准的"标准答案",而必须是由译员在实际工作中做出基于情境的伦理判断和行为选择。关于将案例教学应用于翻译职业伦理教育,国内外都已经有一些实践和探索,但总体上看还处于起步阶段。

2011年,*Interpreter and Translator Trainer*(ITT)杂志出版了一期聚焦于翻译职业伦理教育的专辑,其中收录了几篇探讨利用翻译实务案例开展翻译职业伦理教育的论文。在Baker & Maier(2011)撰写的引言中,首先探讨了在口、笔译员训练中引入伦理教育的必要性。她们指出,职业伦理方面近年来的一项重大发展就是"当责"(accountability)概念在各个实践型行业中的凸显,翻译职业也不例外。聚焦于译员的"当责"问题,也就是关注译员行为所导致的后果。大众媒体上常常出现的对译员行为及其后果的各种评价,使得口、笔译员的行为成了一种受到多元伦理规范拷问的对象。而传统的伦理准则,如忠实性、中立性等都在新的职业语境下悄然发生着变化。因此,译员教育必须帮助学习者意识到她们今后作为翻译职业从业者将做出的所有行为选择都会带来相应的伦理后果,而她们必须对自己所做决定负责。在这个意义上,传统的规定性原则不再适应当今译员教育的要求,而必须通过激发学习者的批判性反思以获得对自己行为结果的判断能力。

在谈到开展伦理教育的工具时,Baker & Maier提出三点建议:第一,应为学生提供她们对所做决定的影响进行批判性反思的"概念工具"(conceptual tools);第二,应让学生具备在出现伦理困境或两难情境时(ethically difficult or compromising situations)有能力找到一系列可以运用的潜在策略；第三，应开发出可以用来创造一种学生可以做出基于情境的伦理决定、提前预演这种决定和从这种经验中学习的一整套教学工具。作者紧接着就提出了三种实现上述建议的方法，即：课堂辩论、撰写评论文章和角色扮演/模拟任务等。其中课堂辩论是指就某个具体的翻译案例在课堂上展开辩论。作者指出，越是在伦理方面有争议的案例越适合使用，因为在课堂这样的环境中展开辩论，学生可以自由地从多角度预演他们需要做出的伦理决定。Baker & Maier 提出的三种方法可以说都是在翻译案例教学模式中经常用到的。

从口译教学角度来看，一个挥之不去的挑战就是理论与实践之间距离。学生可能很难看到抽象理论概念与真实职业实践之间的联系。而将来自职场的真实案例引入课堂，则是缩小这种距离的有效途径。通过对案例中伦理问题的思考和讨论，学生不仅对翻译职业实践中的问题有了更加全面的认识，而且锻炼了反思和批判性思维能力。

在《将伦理引入笔译员培训》一文中，Drugan & Megone（2011）强调了案例教学法对译员职业伦理意识培养的适用性。他们认为，好的伦理案例教学需要充分发挥学生的跨学科技能。利用案例进行翻译伦理教学与传统上的灌输抽象伦理概念的方法完全不同，因为在案例教学中，学生不仅可以培养对伦理问题的洞见能力，而且可以学习怎样利用分析工具对伦理挑战做出有效回应。她们提倡的是一种跨学科、整合性的基于案例研究的翻译职业伦理教育方法。作者指出，用于伦理教学的案例必须呈现一个与翻译行为相关的常见情境，以便学生能够产生身临其境的感受。作者通过五个应用于教学中的包含伦理挑战或困境的具体案例，具体呈现了学习者可以采用的多元分析视角，内容涵盖了客户要求、职业准则、收费标准等。作者还建议了可以发掘和采编翻译实务案例的八个方面，即：客户关系、恰当行为、团队精神、职业地位、译员可见性、行业竞争、当责、权力结构等。在结论中，作者指出，伦理教育对所有学生都是有益且必要的，因此应当融入所有翻译教学项目中，而最常用的教学方法就是基于精心选择的伦理案例的案例分析。

Dean & Pollard Jr.（2011）是美国罗切斯特大学医学与牙医学院聋哑人福利中心的两位研究人员。他们多年来一直致力于开发一个适用于口译人员进行伦理推理的框架,即 DC-S 框架(demand control schema for interpreting)。该框架的基本内容就是口译员所从事任务的"要求"(demands)和译员所能控制(control)的资源之间的动态关系。该框架主要用以帮助口译学习者和职业译员形成更有效的批判性思维能力,其中包括伦理推理能力。他们也关注到口译员的职业伦理教育问题。他们主张从功利主义伦理学视角出发,使译员能够进行"基于情境的伦理推理"。他们认为,面对译员伦理的问题,应该从译员的"责任"视角,而不是规定性的角色视角着眼,因为如果从角色视角看待译员的伦理推理,译员面对伦理困境时就是反应式的,而如果从基于"责任"的视角看待,则译员可以做出更加主动的伦理推理。他们还指出,对职业译员进行伦理教育的最有效方式之一就是采取反思性的学习方式,即让两名以上的译员在支持性和保密的环境中进行互动对话,就自身口译工作中的案例展开讨论分析。这种学习方式将提升译员的职业实践能力。

　　Clara Donovan(2011)则将眼光投向会议口译培训中的伦理教育。她指出,培训项目是受培训者形成职业身份和价值观的重要渠道。但是,与社区口译相比,会议口译培训中对伦理问题的重视不足。作者虽然没有明确提到要在会议口译员的伦理教育中运用案例教学法,但却提到了不少她本人和其他译员的实战案例,用以说明会议口译工作中存在的伦理困境和挑战。同时,她也提到,欧洲的不少大学口译员培养项目都雇用了大量职业译员作为教师,例如 EMCI(欧洲会议口译硕士)和 CIUTI(国际翻译大学学院联合会)项目大多只有一到两名全职教师,其他都是职业译员,显然职业译员在教学过程中会大量应用到自身在实践中积累的案例。

　　除 ITT 的 2011 年专辑外,还有一些研究者也提到了案例教学在译员培养中的应用。

　　Jamina Napier(2010)介绍了在"基于问题的学习(PBL)"中常用的"故事分享"教学策略。所谓"故事分享",就是学生在教师指导下,通过对教师或学生自身分享的案例讨论翻译中遇到的伦理问题。Napier 指出,在这种基于问题的学习过程中,教师和学生的角色发生了变化,学生对自己的学习要负起更大责任,而教师则主要负责在他们解决问题过程中给予指导。作者以自己和 6 名手语翻译学习者的一堂课为例,指出"故事分享"教学法可以让学生置身基于情境的互动学习环境中，可以将理论建构与实际经验和问题解决技巧结合起来。她最后还指出，基于问题的学习方法特别适用于有过一定经验的职业译员，但对口译学生来说，他们也可以从教师分享的故事中受益。

Setton & Dawrant（2016）在《会议口译：教学指南》中也指出，在进行译员职业道德/伦理教育时，应采取包括案例分析在内的方法。他们指出，在实际发生的（复杂的）口译案例中，包含了译员所作出的真实判断和决策，以及译员与客户乃至整个口译活动生态系统的互动过程，是学生了解口译市场和职业实践的最佳方式。他们在书中还提供了一些口译实务案例及案例分析的范例。

目前，国内关注将案例教学法应用于翻译职业伦理教育的研究者并不多。朱振武、綦亮（2011）在《理论·操守·权益——翻译硕士（MTI）专业设置引发的思考》一文中讨论了树立"切实有效地保障译者的权益"意识的问题。他们主张，为加深学生对译者维权问题的理解，提升他们的整体职业素养，教师可以采用案例教学的授课方式，为学生提供不同的案例场景，让他们更深入地了解维权的程序，更真切地认识到维权的重要性。李平、许先文（2016）探讨了基于案例教学法的翻译伦理教学问题。他们通过对比讨论由翻译伦理问题上处理方式不同而导致一正一反两种结果的两个实际翻译案例，使学生理解到翻译虽是译者的个体实践，但译者无法逃避对他人和社会的责任，也不能沦为丧失伦理关怀的传译机器。姚斌、任文（2018）和姚斌（2020）则明确提出应将案例教学法引入翻译职业伦理教育，并分别以口译实务中的"忠实性"和"中立性"原则的课堂教学为例，提出了案例教学法在职业伦理教育中的必要性、重要价值和具体方法。基于在北京外国语大学开设的口译职业与伦理课程的教学实践，姚斌（2020）分享了利用案例教学法进行口译职业伦理教育的教学过程和效果，同时也从教学实践中总结出在口译教学中运用案例教学法的一些问题和建议。他特别倡议在我国的翻译硕士专业学位项目中推广以案例教学法为主要手段的职业伦理教育。姚斌、朱玉犇（2021）出版了《从新手到高手：口译实战案例30讲》一书，该书收录了近40位职业译员的口译实务案例，为利用案例开展口译职业伦理教育提供了新鲜而丰富的素材。

采用案例教学法的根本目标是为学生在学习期间创设真实或拟真的情境，培养学生进入职场后所必备的多种职业能力，这一点与设置翻译硕士专业学位的初衷不谋而合，因为翻译专业人才培养的目标也正是具有较强职业能力的实践型口译人才。翻译专业的毕业生在走上工作岗位后会遇到各种各样复杂的伦理困境和挑战。如果她们在学习期间就能够接受系统化的口译职业伦理教育，那么在面对职场中的伦理挑战时，就更有能力做出可以平衡各方利益的明智选择。

四、案例教学法应用于翻译教学研究中的问题和建议

为更加直观地呈现过去二十多年中国内在翻译教学中探索和研究案例教学模式的情况，我们根据在"中国知网"上搜索到的相关文献制作了表1。

表1 CNKI 中相关文献出现的年份与文献数

年份	1998	2001	2002	2003	2004	2005	2006	2007	2008	2009	2010
篇数	2	2	0	0	0	1	3	1	3	4	11
年份	2011	2012	2013	2014	2015	2016	2017	2018	2019	2020	2021
篇数	8	11	8	10	5	5	8	5	3	9	6

从相关文献发表情况列表中可以看出，国内对翻译案例教学法的研究早在20世纪90年代就已起步，但到目前为止，其进展并不尽如人意。

首先，从文献发表数量上来看，每年的发文量较低。在2010—2014年期间的年均发文量达到10篇左右，可以说已经是该领域研究的"高潮期"了。2014年以后，研究热度有所降低，直至2019年跌至谷底，只有3篇论文发表，但从2020年开始又有所回升。总体来说，该领域的研究处于"不温不火"的状态。出现这种现象的原因是在翻译教学中开展案例教学是有较大挑战性的。无论是对翻译专业的学生，还是教师来说，案例教学法都是一种不同于传统翻译训练模式的新方法。案例教学法对教师提出了相当高的要求。教师本人必须也从事相当数量的翻译实践，才可能对实践中的问题有切身体会和感悟。如果教师缺乏实践经验，或对实践的理

解只停留在理论和原则层面，是无法开展真正的案例教学的，因为这样的教师不能在案例教学的实施过程中对学生做出有效指导。正因为案例教学对教师和学生的要求较高，相关领域的探索和研究也显得比较"冷清"。

其次，从发表文献的研究质量来看，已有研究多数发表层次不高，影响力有限。发表在中文核心/CSSCI期刊上的相关论文数量只有38篇，而其中标题里包含"案例教学"或以"案例教学"关键词的论文数量则更少，因此对整体翻译教学研究界的影响有限。而且目前翻译研究群体和翻译实践群体之间的鸿沟仍然不小，搞研究的不搞实践，搞实践的对研究没有兴趣，同时从事翻译实践、教学和研究的"三栖型"教师数量相当有限，而其中投身于案例教学，并能产生重要影响者更是凤毛麟角。此外，从案例教学的本质要求来看，大量来自实践的真实案例是开展案例教学的前提。而案例采编需要花费大量的资源。例如，在商学领域，案例采编是受到高度重视的。采编案例不仅有充足经费的支持，而且完成的案例是可以和学术论文等量齐观的，因此大量研究人员投入其中。但在翻译案例的采编方面，目前几乎都是凭借翻译教师个人或几个人的力量，缺少团队合作机制，而且又没有被纳入学术考评体系中，因此参与人数有限，很难形成一定的"规模效应"。

再次，从目前发表的文献现状来看，比较突出的特点是"笔译多、口译少"。也就是说，更多研究者关注的是在笔译中如何运用案例教学。产生这个现象的原因可能是从事口译教学-实践-研究者的数量原本就远少于笔译，而且口译实践中的案例更复杂，采编难度也更大。口译是即时性、一次性的工作，不像笔译那样可以留下大量的文字记录，而且由于涉及保密问题，可以公开使用的口译过程录音录像材料数量有限。因而有必要加强对将案例教学应用于口译教学的研究。

最后，对运用案例教学法开展翻译职业伦理教育关注不够。研究者更多关注的是如何运用案例教学模式提升学生的口笔译技能。翻译技能教学诚然可以通过借鉴案例教学模式的一些优势改进教学效果，但在翻译职业伦理教育领域，案例教学法理应发挥更大的作用。案例教学法如何在该领域得到有效应用还有待进一步讨论。

面对上述挑战，基于本书对国内外关于在翻译教学中应用案例教学模式的研究进行的回顾，在此我们就翻译案例教学实践及其研究的未来发展，提出以下几条建议：

首先，案例教学对从事翻译教学的师资提出了更高要求，翻译教师不仅要能教翻译、研究翻译，还要拥有丰富的翻译实践经验。虽然在案例教学模式中，教师角色发生了变化，从知识传授者和评价者转为学生自主学习的指导者和促进者。但教师的作用并不因此而降低，在引导学生培养职业能力，应对真实职场挑战方面反而应该发挥更大作用。因此，为今后能够在翻译教学领域推广案例教学模式，亟须培养和储备大批"三栖型"翻译师资。

其次，我国早在十余年前就已设立翻译专业本科和硕士学位，但直到目前，大多数培养单位仍主要沿用传统的翻译人才培养模式，采用案例教学模式者鲜矣。BTI 和 MTI 的培养目标都是应用型口笔译专业人才。而案例教学模式已被证明是培养此类人才的有效模式，理应在翻译专业学位教育中广泛采用。教学实践是学术研究的基础，只有在大量开展案例教学实践的基础上，才会涌现出更多高质量的教学研究成果。与此同时，在翻译教学领域推广案例教学模式，还有不少基础性工作要做，特别是教学案例的编制和案例库建设。高质量的案例是案例教学的前提条件。在广泛采用案例教学模式的学科中，案例开发和案例库建设是一项系统工程，案例数量丰富，且已形成了案例开发和使用的良性循环。然而，在翻译教学领域，目前还只有少数高校的少数教师在从事案例编制和案例库建设工作，力量单薄，没有形成"规模效应"。因此，案例教学要想广泛应用于高校翻译教学中，就须仿效其他专业人才培养领域所做的，建设翻译案例中心，团结大量有志于进行案例教学的教学—实践—研究人员，同时最广泛地联系职业译员、翻译中介机构、译员雇佣机构等相关方面，以便在更大范围内采编适合翻译教学使用的案例。

再次，应加强在口译教学中应用案例教学法的研究。与笔译相比，口译活动的现场性更强，对学生基于情境做出伦理判断和行为抉择的要求更高。可以说，强调课堂的拟真情境和学生策略能力培养的案例教学法是很适合运用于口译教学的。但是，由于口译活动的特殊性以及对教与学的新要求，案例教学法在口译教学中落地还存在一定的难度。因而有必要对口译教学中如何应用案例教学法开展更多的实践探索和理论研究。

最后，职业伦理教育是翻译专业学生职业能力的重要组成部分。职业道德和职业伦理教育事关"立德树人"根本任务，已被国务院教育督导委员会在对专业学位的评估中列为衡量学位点教学质量的重要指标之一。职业伦理教育的缺失是影响翻译专业毕业生质量的原因之一，但目前广大翻译教师对如何有效地进行职业伦理教育还存在不少困惑，多数还停留在教师个人经验和感悟分享。实际上，案例教学就是开展职业伦理教育的最佳模式。通过案例分析和讨论，学生将直面翻译实务中的复杂问题，提前预演各种可能的解决方案，培养他们在今后的现实翻译任务中基于具体情境做出明智决策的能力。因此，加强对案例教学法在翻译职业伦理教育中应用的研究将有助于推动翻译专业的职业伦理教育。

案例教学应用于翻译教学的实践和研究已有 20 余年的历史，而且目前也是全国专业学位人才培养模式创新和教学改革的主流趋势。但由于种种原因，案例教学法在翻译教育中仍处于"星星之火"的阶段。国内的翻译教育近 10 年来的发展可谓是"如火如荼"，然而，穆雷（1999）在 20 多年前提出的"翻译课教什么和怎么教"的命题直到今天仍值得翻译教育界的同行思考。因为翻译人才培养的质量与翻译教育项目的数量并不成正比，不少高校虽然已设置 BTI 和 MTI 项目，但如何解决理论与实践脱节、课堂与职场两分的问题仍横亘在面前。多个专业学位教育领域的实践和翻译教育本身的实践都表明，案例教学法完全可以应用于翻译教学并取得良好效果，全面提升翻译学习者的职业实践能力。

由于我国经济和社会发展对翻译专业人才的强劲需求，我们正处在翻译教育蓬勃发展的时期。我们相信，案例教学法作为应用型专业人才培养的一种有效教学模式必将在翻译教学领域迎来应用与发展的春天。本书将基于作者本人在口译人才培养实践中引入和运用案例教学法的实际经验，总结理论规律，分享教学实践，希望能对案例教学在翻译教学中的应用起到"推波助澜"的作用。

第三章 案例教学法应用于 MTI 口译教学的理论基础

案例教学法不仅在专业学位教育中受到大力推动,而且在翻译教学中的应用也已经有了一定的实践探索和研究。我们认为,案例教学法完全适用于 MTI 口译教学及高层次、应用型的专业化翻译人才培养,原因在于案例教学法虽然发端于 19 世纪末、20 世纪初,但它却符合建构主义的学习理论和现代教学论。我们将在本章中对案例教学法应用于 MTI 口译教学的理论基础进行探索,以期更深刻地把握案例教学法的本质,并为案例教学实践提供理论指导。

第一节 建构主义学习论视角下的"教"与"学"

建构主义理论(Constructivism)的代表人物是瑞士心理学家皮亚杰(Jean Piaget)。他在对儿童学习过程的研究中形成了以下基本观点:儿童是在与周围环境相互作用的过程中,逐步建构起关于外部世界的知识,从而使自身认知结构得到发展的。在此相互作用过程中,"同化"与"顺应"是学习的基本途径。"同化"是指个体把外界刺激所提供的信息整合到自己原有认知结构内的过程,而"顺应"则指个体的认知结构因外部刺激的影响而发生改变的过程。当现有知识图式可以同化新信息时,学习者就处于一种平衡的认知状态,而若现有图式不能同化新信息,平衡就被破坏,需要通过"顺应",即修改或创造新图式来寻找新的平衡。人类的认知结构就是通过"同化"与"顺应"过程逐步建构起来的,并在"平衡—不平衡—新的平衡"的循环中不断得到丰富、提高和发展。

建构主义理论对教育理念的转变产生了广泛而根本性的影响。建构主义学习理论与之前学习理论最大的差异就是:它摒弃了行为主义学习理论中的"刺激—反应"论,主张学习不是教师灌输知识,学习者被动接受知识的过程,而是"学习者在一定的情境即社会文化背景下,借助其他人(包括教师和学习伙伴)的帮助,利用必要的学习资料"建构意义的过程(何克抗,1997)。在此过程中,学习者原有的知识经验与新信息双向互动,从而完成意义建构。因此,建构主义理论倡导在教师指导下,以学习者为中心的学习观,强调学生对知识的主动探索、主动发现和对所学知识意义的主动建构。简而言之,建构主义学习理论将关注的焦点从"教"转向了"学"。

在这样的理念指导下,建构主义理论对教与学的具体方法也提出了新的观点。在建构主义理论框架中,教师和学生的角色都发生了转变。首先,教师从传统的知识传授者和灌输者转变为学生知识图式建构过程的引导者和促进者。教师应负责激发学生的学习兴趣和动机,创设符合教学目标的情境,帮助学生找到新旧知识之间的联系,实现对当前所学知识的意义建构。教师应鼓励学生通过实验、独立探究和合作学习等方式来进行学习。同时教师还应该组织好学生的合作学习过程,如提出适当的问题,不断将讨论引向深入等,引导其朝着有利于意义建构的方向发展等。其次,学生从外部刺激的被动接受者和被灌输知识的对象转变为教学活动的积极参与者和意义的主动建构者。根据建构主义理论,学生在学习过程中应面对真实世界的复杂情境,并在复杂的真实情境中完成任务。学生应主动搜集和分析有关的信息和资料,并善于将当前学习内容与自己的已有知识相联系。在此过程中,学生还应在学习小组中参与讨论和辩论。从建构主义的理论视角来看,教学过程应该是逐步减少外部控制,增强学生自我控制学习的过程。

建构主义学习理论认为,"情境""协作""交流"和"意义建构"是学习过程的四大要素。首先,学习环境中的情境必须有利于学生对所学内容的意义建构,因此创设有利于建构意义的情境是教学设计中的重要环节。其次,协作应该贯穿于整个学习活动过程中,包括师生、生生之间的协作,学习资料的收集与分析、假设的提出与验证、学习进程的自我反馈、学习结果的评价以及意义的最终建构都离不开协作。再次,交流是协作的基本方式。在学生建构意义的过程中,必须通过与教师及其他同学的交流,分享自己的观点,讨论他人的观点,获得教师或他人的指导和帮助,最终达到意义建构的目标。最后,意义建构是教学的最终目标。建构的意义是指事物的性质、规律以及事物之间的内在联系。因此,在学习过程中学生应在教师的引导和帮助下对所学内容体现的事物性质、规律及该事物与他事物之间的联系形成较为深刻的理解。

从上述四大要素的视角反观案例教学法,"案例"为学习者创设了学习的"情境",好的教学案例中都包含生动的情境,在这个情境中,又预设了一个或几个问题或矛盾冲突。面对案例中所包含的难题,学习者要通过"协作"和"交流"的方式来探索行之有效的应对方案。学习者须充分参与到案例分析与讨论过程中,才能在与他人的互动中,完成个体化的"意义建构"过程。这个过程是不能由他人来替代的。如果从建构主义的理论视角来看,学生参与分析和讨论案例的过程,其实也就是学生的现有知识图式与新信息相互作用的过程。在此过程中,学生完成了从平衡到不平衡再到新的平衡的认知发展过程。

案例教学法的出现早于建构主义学习理论的提出,但其中所蕴含的教学理念与教学方法却与建构主义的学习观和学习方法论不谋而合,这应该是案例教学法历经一个世纪却长盛不衰的重要原因。

第二节 案例教学法应用于MTI口译教学的教学论基础

一、从传统教学论到现代教学论

研究和讨论教学组织形式,必然首先要了解班级授课制的历史。一般认为，目前的以班级为单位的课堂集体教学形式形成于 17 世纪的工业革命时期，是为满足工业化大生产所需要的批量化、高效率人才培养需求而出现的。班级授课制的形成与发展经历了三个重要阶段（王策三，2018：269）。

第一阶段是以夸美纽斯《大教学论》为代表的形式确立阶段。在 1632 年完成的《大教学论》中，捷克教育家夸美纽斯从八个方面分析和论证了班级教学的简明性与迅速性，包括一个教师同时教多个学生，每门学科只用一种教科书，全班学生都做同样的练习，一切科目都采用同样的方法教授，每件事都应该彻底、扼要、简练地去教，一切天生相连的事物都应该联合教授，每门学科都应分成明确的步骤去教授，一切无用的事物，全应抛弃等（夸美纽斯，2014：110）。夸美纽斯论证并确定了现代班级教学的形式。

第二阶段以德国教育家赫尔巴特提出的"四段教学"为代表，主要是对教学过程加以结构化和程序化。赫尔巴特提出知识教学过程的四阶段论，即明了、联想、系统和方法。正是由于赫尔巴特教学思想的广泛传播和应用，才形成了今天所谓"传统教学的三中心"，即：书本中心、课堂中心和教师中心。

第三阶段以苏联教学论为代表，使班级授课制成为完整的体系。苏联教学论的主要贡献一是提出课程类型和结构的概念，二是突出了教师讲授的教学方式。

班级授课制作为一种课堂教学的组织形式对满足大众教育的需求和教育的普及化起到了非常积极的历史作用。但其不足也是明显的。班级授课制以批量化人才培养为目的，效率高，但缺乏个性化，包纳性强，但灵活度不高，对教师的权威和知识积累依赖度高，学生的主动性和积极性不足。夸美纽斯在《大教学论》中以笔译教学为例所呈现的班级授课方法是传统教学法的典型体现。他写道："改正笔译似乎要多花一些时间；但是，在这里，采用同样的方法也是有益的。当各组的组长取得了注意以后，应当立即叫起一个学生，随他的意思选定任何一个学生做对手。后者站起以后，第一个学生立刻就一句一句地宣读他的翻译，其余的学生便都用心倾听，同时教员要考查这个练习，使它做得正确。那个学生在每句句子之后停一停，那时他的敌手就有机会去指出他所听出的任何错误。然后可以由同组的其他学生去批评他的翻译，再后可以由全班的学生去批评，最后由教师作补充。这时，其余的学生便在他们的练习上面改正错误。但是那个对手不能这样做，他应该保持他的练习的原样，好交给他的同伴去批评。第一句句子正确地改正过以后，立刻就弄第二句，这样下去，直到做完练习为止。那时那个对手就要同样宣读他的翻译，原来挑战的那个学生就要注意他所读出的确是原来的翻译，没有加上后来改正过的。这时每一个字每一个短语又要像以前一样受到批评。此后又要选出一对敌手，在时间所许可的限度以内照样重练。"（夸美纽斯，2014：114）这段论述集中体现了夸美纽斯对班级授课时翻译教学方法的设想。在今天的翻译教学中仍然可以看到这种教法的影子，但正如方梦之所评论的，传统的翻译教学"以教师为中心，将改错作为主要教学方法之一，以提供参考译文作为翻译课的终极手段，不符合真实情况下翻译的本质特点，在一定程度上扼杀了学生学习翻译的主动性与创造性"（方梦之，2019：121）。

  在西方，对上述传统教学思想的批判和改造在19、20世纪之交就开始了，欧洲新教育运动和美国进步主义教育运动催生了现代教学思想。这种思想是与传统教学思想相对立的，它常被概括为"教师中心和儿童中心的对立；系统书本知识中心和个人直接经验中心的对立；课堂中心和活动中心的对立"（王策三，2018：7）。此后出现的一系列新的教学组织形式都是为了改变以书本为中心，以教师为中心，忽视学生个性差异和学习能动性的弊端，转而强调在教学过程的组织上，联系社会生活和学生的日常生活，突出对学生的个性、自由选择、能动活动的尊重，强调教师对学生学习进行差异化指导等。这种转向使课堂教学的总体格局从教师向学生转移。不难发现，案例教学法正是在这场反对传统教学思想的浪潮中形成与发展的。从一开始的"问题教学法"到后来的案例教学法，其一以贯之的目的都是改变教师主宰课堂，强调知识灌输的教学形式，转向充分发挥学生的能动性，关注学生个体差异的能力提升方案。

  我国的课堂教学是在20世纪初废除科举制度、兴办新式学堂的时代兴起的。此前的私塾教育主要采取的是"师傅带徒弟"的教学形式。兴办西式学校的同时也就引进了当时西方流行的课堂教学组织形式。而以赫尔巴特为代表的班级授课教学思想也借由日本传入我国。尽管当时西方的一些现代教育思想也传入了我国，但直到新中国成立以前，赫尔巴特的教学思想占据了主导地位。1949年新中国成立以后，全面学习苏联，移植了凯洛夫的教育学，所以传统教学思想和班级授课形式是改革开放前的主流教学形式。直到改革开放后，由于经济建设和社会发展对人才培养提出的新要求，我国的课堂教学也开始改革创新的进程。改革方向主要就是课堂教学的重心从教师转向学生。

不过，传统教学思想的影响是深刻的，无论是在国外还是国内，从总体上来看，直到目前，以教师为中心的现象还很突出。这一点在翻译教学中尤为明显。在过去很长一段时间里，翻译教学都是从属于外语教学的，翻译课作为外语院校众多课程之一，往往被视为提高外语能力的手段之一。研究者将这种现象称之为"教学翻译"，即在外语教学中以语法翻译的形式，在语言层面对比分析母语和外语，以强化外语学习的效果。由于我国翻译专业学位发展迅猛，翻译专业师资需求量急剧增加，不少学位授予单位由于专业师资不足，只能调用原来从事外语教学的教师转向翻译教学，结果导致外语教学中常用的"教学翻译"做法被移植到翻译专业教学中。然而，由于"教学翻译"的目的是让学生理解和掌握语言规则，在实施过程中，主要采取的是教师传授加学生练习的形式，它忽视翻译行为所发生的交际情境，不符合翻译专业教学的规律。正如刘和平（2018：5）指出的，"教学翻译不是真正意义上的双语交际，它没有交际对象，缺乏交际场景，唯一目的是检查学生理解外语的水平和外语语法或词汇的掌握情况。"

从"教学翻译"到"翻译教学"的转变意味着教学理念的变化，更要求教学模式和教学方法的转变。Delisle（1988：96）曾提出："翻译是一门独立的学科，翻译教学区别于纯正意义的语言教学，翻译需要进行专门的翻译训练。"何其莘在MTI专业学位设置之初也明确指出："翻译是一门科学，也是一种技巧，一种专业的交流工具。翻译人才的思维模式与一般外语人才有着明显的差别，需要经过专门的职业技能培训，教学模式也不是一般的外语教学可以替代的。"（何其莘，2007：11-12）虽然翻译专业教学领域的实践者和研究者已经明确地将翻译教学与"教学翻译"区分开来，并强调翻译教学独立于外语教学的特点，但是在不少译员培养项目中，传统的教学模式仍然主导着翻译课堂。究其原因，除了师资本身的问题之外，缺少可替代的新型翻译教学模式也是不可忽视的因素。

案例教学法是在我国实施改革开放政策后的改成20世纪80年代初引入我国管理专业教育的。在案例教学法被引入国内的时候，恰逢我国课堂教学改革进程启动。案例教学法对学生实践能力培养的关注打破了传统教学中重知识讲授、轻能力培养的定式，为我国经济建设急需的应用型企业管理人才培养做出了重要贡献。案例教学法在我国的扎根与成长伴随着我国课堂教学改革创新的进程，也符合我国课堂教学改革创新的方向。

从教学论的视角来看，"课堂教学本身是一个复杂的活动系统，……教学活动系统的构成单位并不是其包含的静态的物质性要素，如人的要素（含教师和学生）或物的要素（含教学内容、教学手段、教学设备、教学空间等），而是由这些物质性要素组成的活动单元，如教师的教导活动和学生的学习活动，以及教学过程中的不同活动环节。由于教导活动与学习活动之间、不同的教导活动之间、不同的学习活动之间、教学过程中的不同环节之间又存在复杂的结构关系，由此导致教学活动系统运行过程的复杂多样，导致教学活动系统产生不同的育人功能。"（陈佑清，2019：13）传统的课堂教学形式是以教师为中心设计的，因此系统中的所有要素、要素组成的活动单元以及要素之间、活动单元之间的关系都是围绕知识传授和技能训练而存在的。这种教学组织形式从"教"出发，符合传统上对教师的期待，易被教师接受，且已经成为很多教师和学生心目中根深蒂固的教、学观。所以，对课堂教学的改革必须在教学活动的系统层面进行，而不能仅限于零打碎敲地对某些要素或活动单位进行局部改进，比如，调动学生的主动性，采取多样化的教学手段、使用新的技术手段等。

与传统课堂教学形式相比，案例教学法是一种全新的课堂教学组织形式，其核心在于从以教师的"教"为中心转向以学生的"学"为中心。当课堂的主体从教师转变为学生后，课堂活动单元的重心也就发生了变化，由此整个教学活动系统改变了，其育人功能也会发生变化。将案例教学法应用于口译教学符合现代翻译教学的理念。现代翻译教学法主张："翻译教学要以学生为中心，发挥他们的主动性、鼓励创造性，组织讨论；对比

参考译文,让学生进行独立分析。"(方梦之,2019:121)

设置 MTI 的最初目的就是要培养应用型的高端翻译人才,而应用型人才培养的核心就是提升分析和解决职业实践中问题的能力。"口译教学的过程就是利用各种手段指导和帮助学生获得相应的职业翻译能力。"(刘和平,2018:44)Setton & Dawrant(2016)认为,口译员的职业能力至少包括语言、百科知识、口译技能和职业素养等四个相辅相成、缺一不可的构成要素,唯有当这四个方面相互融合,同时提升,才能真正提高口译员的职业能力。传统的口译教学法以口译技能训练为核心,只能解决学生在口译职业实践中遇到的部分问题。学生虽然可能掌握了娴熟的口译技能,但却可能缺乏合格的思辨、沟通和伦理推理能力,从而不能真正满足职场的要求。因此,研究者大声疾呼要从"译员培训"转向"翻译教育"。刘和平(2018:155)认为,"翻译教育的本质在于按照社会要求,有目的、有计划、有组织地把学生培养成社会需要的翻译人才。在翻译教育理念中,学生是实施教育的核心"。MTI 的人才培养源自社会的明确要求,也致力于向社会输送合格的人才。MTI 口译教学不能仅满足于对学生进行技能培训,而要将口译人才的培养视为全面的教育过程,并在此过程中,突出学生的主体地位,让学生真正成为教学活动的中心和课堂的主人。案例教学法在本质上是以学生为主体的,且通过案例的模拟、分析和讨论,学生可以在语言、知识、口译技能和职业素养等方面获得全面提升,因此是符合当代口译教学和口译人才培养的有效教学模式。

二、教师和学生的角色变化

教师和学生是"教"与"学"的主体,师生关系是课堂教学中的主要关系。《中国大百科全书·教育卷》提出,师生关系是指"教师和学生在教育教学过程中结成的相互关系,包括彼此所处的地位、作用和相互对待的态度等"(董纯才,1985)。无论时代如何变化,只要存在"教"与"学"的行为,师生关系就永远存在,而在此关系中所形成的教师和学生的角色也会永远存在。但是,教师和学生在课堂上所处的地位、所发挥的作用,以及相互对待的态度却会随着教育教学观念的更新而变化。在当今的时代背景下，教师和学生的角色都在发生改变。论者认为，教师的角色正在发生由"课堂主宰者"转向"平等中的首席"、由知识灌输者转向人格培养者和由单向传递者转变为多向对话交往者等三个转变（李朝辉等，2016: 42-43）。

1. 由"课堂主宰者"转向"平等中的首席"

由于传统上教师在知识或技能上具有的垄断性和权威性，教师在师生关系中具有绝对的权威地位。但在信息渠道日益多元的今天，教师不再是唯一的知识来源。特别是到了大学和研究生阶段，学生在某些方面完全可能超出教师的知识范围，因此现代师生关系的基本理念应该是平等交往、相互尊重、相互合作。但同时也要注意到，虽然要倡导师生平等的理念，但在多数情况下，教师在很多方面还是有学生不具备的优势。以MTI口译教师为例，他们有丰富的职业实践经验，他们有更多的理论知识，这些都是值得学生学习的。因此有人把教师比喻为"平等中的首席"，也就是说，在师生平等的关系中，教师仍肩负着立德树人的职责，在课堂教学中需要起到组织、引导、帮助和促进作用。

2. 由知识灌输者转向人格培养者

时代发展，特别是技术进步使得教师因知识垄断而产生的权威地位受到了根本挑战。如果教师仍把知识传授视为自己的唯一职责，无异于剥夺了自己存在的理由。新时代的教师应该将重点从单纯的知识灌输转向立德树人，即关注学生整体人格的发展。教师应在教学中发现学生的潜能，发展学生的能力，培养学生的品德，通过激发和引导，而非灌输，培养我国经济建设和社会发展真正需要的人才。这一点也正是从"译员培训"转向"翻译教育"的初衷所在。

3. 由单向传递者转变为多向对话交往者

传统教学形式中的一大问题是单向传递，即由教师控制整个课堂活动，学习的内容、时间、方法、氛围和结果都掌握在教师的预设之中，忽视学生的积极性，不重视学生的问题意识和思维激发，导致课堂氛围沉闷，师生之间交流稀少。而现代教学理念认为应该重视师生之间的交往和对话，为了某种共同的目的协调、沟通与联合，将师生、生生之间的对话和互相学习作为教学的主要形式。这种教学形式有助于促进学生的主动性，有助于学生的社会知觉、交往技能和自我意识的发展，同时也能营造良好的学习氛围。

与此同时，学生的角色也必然发生相应的转变，主要体现在学生在课堂上的主体地位及学生个性的发挥。学生的主体性也就是主观能动性，传统课堂教学中，学生的主动性受到了压抑。他们高度依赖教师的"权威性"，不愿或不敢说出自己的想法。而在现代教育理念下，教师转变为学生学习活动的促进者，而教育活动中占主体性地位的应该是学生，正如有些学校提出的口号"一切为了学生，为了一切学生，为了学生一切"。学生的个性和独特性应得到充分尊重和发挥。每个个体都是独特的，每个学生的禀赋、性格、兴趣和能力都不完全一样。但在传统的教育中，强调的是共性，教学的形式和内容，对学生的评估都遵循整齐划一的标准，不能体现"因材施教"的个性化培养。现代教育理念主张由"选拔适合教育的学生"转向"创造适合学生的教育"，就是承认和尊重学生的个性与独特性。学生应该认识到，自己与众不同的经历是独特的，是自己的优势，而非劣势，应该勇于在课堂上分享自己的经历和由此而形成的视角，这对于学生本人，同学和教师，以及教学活动都是有益的贡献。

案例教学法在教师、学生的角色以及师生关系问题上符合现代教育教学理念的主张。在案例教学中，教师扮演的正是学生的引导者和学习的促进者角色，案例教学中课堂的主体是学生，学生对案例的分析和讨论，以及师生、生生之间的对话和交流占据了课堂大部分的时间。当案例教学法应用于口译教学时，改变了传统口译教学中学生练习＋教师反馈的简单教学形式，而是构建了以师生、生生互动为显著特征的新型教学形式。教师有责任把握和引导讨论的方向，但并不限制讨论的内容。如果说传统的教学形式是有墙的，那么案例教学就是无墙的，正所谓"满园春色关不住，一枝红杏出墙来"，有时学生在讨论中迸发的新想法和独特视角可能超越了教师的预设范围，学生的潜力得到了充分发挥。

第三节　MTI口译案例教学的三要素

要在口译教学中应用案例教学法，三个核心要素分别是教学目标、教学案例和教学方法。三者之间紧密联系，相辅相成。教学目标决定教学案例的选择和教学方法的使用，教学案例是教学目标得以实现的基础，而教学方法则是利用教学案例实现教学目标的具体途径。

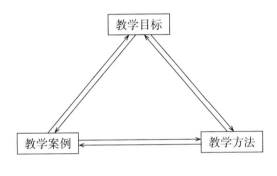

一、教学目标

每一次案例教学都必须有非常具体、明确的教学目标。如果没有明确的教学目标，则教学案例的设计和选择就是没有方向的，教学方法的实施就是无效的。

在此，为避免概念上的混乱，我们先应厘清教学目标与教学目的之间的联系与区别。教学目的是宏观层面的，它体现的是某学科教育教学的总任务。例如，MTI的教学的目的就是在培养目标中所明确规定的"培养德、智、体全面发展、能适应全球经济一体化及提高国家国际竞争力的需要、适应国家社会、经济、文化建设需要的高层次、应用型、专业性口笔译人才"。而教学目标则是微观层面的，它指的是"在教学活动进行之前，教师和学生对教学活动所要达到的学习结果的预期或估计"（李朝辉等，2016：23），是在教学目的的指引下，每一次课堂教学所要实现的具体目标。

因此教学目的和教学目标之间是一般和特殊的关系。教学目的具有普遍的指导意义，而教学目标则只对特定的教学活动起指导作用。教学目的决定了教学目标，而教学目标则是实现教学目的的基础。两者相比，教学目的的刚性更强，它体现的是社会的意志和客观要求，带有一定的强制性，而教学目标则较为灵活，可以由教师根据具体教学需要加以调整。

由此可见，在高举 MTI 人才培养目标的大旗之下，我们在具体教学活动中可以灵活设计教学目标，并采取相应的教学方法，以更好地实现教学目的。我们在 MTI 口译教学中应用案例教学法，为的正是更高效地实现 MTI 的教学目的。因此，每次案例教学的教学目标都应该与 MTI 培养目标相联系。

在明确了教学目的和教学目标的区别之后，要对 MTI 口译案例教学的目标做出准确描述，还须注意以下两点：

一是教学目标的行为主体是学生而不是教师，也就是说，教学活动的设计和开展的最终目的都是促进学生的学习。学生是学习行为的主体，而教师只是扮演引导者和促进者的角色。所以在描述教学目标时，不应该是"教师做了什么"或者"开展了什么教学活动"，而应该是"学生学会了什么"或者"学生能做什么了"。例如，在口译案例教学中，我们对教学目标的描述不能是"向学生介绍吉尔的'认知负荷模型'"，也不能是"学生在课堂上就口译中的'忠实性'原则展开案例分析与讨论"，而应该是"学生学会利用吉尔的'认知负荷模型'解释同传中遇到的挑战"，或"学生理解了在口译职业实践中必须根据情境决定'忠实'对象"。

二是教学目标的内容主体是学习的结果，而不是学习的过程。也就是说，教学目标的表述中应该是包括学生在教学活动结束时，学会了什么或学会了做什么，而不应该是学生在教学过程中将要做些什么。比如，在口译案例教学中，如果将教学目标设计为："学生将在课堂上就脑记和笔记问题开展讨论"。这就是从学习过程的角度设计的教学目标，它不符合教学目标设计的原则，正确的表述应该是："学生学会/掌握平衡脑记和笔记的技巧"。

教学目标的设计是整个案例教学的核心和关键。它决定了整个教学活动的方向、过程和结果评估，直接关系到教学的效果和学生的收获。因此，必须采取科学的方式设计教学目标。

教学目标的设计应依据教学目的、课程类型和学生的实际情况来确定。首先，每次案例教学的教学目标必须是符合MTI人才培养目标的。MTI的培养目标强调高层次、应用型、专业性人才的培养，那么口译案例教学的目标也应该为此服务，应该有助于推动和促进培养目标的实现。其次，案例教学的目标还应该考虑课程的性质，如口译技能课和口译职业伦理课的具体教学目标和实现方式就有差异，前者侧重于口译认知技能的获取，而后者则关注于职业伦理思辨和判断能力的形成。如果教学目标不能清晰地体现不同课型的特点，目标脱离实际，教学就很难取得预期成效。最后，教学目标还必须根据学生的实际情况来确定，因为案例教学的主体是学生，教学目标的实现必须有赖于学生的参与和实际操作，教师应该根据学生的认知水平、兴趣、需求等设计恰当的教学目标，既不能太高，超出学生的"最近发展区"，导致学生强烈的挫败感，丧失学习的积极性，也不能太低，以至于无法调动学生的学习兴趣，也不能促进学生发展。

总之，设定明晰的教学目标是开展MTI口译案例教学关键的第一步。

二、教学案例（库）

在案例教学法中，教学案例是实现教学目标的基础。如果没有高质量的案例，再好的教学目标也是空中楼阁。案例是案例教学中的核心要素。我们将在本书第四章对口译教学案例的素材来源与设计原则做详细介绍。在这里我们着重谈谈案例采编的系统性问题，也就是教学案例库建设问题。教育部"中国专业学位案例中心"的平台，已经收录了27个专业教育领域的教学案例库，包含数千则教学案例。但在口译教学领域，目前还没有公开、成规模的案例库，因此有必要重视和推进口译教学案例库建设。

口译教学案例库的构成要素主要包括丰富的案例、科学的分类法、适当的存储方式、完善的系统功能和不断更新的案例素材来源。

丰富的案例是口译教学案例库的基本特征。案例的丰富性应主要体现为数量多、质量高。口译职业实践历史悠久，形式众多，场合多样。如果有心采编的话，可以编制大量适合不同教学目标的案例。同时，案例采编应该由实际从事口译实践和教学的教师团队来进行。因为实际从事案例教学的教师对于教学目标的理解是比较深刻的，而具有实践经验的教师对案例中的问题更有发言权。两者结合会使得案例质量更高。

科学的分类法，是指按照一定规律对库中收集的案例进行合理分类。案例分类可以有不同标准。可以按照案例发生场合的多元性进行分类，学生在今后的职业实践中可能会遇到各种不同的场合，因此需要对不同场合中的口译实践有切身的感受和深刻的理解。例如，可以按照法庭、医疗、会议、媒体、外交等不同场合对案例进行分类。这样的分类还可以成为进行专题口译案例教学的基础。也可以按照案例本身的性质分类，如分为描述型案例和决策型案例，这两种案例形式适合不同的教学对象。对水平较低的学生前者更适合，而对水平较高的学生，特别是有一定的口译实践经验的学生则后者更适宜。还可以按照案例的教学目标分类，例如，适用于口译技能教学的案例和适合职业伦理教学的案例。在案例库中可以根据不同的分类标准设置搜索功能，满足特定的教学需要。

适当的存储方式包括存储的空间和媒介。口译案例可以以文字或音、视频形式存在，因此最适合的存储方式应该是电子媒介，如电脑、移动硬盘、互联网空间等。口译教学案例中有多媒体案例，因此需要足够的储存空间且做好备份，避免因电子设备损坏而丢失。

完善的系统功能。在现代技术助力下，案例库完全可以实现完善的系统功能，包括搜索、调用、修改、归类、整理、导入、导出等功能。应该对每一则入库的案例都做好标签，能满足不同类型检索方式的要求，包括关键词、全文、摘要等检索方式。

不断更新的案例素材来源。"问渠哪得清如许？为有源头活水来。"口译案例教学库要始终发挥有效作用，就不能是一潭死水，而要持续地更新，以保持生命力。案例都有一定的"保鲜期"，口译职业是个常新的职业，在不同时代会不断涌现出新的问题。案例库既要有体现口译职业实践中普遍性问题的经典案例，也要有体现职业最新发展的新案例。例如，近几年来，人工智能技术发展带来了机器翻译和人工翻译互动产生的各种事件，这些事件经过编制可以成为很好的教学案例。又如，自2020年初以来，由于新冠疫情席卷全球，极大地改变了人们会面与交流的方式，口译的方式也随之改变。目前，利用网络会议平台，如 Zoom 等，进行远程口译已经成为主流。在远程口译实践中，涌现出不少与传统口译形式不同的新难题、新挑战，这些都是很好的新案例素材来源。要不断更新案例素材来源，还要持续扩大案例采编范围。例如，可以对职业译员、翻译公司等进行大规模访谈，以不断收集新鲜案例，用于口译教学。保持案例库不断更新是保证学生从案例教学中获取适合最新职业要求的能力的前提。

为做好口译教学案例库的建设，需要遵循以下一些指导原则：

1. 标准化设计

如前所述，案例库必须具有便捷的系统功能，包括搜索、调用等。要想实现完善的系统功能，就必须在案例设计和入库时就强调标准化。对于口译教学案例来说，入库时应该至少具备以下要素。

（1）案例标题

案例编写者应用简明、生动的语言反映案例的主体内容。这里特别强调生动是因为案例虽然不同于故事，但具有好故事的诸多特征，所以才能吸引学生的兴趣，激发讨论的热情。一个生动、有趣、引人入胜的标题会为整个案例增色。

（2）教学目标

前面提到，教学目标决定了案例教学的方向。口译案例教学中可能会用到一个或几个案例，稍微复杂一点的案例中就有可能包含多个值得讨论的问题。如果没有对教学目标的清晰表述，在案例分析和讨论时，就不能聚焦，就容易偏离方向，特别是在使用案例的教师并非案例中口译事件亲历者的时候。

（3）案例关键词

与学术论文类似，案例完成后，也需要提取体现案例重点的关键词，它们的作用既可以提示案例的主要内容，又可以作为搜索标记，实现便捷的案例查询和调用。

（4）案例正文

案例正文是案例的主体部分，重要性不言而喻。在这部分，应根据教学目标提供口译技能训练的语篇或对口译事件发生发展过程的描述，突出其中的矛盾和难题。

（5）案例讨论题

案例讨论题是附在案例后的针对性问题，用于调动学生积极讨论和思考，同时也是为了让案例的分析和讨论能够聚焦在教学目标所规定的轨道上。

除此以外，入库时，还可以附上案例的背景材料、案例使用说明书等其他相关材料，以使利用案例库开展案例教学更加便利。

2. 团队协作

建设口译教学案例库仅凭个体或少数教师的兴趣和力量是远远不足的。2020年，国务院教育督导委员会已经明确将案例教学及案例库建设纳入了MTI教学质量评估的指标体系，因此案例库建设应该作为学位授予单位的一项重要工作来抓。只有得到重视，教师们才会有足够的信心投入进来。建设口译教学案例库需要发挥整个口译教师团队的积极性。案例教学作为教育部在专业学位教育中大力推行的教学形式，必将在今后成为口译教学中的重要形式之一，因此，教学案例库的建设与每一位口译教师都有关系，每位教师的教学和实践经验都是案例库建设的宝贵资源。与此同时，教学案例库建成以后，也会让每位口译教师从中受益，因为大家可以分享案例，共享成果，共同改进口译教学质量，培养符合MTI人才培养目标的未来译员。

3. 收编结合

由于口译活动的丰富性和普遍性，口译教学案例素材的来源非常广泛。只有来源广泛，才能建构高质量教学案例库。在案例素材来源中，既有教师根据自身职业实践编制的案例，也有来自对其他职业译员访谈的案例，还有教师从互联网、书籍、报纸、杂志、教材等资料中收集的案例。这些案例在入库时一般需要经过一定改造，达到案例库的收录标准后再入库。因此教师编制或收集的案例都是案例库的重要来源。

需要说明的是，尽管案例教学并不强调案例一定要来自教师的直接经验，例如，在MBA教学中使用的案例，很多都不是教师个人的直接经验，但是在MTI口译教学中,我们期待有更多的口译教师将自己的直接经验编写成案例。MTI教指委对担任口译教学的教师有相关的职业实践要求,因此,如果教师能够基于自身的经验编制案例,则在案例教学中可以为学生提供更多的背景信息,同时也可以用自己的实际经验使得案例变得更加生动、直观,增强案例的"带入感",激发学生的学习兴趣。本校教师团队编写的教学案例应该是学校口译教学案例库的重要来源。

4. 适当激励

目前,在MTI口译项目中,影响教师对教学案例库建设积极性的主要原因是案例采编没有得到足够重视。MTI教师身处高校中,他们面临着与其他教师同样的晋升、考评要求。而按照目前标准,论文、专著、译著和教材才被算作重要学术成果,而案例库建设并没有得到应有重视。教学案例库的建设非一日一人之功,它是一个动态过程,需要长期积累。案例库能否建设成功,并不断更新,需要MTI项目的高校主管部门对这项工作的持续关注,需要有资金支持,也需要对相关教师的贡献有及时的认可机制。

三、教学方法

李秉德、李定仁(2019:183)对教学方法的定义是:"教学方法,是在教学过程中,教师和学生为实现教学目的、完成教学任务而采取的教与学相互作用的活动方式的总称。"他们还指出,教学方法"直接关系着教学工作的成败,教学效率的高低和把学生培养成什么样的人"。

从上述定义可以看出,教学方法是为教学目的服务的,同时又是通过教师和学生之间的互相作用而实现的。换句话说,教学方法的关注点必须是"教"与"学",而不是"教"或"学"。传统的口译教学方法着重于对学生进行技能训练,其主要特点是教师向学生传授提升口译技能的知识。在口译课堂上,教师是经验丰富的权威,而学生是等待被教师评判、改错的角色。通常的教学形式是教师播放录音后学生进行口译,继而教师对译文做出评价,并给出改进建议,学生可能会在笔记本上记录很多译文表达方式，而且也认为从这种教学形式中有所收获。教师则习惯于扮演权威的角色，在课前准备时，会以能够给出一种原文的多种译法，或者对某个新词新语提供最新译法而感到自我满足，认为实现了教师应该扮演的角色。

显然，这样的教学方法不符合现代教学论对教学方法的态度，因为这种方法以教师为中心，学生只是被动的接收者。虽然师生之间有互动，但这种互动基本上是从教师到学生的单向传递，是不利于职业能力培养的。这也正是历经近15年的发展，直到在2021年的MTI教指委年会上，仲伟合仍专门指出MTI人才培养中存在"教学方法不新"问题的原因。

与传统的口译教学方法相比，案例教学法关注的不只是学生是否掌握具体的技巧，而是聚焦于该技巧是否对学生职业能力的提升起到了促进作用。口译技巧是具体的，比如，在听辨时抓住宏观结构，记笔记，在表达时保持译文简洁等，这些都是具体技巧。而口译职业能力则是全面的，它应包含语言、知识、口译技能和职业素养等多个维度，是译员从事口译职业实践的综合素养的体现。

每一次案例教学都着眼于学生综合能力的提升。虽然一次教学的主题可能只是一种具体技巧，但在案例教学的实施过程中，课前阅读与思考，课上的案例分析和讨论及教师的点拨和升华，以及课后的巩固和反思，构成了一个完整的以能力培养为导向的教学模式，是对传统口译教学形式的系统性革新。

在案例教学模式下，师生、生生之间会产生多维互动。案例教学法体现的是以引导探究为主的教学方法。以口译技能教学为例，教师不是直接把标准译文告诉学生，而是通过课前、课中和课后的组织和引导，让学生通过独立思考，小组讨论和大班交流探寻适宜的传译方案，并在此过程中提高职业能力。实施案例教学的基本逻辑是：首先创设来自职业实践的问题情境，向学生提出要解决的问题，继而由学生通过独立思考和互相讨论找到解决的方案，或者是给出适宜的译文，之后再由学生之间对各自的方案进行检验，如果有不同观点鼓励进行辩论，最后由教师进行总结和升华。

这种教学模式符合美国教育家布鲁纳倡导的"发现法"的基本特征。布鲁纳认为，"发现"不限于只是寻求人类尚未知晓的事物的行为，也包括用自己的头脑获得知识的一切形式，要求教师指导学生以"发现者"的姿态和精神，通过归纳发现、类比发现、试错发现、直觉发现等学习形式，主动参与到知识形成过程中去。案例教学正是鼓励学生通过对案例的分析和讨论，去发现新知识或掌握新技能的过程。学生在思考和讨论中可以充分激荡脑力，交流观点，迸发出灵感的火花，通过归纳、类比、试错、直觉等参与方式发展自身能力。不言而喻，案例教学法是非常有利于启发学生思维和提升学生职业能力的。

  本章中我们对建构主义视角下的学习理论、现代教学论的主要观点以及案例教学法的三大要素，即教学目标、教学案例和教学方法进行了理论阐述。在后面两章中，我们将详细阐明口译教学案例采编和口译案例教学实施流程的问题。

第四章　MTI 口译教学案例采编

　　案例教学虽然已在其他不少专业学位项目中成为主要的教学方法，但在口译教学中，案例教学法可以说还是一个新鲜事物。从本书第二章的文献回顾中可以看出，将案例教学法应用于口译教学实践的探索和研究都还处于起步阶段。对广大口译教师来说，案例教学还是一种全新的教学形式。他们在如何采编案例、如何将案例应用于口译课堂教学，以及如何解决口译案例教学中的瓶颈问题等方面，都还有较多、较大的困惑。为此，我们将结合自身进行的口译案例教学实践对以上问题做出回应，并提出切实可行的方法，冀以推动案例教学法在 MTI 口译教学中的应用，为我国的口译行业培养出更多适应行业需求、上手快、水平高的口译工作者。

　　目前，国内外都没有已成型并可公开利用的口译教学案例库。因此，在口译员培养机构教学中使用的案例一般都是由所在机构教师个人编写或教学团队合作编写的。由于教学案例是案例教学的主要载体形式，案例内容应服务于口译教学的目标，达到预期的教学效果。案例的呈现形式可以多样化，除了案例的文字部分可以采用不同的写作方式，还可以充分利用多媒体资源，编制多媒体案例，以加强案例的吸引力，增强案例教学的效果。

第一节　明确口译案例的教学目标

案例是为口译教学服务的。教学案例的编写应基于口译课的教学目标。如果我们把编写案例比作建造房屋，那么明确案例的教学目标就是打地基，地基如果不牢固，即使材料很好，施工设计也很好，房屋也很难建好。而且，如果案例的教学目标不明确，案例质量就无法保证，是否具有针对性也很难衡量。

根据我们对现有文献的梳理和自身的教学实践，案例教学法在口译教学中既可用于职业伦理教育，也可用于口译技能训练。因此，我们判断案例是否合适，关键要看它是否满足了口译课的具体教学目标。

先以交替传译教学入门阶段的"视觉化"（Visualization）技能教学为例，"视觉化"训练的目的是让学生学会将听到的文字进行"视觉化"处理，因为对文字内容进行"视觉化"处理后可以大大提高记忆的容量和牢固程度，故此可以提升译文准确性。为此目的，我们在准备教学案例时就应选取能够突出体现"视觉化"技能应用的典型材料。例如，我们在口译课上使用过的一个典型案例就是一位美国 MBA 专业教授讲述 BP（英国石油公司）在墨西哥湾漏油事件中处理公关危机的材料。（参见案例样本1）

这段材料的情节性很强，也比较容易在听者的脑海中形成相关场景和形象，非常适合进行"视觉化"技能训练。整段材料时长超过 7 分钟。对初学者来说，在不记笔记的情况下，这个长度的练习材料对其工作记忆造成的压力是相当大的。但是，如果采取"视觉化"技巧，学生会感觉到不仅记忆压力减轻很多，而且记忆效果也会提高，甚至一些"细节"信息也会因为脑海中产生的"画面"而牢牢地停留在记忆中。

例如，在材料的前半部分，讲者详细地介绍了发生漏油的原理[①]：

> So, in the Gulf of Mexico, you have a drilling platform that looks like this. It floated on pedestals. So here is the surface of the water, here. And

---
① 本书中的演讲案例文本为原音频文字实录，下同。

it's floating, and there is a big drill here, and it drills down to the surface of the water, and the ocean floor. And then it goes in here and it brings the oil up and the oil comes up out of the well. So that's the drilling platform that works like that. And they float back and forth. And the only thing that goes down is this one pipe. Now, because of the those pipes, this was fifteen hundred meters, very deep, fifteen hundred meters and because it was so deep and it moved the whole thing, they developed a technology that was called a BOP, blow-out preventer. The blow-out preventer is a box that they installed right at the ocean floor, fifteen hundred meters below the water. The way the blow-out preventer worked is if the pipe had a leak, what would happen is, it had two very sharp knives, like this. Okay, and those knives, under hydraulic pressure, if the pipe leaked or something was going wrong up here, if there was a leak in the pipe, they would send this knife, it would seal it here, and it would seal it right here like that. And that closed off the well. So it just went through the pipe. It sheared the pipe off and closed it, so that no oil could escape. So, these are very big devices and they are very expensive. The cost of those was around 300 million RMB. So it's very expensive, three hundred million RMB. So, they had one of these. Now in the Gulf of Mexico, there were many drilling platforms. And BP looked at the other ones, and many of the drilling platforms had two of these installed, a second one above it. So this one failed, this one would be here. But their board of directors, when they looked at this, said: "That's a lot of money to spend. And you know, it's probably not a problem because this will probably be OK." So, unfortunately, that didn't happen. So they never put that one in. And what happened with this pipe is the pipe got on a little bit of an angle, and when this knife hit it, it didn't cut it. It's kind of slid to the side. So the oil got by it and the oil was escaping and pouring out into the ocean.

这段讲话长度接近3分半钟，但其核心内容一直围绕着装配在海底石油管道上的水下防喷器组的工作原理展开。水下防喷器组（Subsea Blow-out

Preventor，英文简称 SSBOP）位于海床，由多个环形防喷器和闸板防喷器共同组成。它是保证钻井作业安全最关键的设备，其作用是在发生井喷或井涌时控制井口压力，在台风等紧急情况下关闭井口，保证人员、设备安全。由于 BP 公司管理层为了节约开支而没有按照要求装配防喷器组，结果导致了严重的漏油事故。可以说，这段材料是比较适宜"视觉化"的。为帮助学生更好地进行视觉化，并增强记忆效果，还可以在练习之前提供相关图片或视频。在入门阶段，图片或视频可以为学生对材料进行"视觉化"处理提供"脚手架"。在经过一段时间训练后，学生掌握了"视觉化"的要领，即使不借助相关图片或视频，也能较好地运用"画面"来巩固记忆。

当然，我们将上述材料用于案例教学时，目的不止于让学生通过"视觉化"的方式记住故事中的各种场景，而是要基于就该案例进行的讨论让学生掌握有关"视觉化"的更多相关技能，如准确判断什么类型的演讲语篇更适合运用"视觉化"技能，哪些辅助技巧有利于实现"视觉化"等。通过技能训练本身以及对相关问题的思考和讨论，实现提升学生有意识地运用"视觉化"技能、提高工作记忆能力的教学目标。

再举一个用于职业伦理教学的案例。译员姚斌应邀去为某 MBA 课程担任交替传译。这次课程的内容是如何阅读公司财务报表，其中包括资产负债表（balance sheet）、损益表（income statement）及现金预算表（cash budget）等。课程教师是来自美国的金融和投资学教授，而学员则来自一家大型跨国企业的中国分部。译员此前并没有系统学习过会计知识，对于公司财务报表，尤其是其具体内容及其中各项的含义了解也不多。因此，在工作开始前的一段时间，译员向主办方的工作人员要来了课程的相关资料，对这些资料进行了比较详细的阅读。与此同时，还搜索了与公司财务报表有关的基础性知识，加深了对课程主题的了解。到了实际工作时，课程教授带领学员就一些财务报表进行了非常详细地逐项分析，而译员也能较为准确地传达他讲授的内容，并且较好地促成了教授与学员之间的讨论沟通。有意思的是，在课程进行期间，还常有一些学员在课间跑过来向译员问一些他们没太听明白的问题，俨然把译员当成了"业内人士"。有好几位学员都询问译员是不是学财会专业的。当译员告诉他们自己学的是英语语言文学和翻译专业时，学员们纷纷表示惊叹说："真看不出来，你怎么对财务会计的名词这么熟悉呢？"我们将这个案例应用于职业伦理教育，其具体教学目标可以是通过分析案例中译员的现场表现，说明译员胜任能力和充足译前准备的重要性。在教学过程中，教师可以让学生就译员在口译工作中的表现及其背后原因展开分析和讨论，并在此基础上引导学生树立做好译前准备，确保自己有能力胜任口译任务的职业观念。

这里值得一提的是，有些口译案例可以满足多种教学目的。像上述案例，除适合用于职业伦理教育外，也可用于财会专题口译技能训练，比如用于"专业术语表的制作"专题。在本次口译任务中，决定译员表现的重要条件之一是对公司财务报表相关专业术语的提前准备与熟悉。因此，教师可以借此案例，让学生聚焦于相关专业领域的术语准备，通过搜索、比较和分析国内外公司的中外文财报，共同制作公司财报领域的专业术语表。这样的术语积累将为今后学生从事相关领域的口译实践打下良好基础。但需要提醒的是，尽管素材来自同一事件，但当案例用于不同的教学目标时，在素材内容的侧重点和案例的呈现方式方面，都应有所区别，以确保案例教学的针对性（参看案例样本2）。

第二节　口译教学案例素材的来源

如前所述，教学案例的内容是由教学目标决定的。在教学目标明确之后就需要据之搜集和编制适合的教学案例。职场中真实发生的口译事件并不自然而然地就可以成为口译教学的案例，它们往往只是提供了编制口译案例的素材。案例素材是口译教学案例的基础。可以说，口译教学案例的素材是不缺的，甚至可以说是相当丰富的，真正缺乏的是基于这些素材，根据教学目的所编制的高质量教学案例。口译职业拥有非常悠久的历史，正是由于口译员的丰富职业实践，才促成了不同文化、不同民族、不同语言之间的沟通与交流。20世纪初以来，随着会议口译工作成为一项正式职业登上历史舞台，随着全球化进程不断加快，译员队伍不断扩大，口译职业化程度不断加深，口译行业的职业实践也逐步受到更多关注。由于图书出版事业的发达，一些译员在工作之余也将自己的口译经历记录下来，公开发表。特别是近10年以来,由于互联网和社交媒体的发达,口译员在公开场合工作中的一言一行常常受到媒体和大众的关注,他们有时甚至从"幕后"走到"台前",成为人们津津乐道的新闻主角。这些古今中外译员丰富的职业实践,他们的成败得失,正是口译案例素材的"源头活水"。

不过,由于目前在MTI口译教学中系统应用案例教学法的意识普遍不强,即使有所应用,规模也比较小,因此多数口译教师对口译教学案例素材的来源,尤其是与职业伦理相关的案例素材来源,还存在一些困惑。因此,在这里我们将简要介绍几种常见的口译案例素材来源。

一、教师本人的口译实践经历

开展案例教学对口译教师提出了更高要求,其中关键一条就是教师除要具备较强的教学和科研能力以外,还必须要有较丰富的口译职业实践经验。对口译案例的分析不能仅停留在理论探讨的层面,而必须深入具体的口译实践行为中。只有具备较丰富实践经验的教师,才能真正理解案例中涉及的口译实务问题及其重要性。举个简单的例子,口译工作不是在"真空"中进行的,译员在工作时会受到来自各方面因素的干扰。如果教师本人缺乏实际的口译经验,对案例的理解可能就停留在案例正文中所提供的信息,而对口译事件的分析可能局限于原文和译文的对比。但是,如果教师本人的口译工作经验丰富,就会跳出原文和译文,提示学生关注口译活动生态系统中其他维度的问题。只有亲身经历过因现场设备干扰,接收耳机里产生的吱吱电流声给同声传译工作带来额外的巨大干扰,教师才能真切地理解为什么译员对工作条件看得那么重要。有过亲身担任国家领导人译员的经历,教师才会深刻地体会到现场口译时无形的压力是怎样影响到译员的发挥。经验丰富的口译教师在指导学生对来自个人实践经历的案例展开分析时,教学的生动性和丰富性都得到充分保证。因此,口译教学案例的一个比较理想的来源就是口译教师本人的口译实践经历。

我们在口译教学中所使用的案例,有不少是来自教师本人的真实口译工作。当教师本人在教学中使用这些案例时,他们可以跟学生分享自己当时的心情、心理状态和其他种种相关情况,案例的丰富性将得到充分呈现。

在教学过程中，无论是教师，还是学生，都将保持浓厚的兴趣，最终达到良好的案例教学效果。

案例样本3即来自口译教师和兼职译员朱玉犇本人的一次口译经历，他在此次工作中遇到的主要问题是着装礼仪的问题。着装礼仪是口译员要修学的第一课，如果没有根据工作场合选取适宜着装，即便译员有很高水平，也会给听众留下不好的第一印象，而这有可能会直接影响到听众对译员专业水平的评判。这个案例可用于"译前准备"专题中的译员着装礼仪的教学。

二、译员回忆录

口译员在世界各国的交往中发挥了不可或缺的作用。但不可否认的是，他们的重要角色常常不为人知。出现这种情况的原因是多元的。首先是口译员参与的场合，如外交会晤、商务谈判，当事双方的讨论内容往往是不便于公开的。其次是很多口译员都甘做幕后英雄，不愿意"抛头露面"。最后是会议的组织者和历史事件的记录者往往习惯性地将译员排除在视线之外。例如，加拿大学者盖伊芭（Francesca Gaiba）在她关于纽伦堡审判期间同传译员的研究中就曾提到，在已出版的42卷600余万字纽伦堡审判法庭记录中，竟然关于译员对审判顺利进行的贡献只字未提。所以，相较其他一些行业的从业者，愿意把自己的经历记录下来，并将那些可以公开的部分公之于众的译员数量相对较少。

不过，近年来我们还是看到了一些译员出版了与其口译经历有关的回忆录，也看到了一些就译员回忆录展开的研究。这些宝贵的回忆录就是口译案例素材的宝藏。目前，国内外公开出版的译员回忆录大概有数十部，它们中包含了大量的口译实践案例等待发掘。国外译员的回忆录有担任多届美国总统译员的哈里·奥布斯特（Harry Obst）的《白宫高翻：口译的艺术》（White House Interpreter: The Art of Interpretation），苏联政府译员瓦米·别列日科夫的《我是斯大林的译员——外交史的篇章》，苏联驻华顾问团译员维什尼亚科娃-阿基莫娃的《中国大革命见闻（1925—1927）——苏联驻华顾问团译员的回忆》等。国内译员回忆录的作者以曾为我国领导人服务过的老一辈翻译家为主，如师哲的《我的一生》《毛泽东的翻译：师哲眼中的高层人物》、冀朝铸的《从红墙翻译到外交官：冀朝铸口述回忆录》、施燕华的《我的外交翻译生涯》、刘德有的《我为领袖当翻译：亲历中日高层往来》、蒋本良的《给共和国领导人作翻译》等。这些译员回忆录都是很好的案例素材来源，我们可以从中发掘和编制适宜的口译教学案例。需要说明的是，尽管回忆录中记述的口译经历发生在三四十年前，乃至更久之前，但我们在研读这些不同时代的口译故事时却会发现，不同时代的译员可能翻译的主题不同，服务的对象不一样，但他们在工作过程中所遇到的问题和挑战却是相似的。而且，他们曾经遇到的挑战和难题在今日的译员工作中仍然是存在的，例如，讲话人口音重给译员带来的挑战，专业领域的技术性词汇问题等。前辈译员在面对这些挑战时所采取的应对策略和成败经验都可以成为非常好的教学案例素材。

案例样本4即采编自《我的外交翻译生涯》一书第五章"外交大舞台"的"访美花絮"小节。该小节记述了施燕华作为口译员陪同我国前总理访问美国时的一些经历，其中特别记述了她在译前所做的准备工作和译中遇到挑战时的现场处理策略。为适合口译案例教学的需要，我们对该小节内容进行了改编。改编主要体现在以下三个方面：一是补充一些背景性信息；二是将原文中作者的第一人称叙述视角改为第三人称故事视角；三是将作者现场的应对方案隐去，以便让学生身临其境，分析和思考他们自己的解决方案。这个案例可用于译前准备、中国文化引语和中国特色口头语临场口译的教学。

三、公开或未公开发表的论文

除回忆录以外，还有一些译员将自己口译实践的经历及感悟撰写成文，公开发表在期刊或杂志上。我们可以利用"中国知网"这样的论文库搜索和发现这类论文，从中撷取合适内容，编写可用于口译课堂教学的案例。有时论文作者还会对自己的口译经历进行一定的反思和分析，这些内容可以用作开展教学案例分析的参考。

我们在第二章中曾提到有研究者利用未发表的优秀硕士毕业论文中的

实际翻译案例,开展案例教学。这种做法也是可取的,相关论文也可以在"中国知网"平台上找到。根据 MTI 教指委的要求,MTI 口译专业学生在学期间需要进行一定量的口译实践活动,他们撰写的口译实践报告等同于毕业论文。近年来,随着 MTI 口译专业学生人数的增加,口译实践报告的数量也在逐年增长。这些报告中一般都较为详实地汇报了从事口译实践的过程,而且大多附有口译实践时的原文和译文实录资料。它们无疑为采编口译教学案例提供了丰富的素材。

四、口译实务案例集

口译实务案例集是指专门收集真实口译实战案例的著作。过去 10 余年的"口译热"催生了数量繁多、类型丰富的口译教材,但大多数教材都是以"语篇训练+领域知识"为主体的。各类教材中或多或少地会提到一些口译实务中的案例,但都缺乏系统性。专门收集口译实战案例的著作非常少见。目前国内已出版的以口译实战案例为主的著作有冯建中(2007)主编的《口译实例与技巧》和姚斌、朱玉犇著的《从新手到高手:口译实战案例 30 讲》。

《口译实例与技巧》搜集了公开发表的关于译员的业务素质、心理素质、政治敏锐性和职业道德等方面的大量案例,涵盖从交传到同传、从外事到商务、从考证到培训的多个领域。书中的一些案例可以直接借用,有些则可以根据教学目标改编后使用。《从新手到高手:口译实战案例 30 讲》则以译前准备、译中应对和职业伦理为纲,不仅呈现了大量口译实务中的案例,而且从理论视角对部分案例进行了分析,并且针对口译中常见的一些问题与挑战提出了应对策略。例如,在该书的"译中应对篇"部分,就针对口译实务过程中可能遇到的长篇讲话、口音、文化特色引语、模糊语等常见挑战展示典型案例,提供有效的应对策略。在该书"前言"中,编者明确指出,编撰该书的一个主要目的就是提供"一部以口译实战案例为主要内容的教学用书,用于在口译教学中开展案例教学"。因此,这本书中不少的案例和案例分析是可以直接应用于口译课堂教学的。口译教师可以根据教学目标和教学需要从中选择适合的案例,结合自己的实践经验,开展口译案例教学。

五、互联网和社交媒体

我们现处在一个互联网和社交媒体高度发达的时代，可以说每天都被各种新闻所包围。如果我们留心的话，就会发现隔不多久就会出现一则与口译职业相关的新闻。这些新闻从表面上看有时只是为了吸引眼球和流量，对外行人来说不过是一件件关于口译职业的"趣闻轶事"而已。但如果我们从职业视角去看待这些事件，却往往可以从中发掘出有新意的解读视角和教学价值。

例如，2021年3月，中美两国高层在阿拉斯加会面期间，外交部译员张京14分钟的精准翻译引发了媒体关注，互联网和社交媒体上出现了大量与译员表现，特别是中美译员表现对比的相关报道。如果仅从表面上看，在这个事件中，中方译员以准确翻译长篇讲话的精彩表现吸引了人们的关注，而美方译员则因为翻译不够精准，流利程度不足而受到批评。但如果从口译职业视角去看这一事件，就会发现在译员表现背后更多值得分析的有意思的因素，如译前准备问题、能力胜任问题、译员着装和礼仪问题、长篇交传对工作记忆的挑战等。这些因素都可以通过适当的编制程序，成为案例教学的重要内容。

除了从媒体视角对口译事件进行的报道外，在人人都是主角的自媒体时代，不少译员也会在自己的朋友圈里发布与口译职业实践有关的各种故事。经过筛选，它们中的一部分也可以成为口译案例的素材。因此，我们可以充分利用互联网和社交媒体的丰富资源，采编服务于多种教学目的的口译案例。

在进行译员职业伦理中的"保密原则"教学时，我们从互联网上找到一些素材，并对这些素材进行加工，编写成适合课堂教学的案例。例如，案例样本5"C罗翻译泄密事件"就是我们在教学中可使用的案例之一。该案例在互联网上的影响较大，因此，相关图片、社交媒体截图，乃至视频资源都可以找到。这样就使得案例的呈现形式更加丰富和生动。

六、口译员访谈

访谈是口译教学案例的重要来源。如前所述，愿意将自己的口译实务经历付诸文字并且公开发表的译员人数相较庞大的职业译员群体来说所占比例是很小的。可以说，大多数的口译员甘愿做默默无闻的"幕后英雄"，但他们丰富的口译实践经历却是高质量口译教学案例的来源。为了从经验丰富的译员那里获得可用于教学的案例素材，我们必须对他们进行专门访谈，从而获取第一手的案例素材，进而再进行加工，编写成适合课堂教学目的的案例。

在对口译员进行访谈时，一般采取半结构化的访谈形式。一方面，访谈者可以向译员提出一些开放性问题，如"你在多年的口译经历中，是否有什么印象特别深刻的故事可以分享？"另一方面，访谈者也可根据采编案例的目的和需要提出一些有针对性的问题，如"你认为在口译工作中，译员应该忠实的对象是原文的字面还是原文所要表达的信息？""能不能从你的经历中举一个具体的例子？"对多数资深译员来说，他们有丰富的口译经历，但是可能并没有刻意将它们记录下来，因此，在访谈中有时需要对他们进行一定的引导和提示。访谈者最好在开展访谈前对访谈对象的工作经历和专长领域有较充分的了解，这样在访谈过程中才会提出针对性较强的问题，收集到更有价值的案例素材。例如，在政府部门工作的译员有明确的机构立场，因此就不适合向他们收集关于译员"中立性"的素材。而对于常常作为独立第三方被雇佣的自由职业译员，他们对于"中立性"的理解会更多元，也更值得探讨。

案例样本 6 即来自资深自由职业译员朱维钧的亲身经历。我们根据他的口述，进行了记录，并在编写过程中对文字进行了一定的加工，增强了案例可读性和吸引力。该案例可用于职业伦理教育中的"译员角色"问题的教学。

口译教学案例的素材还有一些其他的来源，例如翻译服务中介机构或经常使用口译服务的客户方都是案例素材可能的来源。但要最终实现口译教学案例的充足供应，还有赖口译教学案例库的系统建设。在第二章中我们看到，目前口译教学案例库建设还处在起步阶段，虽有一些零星尝试，但远未产生"规模效应"。因此，在现阶段，广大口译教师仍然要依靠自己或本校团队力量采编案例，这对教师也提出了新的要求。不过，口译实践的世界是非常丰富多彩的，当口译工作不再以一次次"枯燥"的训练面貌呈现在学生的面前，而是以生动活泼的口译案例形式让学生参与时，师生的积极性都会被调动，口译课堂会"活"起来。

第三节 口译教学案例的撰写

以上我们介绍了口译教学案例素材的一些来源。有了好的素材，我们还需要尽力把案例故事编写得生动有趣，增强案例可读性和对学生的吸引力。同时在案例编写过程中，应该对案例涉及的知识领域进行思考和研究，寻找适合的理论框架，以便在案例教学过程中引导学员透过现象看本质，从具体行为升华到原理性的思考与分析，从而达成特定教学目标。

例如，在案例样本 6 中，对译员行为的思考和分析，就可以在与"译员角色"相关的理论和概念框架下展开，从理论框架和实际需求相结合的视角，评析译员的行为选项。在讨论"译员角色"问题时，至少两种明显不同的理论概念框架，一种是从"道义论"出发，强调译员的"中立性"原则，也即译员在当事双方的沟通过程中，应该发挥不偏不倚的协助沟通的作用。而另一种则以"功利论"为视角，关注译员在实际口译过程中"主体性"的发挥，也即译员实际上不能在口译过程中保持严格的"中立"，而是以口译活动所要达成的效果为目的决定自己的行为选择。在案例教学过程中，教师可以引导学生从实际案例出发，思考和分析"道义论"和"功利论"视角对译员角色认知和行为选择产生的影响，这样就对案例的分析进行了理论升华。从对一个具体案例的讨论上升到理论思考，这就使学生今后在遇到类似情境需要临场抉择时，做出更为明智的选择。

案例教学对教师的实践、教学和学术能力都提出了较高要求，如果教师不能结合教学目标，从案例故事的表面发掘出背后的原理性和具有普遍意义的问题，就无法有效引导学生的思考和讨论，无法充分实现案例教学的目的，甚至会损害自身在学生心目中的权威性。不妨说，教师的科研、教学和实践能力及其在编写案例时所做的研究和思考将直接决定案例教学最终所能达到的高度和效果。在较理想状态下，教师在根据口译职业实践素材编写教学案例时，一方面，应尽可能充分地了解案例中口译事件发生的背景、经过、结果及相关的各种影响；另一方面，则须对案例所涉理论问题进行较深入的思考和研究，以便在案例教学过程中及时引导学生讨论，提升案例讨论质量。

一、准备案例正文

在明确了编写案例的目的，并基于案例素材做好了相关研究后，就进入了撰写案例正文的阶段。案例正文不同于案例素材，必须对素材进行加工。在撰写案例正文时，应适当运用一些写作技巧，以提高案例内容的可读性和吸引力。一般来说，案例正文是一个或一系列完整的故事，应包括时间、地点、人物及其主要活动和结果。故事必须取材于真实发生过的口译职业事件。

口译教学案例正文的篇幅并没有固定要求，因为案例篇幅并不决定案例质量。但是，在案例故事中，应至少包含一个口译职业实践中的挑战或难题。一般来说，我们收集到的案例素材中都会有译员在现场工作时面临挑战或难题时做出的真实行为选择。在撰写案例时，我们可以隐去现场译员的真实行为，让学生根据案例正文中所提供的信息，从多个维度或视角对案例进行分析和解读，并提供他们自己经过思考得出的解决方案。在对案例进行了充分讨论之后，教师可以再将译员的实际应对策略及其效果呈现给学生，并启发学生将之与自己的解决方案进行对比，还可就此展开进一步讨论。当然，也可以一开始就呈现现场口译的全过程，包括译员遇到的挑战及应对策略，让学生从现象中观察和提取相关问题，并展开分析和讨论。

需要强调的是，教师提供的现场译员的应对策略，绝不等同于所谓的"标准答案"。在这一点上，案例教学明显区别于传统教学模式。在传统口译教学模式下，特别是技能训练模式下，学生往往期待教师提供标准译文，口译教师甚至常常收到学生要求现场口头演示的请求，而教师在备课过程中，也将能够给学生提供一个精心准备的标准译文作为一项重要准备内容，并以此来展示自己的水平，确保在学生心目中的"权威性"。然而，在案例教学中，教学重点不是标准答案，而是培养学生分析、思考和解决问题的能力。教师应该引导学生在特定的案例场景中，根据真实发生的情境思考译文或行为选择，而不是关心找到适合任何场景的"标准答案"。

按照其性质，教学案例一般分为描述/评价型案例（Descriptive/Appraisal Case）和分析/问题型（Analytical/Issue Case）案例或问题决策型（Problem/Decision Case）案例。具体到口译职业领域，前者是指将现场口译工作的过程，译员的行为方案和应对策略全部呈现在案例正文中，要求学生对其进行分析和评价，指出其优点和不足。而后者则指在案例正文中不呈现现场译员的解决方案，而要求学生根据案例描述中的情境，分析情况，拟订对策，最后做出决定。我们可以根据具体的教学目标，恰当地运用这两种类型的案例。在第二章的文献回顾中，我们看到案例教学在翻译教学中的应用层次和针对对象都是多元化的。一般说来，描述/评价型案例适用于层次较低的学生，由于他们缺少实际的口译经验，并不能给出有效的应对方案，且他们还处于口译学习的初级阶段，因此，可以在案例中呈现译员实际采取的应对方案，引导学生对其进行思考和讨论，深化对译员策略选择背后考量因素的理解。而问题决策型的案例则更适合高层次的学生，最好是有一定口译实践经验的学生。因为这些学生经历过一些实际的口译场景，在分析案例时更有可能"身临其境"。而且他们的语言能力和知识背景也更强大，经过思考往往可以提出一些符合实际的方案。我们在教学中可以根据学生的层次和水平选择适宜的案例类型。

这里要特别指出的是，虽然我们沿袭了其他学科领域使用的"案例正文"一词，但并不限于文字案例。在信息技术高度发达的时代，获取多媒体案例素材的机会也大大增加。多媒体案例的优势在于以生动的形式呈现译员的现场行为，因此对多媒体案例的分析也将是全方位的。在文字案例中，对译员行为的描述相对简单，而在多媒体案例中，译员的姿态、台风、手势，乃至与发言人和听众沟通的方式都一览无余，这会让学生的"临境感"大大加强。因此，在条件允许的情况下，我们可以根据具体教学目标选取适合的多媒体口译案例开展教学。

例如,每年一度的国务院总理记者招待会就提供了丰富的交替传译案例。记者招待会的案例在用于口译技能训练时,既可以作为描述型案例让学生分析译文得失,也可以用作决策型案例,让学生根据中文原文先提供译文,再通过与现场译员的译文对比、分析,进行学习和借鉴。在用于口译技能训练时,我们建议可以更多地用作决策型案例,例如,总理在答记者问时,常常会说出一段段具有中国文化特色的金句,而现场译员往往也能给出精彩的译文。教师可以先播放总理和记者的答问内容,暂停后让学生经过分析和讨论,给出译文,接着再继续播放现场译员的译文,之后再让学生进行对比和思考,并在教师引导下找到值得学习和借鉴的方面。与将其用作描述型案例,直接让学生听到现场译文相比,这种方式更能促进学生的主动思考和积极参与,对原文和译文都能留下更加深刻的印象,而且基于案例教学法原理,分析原文和讨论译文的过程其实锻炼了学生的思辨能力,也提高了他们的认知水平,有助于相关技能的"内化"。

记者招待会的案例也可以用于口译职业伦理教学,例如,在围绕"译者主体性"问题开展教学时,就可以引用记者招待会现场译员的案例作为教学材料。一般认为,在总理记者招待会这样非常正式的外交场合,译员的"主体性"发挥是极其有限的,但这并不意味着译员就不能发挥"主体性"。有时,如果译员恰当地发挥了"主体性",反而能起到"锦上添花"的作用。在2020年的总理记者招待会上,总理在回答有关新冠病毒溯源的问题时,说了这样一段话:

中国和许多国家都主张对病毒进行溯源。前不久召开的世卫组织大会通过了有关决议,<u>中国也参与了</u>。因为科学溯源可以更好地防控疫情,也是为了世界各国人民的生命健康。

现场译员给出的译文是:

China and many countries believe that it is important to get a clear idea about the sources of the coronavirus. At the recently held World

Health Assembly, a resolution was adopted, <u>and China is one of the co-sponsors of this resolution</u>. We believe that getting clear about the sources of the virus on the basis of science will help us better carry out containment of COVID-19, and also contribute to protecting life and health of people around the world.

对比中英文划线部分内容不难看出，译员将原文的"参与"，具体化为"one of the co-sponsors"（起草国之一），显然是基于自身对该问题背景的了解而进行的调整，或者说发挥了译员的"主体性"。这个案例还可以从"忠实性"原则的角度展开分析与讨论。由于是多媒体案例，而且又是来自万众瞩目的口译事件，这个案例对学生来说是很有吸引力的。对于教师来说，要做的就是从大量的视频资源中精心筛选，挑选出适合特定教学目标的案例来。

在口译教学中，还有一种开展案例教学的方式值得一提，即情境模拟式教学。已有一些主张案例教学的教师将情景模拟作为口译教学的重要手段之一。情景模拟之所以被视为口译案例教学的一种模式，是因为模拟的情境是真实发生过的口译场景，而译员也必须在拟真的环境中面对挑战和难题，乃至"危机"，并作出临场决策。虽然是模拟情境，但译员承受的心理压力和得到的锻炼却接近于真实场景。然而，情境模拟式教学对用于模拟情境的案例脚本的要求很高。案例脚本可以由教师来撰写，也可以在教师的指导下由学生来准备，脚本内容可以基于教师或学生本人的实际经历，也可以参考其他译员的工作经历，在创设的拟真情境中，需要包含真实口译实践中遇到的问题或挑战，考查学生在扮演译员角色时的临场反应和策略运用能力。模拟情境中的当事双方既可以由教师本人和同事来担任，也可以由学生小组来扮演。具体的教学方式可以多样化，既可以由一组学生表演，其他组就该组译员的表现进行讨论和分析，也可以由不同组学生在不同教室里分别表演并录像，之后在大课堂上一起对各组的表现进行对比分析。

在案例样本 7 中，我们提供了情景模拟教学的一个案例脚本。这个案例改编自教师本人的实际经历。其中包含了中国特色表达的英译、讲话人口音重、译员被打断、挑错等口译现场常见的挑战。在脚本后面，我们还准备了供学生进行案例分析的讨论题。这些讨论题将引导学生在观察现象的基础上，进一步思考策略层面的问题。

随着新技术的不断涌现，开展口译案例教学还可以充分利用现代科技，实现教学手段创新。例如，欧盟正在推动的一项大型机助口译教学项目 IVY（Interpreting in Virtual Reality）就是利用了虚拟现实（VR）技术创设虚拟口译场景，让学生在虚拟场景中进行口译技能训练。IVY 所设置的活动包括译前、译中和译后三个阶段。在译前，使用者可以自主选择练习模式、场景和材料。在译中，学习者既可以进行单项技能的专门训练，也可以在虚拟的会议场合开展全方位的口译活动。在译后，学生可以基于系统内置的反思练习对自身的口译表现进行总结与反思。这种基于虚拟现实技术的口译学习系统完全可以用于案例教学。但是，通过技术手段创设虚拟场景，同样也需要前期的大量投入，特别是设计场景和具体讲话内容，当然，也包括特定的挑战和难题。技术的发展将会为口译案例教学带来更多有用的工具，但是，准备高质量的案例仍需要教师及教学团队投入大量的时间和精力，精心设计，倾心编制。

二、提出课堂讨论的问题

为使课堂讨论更有针对性，一般在案例正文后可以附上 1 至 2 个讨论题。讨论题设计有一定技巧，提出的问题不应该过于笼统，而应该根据特定教学目标有的放矢，启发和引导学生在一定的轨道上展开思考。比如，在口译中的"忠实性"原则教学中，如果我们的教学目标是为了让学生通过真实案例理解口译职业规范中的"忠实"原则与译员在职业实践中理解和体现的"忠实"意识之间的差距，那么就不要设计如"你是怎样理解'忠实性'的？""译员是否应该忠实于发言人？"这样的问题，因为这类笼统性问题缺少针对性，既不能有效体现教学目标，也不能反映具体案例的特色。讨论题应该针对教学案例的具体内容发问，例如，在案例中展示了译员现场行为时，可以设问："从口译职业规范中的'忠实'原则视角来看，你如何评价案例中的译员行为？"或在案例中未展示译员现场行为时，可以设问："如果你是案例中的译员，面对挑战，你会选择何种应对策略？"讨论题应该尽量具体，且结合案例的特色，引导学生聚焦于案例中的真实情境和译员的行为选项。

三、编写或准备与正文相关的辅助资料

教师在做案例研究时，应该已经对案例所涉及的理论问题以及相关背景有了较充分的了解。教师应在此基础上，配合案例正文，向学生提供理解和分析案例所需的辅助资料。

辅助资料主要包括两类：一类是学生思考和分析案例所必须的理论知识基础。理论知识为分析案例提供思路、逻辑和框架，缺乏必要的理论指导，案例分析与讨论将停留在较浅层次，不能深入和产生长远效果。例如，在进行关于"译员角色"的案例教学时，教师可以提供口译员角色研究领域的经典论著，让学生在课前预习，这样在课堂上就不会就事论事，而是会在理论视角的指导下更加深入。另一类是与案例相关的背景资料，可能是对案例中所涉及人物的相关背景的描述，例如，案例中译员的工作经历、性格特征和行事风格等，这些信息没有出现在案例正文中，但却会影响到译员在现场决策时的风格和行为选择，也应纳入分析范围。例如，资深译员和新手译员在面对类似挑战时，可能会做出不同反应。比如，在同传现场出现设备故障时，经验丰富的译员可能会及时通过话筒向现场听众做出解释，并立即着手联系技术人员解决相关问题，而新手译员则有可能一时发懵，不知所措，开着话筒却不能继续传译，而听众也不知发生了什么事情。又如，在重大的外交场合，资深译员能够沉着冷静，有条不紊，调整好自己的情绪，保证良好的口译效果，而新手译员却可能因为紧张、压力等情绪而出现发挥失常的现象。在对案例中译员的行为做出评判时，这些背景资料可以为学生提供更加丰富而广阔的分析视角。

四、编写教学案例使用说明书

案例使用说明是一个完整案例的"标配"。案例使用说明主要是为采

用案例教学法的教师提供的教学指南。因此在案例使用说明中一般会包括以下内容：教学目的，即明确该案例所适用的课程和教学对象；建议课堂教学计划，即对案例教学的时间和过程安排等提出建议；思考题，即教师可以在教学过程中用于引导学生向着教学目的的方向展开讨论，并推动课堂讨论深入发展的一些问题（这些问题可以是：作为案例中的译员，你对现场的情景如何分析？你有哪些可供选择的应对方案？你最倾向于哪一种方案，为什么？等等）；理论依据和分析思路，记载案例讨论与分析过程中需要使用到的相关概念和理论框架，以及案例分析的基本思路和逻辑，特别是要明确案例中的核心问题及应对选项；相关附件，可以包括一些补充说明性的内容，这些内容是在案例分析过程中用到的一些资料，案例教学开始前所准备的辅助资料不同；其他教学支持，如何分组，需要使用何种教具（黑板、多媒体等）；建议阅读的参考资料和书目。

如果案例是作为供多名教师使用的共享性教学案例，准备一份案例说明书对于提高案例教学质量是很有帮助的。案例使用说明书可以让不熟悉该案例的教师也较为容易上手，对于从事案例教学的新手来说，案例使用说明书更是不可缺少的教学指南。但如果案例是任课教师自己编写的，甚至是来自教师本人的经历，那么在案例教学全过程中，教师都可以随时提供相关信息，也可以不写说明书。

一般来说，对于复杂的长篇案例，必须提供内容完整的案例说明书，因为如果使用此类案例的教师对案例背景和内容不够了解的话，就很难抓住案例中的关键教学点，无法有效地实现案例教学的目标。而对于相对简单的案例，则可以提供一段案例简要说明，内容包括案例使用的目的、案例分析的理论依据和思路即可。在本章所附的部分案例后，我们提供了对案例进行的简要分析，说明了该案例适用的教学目标，并为教师使用该案例进行教学提供了思考与分析的资源。

第四节 口译教学案例采编的指导原则

案例教学的主要特征是借助对案例的分析与讨论,激发学生的创造性和批判性思维能力,提高他们的决策、协调、表达和解决问题的能力。在案例教学过程中,案例选择至关重要,案例选择是否适当,决定了案例教学是否能实现教学目的和取得预期成效。根据口译教学的特点和要求,我们认为,在采编口译教学案例时,应以下列几条原则为指导:

一、典型性

所谓"典型性",是指所选案例应为在符合教学目标的前提下具有代表性的事件,而且可以满足特定的教学需求。与其他实践性行业类似,口译职业实践中也有大量纷繁复杂的案例,但不是所有案例都适用于口译教学,对教学中使用的案例,必须精挑细选,选择那些既能充分体现明确的教学目标,又符合教学对象知识水平的典型性案例。一个案例之所以"典型",就在于它不是一次孤立的口译事件,而是蕴含了具有普遍意义的学习价值。

例如,在进行译员职业伦理方面的"保密"原则教育时,我们就根据互联网的相关报道,采编了美国译员玛丽娜·格罗斯(Marina Gross)的口译案例。格罗斯在2018年美俄首脑芬兰峰会期间担任译员。峰会后,美国国会有参议员指责特朗普在与普京的闭门会谈中出卖了美国国家利益,并要求当时在现场的唯一的美国人、译员格罗斯到参议院作证。此事在口译界引起了轩然大波,国际会议口译员协会(AIIC)的历任主席在协会网站联名发布声明,援引协会制定的《职业道德准则》中关于"保密"的条款,对要求译员公开在口译工作中了解到的信息这一行为提出严正抗议。

这个案例在译员的"保密"教育领域可以成为一个典型案例,因为其中反映了译员在实际工作中遇到的有关"保密"问题的复杂性,即译员既有作为口译职业从业者的身份,也有其他身份,如作为一国公民、政府雇员等。当两种或多种身份产生矛盾或对立时,译员就极有可能会陷于伦理困境中。在格罗斯的案例中,她作为译员,受到译员职业准则的约束,不能泄露闭门会议中有关的谈判内容,但作为美国政府的雇员或者美国公民,如果该参议员以涉及国家安全的名义要求她作证的话,她也会受到国家相关法律条款的约束,因此,她必然会遇到伦理难题。这个事件中涉及的译员不同身份对其行为选择的影响问题在不少其他场合也曾出现过,因此是较为典型的案例。

二、时代性

案例的素材来源于职业实践。口译职业源远流长,历史上也曾流传下来不少经典案例。虽然多数经典案例中所体现的职业问题和挑战今天并未消失。但是毕竟口译职业实践是不断发展的,因此口译教学中也应该多采用具有时代气息的案例。这样的案例对学生更有新鲜感和吸引力,也更符合他们将在职场上所要遇到的情况。

例如,2020年突如其来的新冠疫情打乱了各行各业的常态,包括口译行业。由于旅行受到限制,国际会议只能在网上进行,而译员也不得不适应新情况,通过Zoom等网络会议平台进行远程口译。在此之前,远程口译已历经数十年的发展,但如果不是受新冠疫情影响,远程口译的发展和应用速度一直不快,其中一个重要原因就是职业译员对远程工作的抗拒,而且正如不少研究者所指出的,远程工作时的"距离感"和"失控感"的确会造成更强的疲劳感,并对译员表现产生一定的负面影响。然而,新冠疫情的出现迅速改变了口译工作方式,译员被迫接受远程工作方式,并尽力保持良好口译表现。可以想见,远程口译对会议组织方的种种便利使得即便在疫情结束后,这种方式都将长期成为译员工作的重要形式之一。对于将要走向职场的口译专业学生来说,一个好的远程口译案例会对他们大有裨益。而这正是我们所谓的"时代性"特征。

又如,人工智能口译也是近几年媒体上热炒的概念。人工智能将对口译职业的未来产生什么影响,人工智能会不会很快替代人类译员,这些问题都是具有"时代性"的新问题。我们在教学中就根据媒体广泛报道的

"科大讯飞 AI 同传被曝造假"的新闻编制了案例。案例样本 8 体现了人类译员对"盛名之下，其实难副"的人工智能口译系统的"反抗"。通过这个案例，教师可以引导学生思考和讨论从技术辅助人工到未来可能的人与技术协作的可能场景，从而对人工智能等新技术发展及其对口译行业的影响树立理性的态度，即：人类译员既不能对技术带来的挑战视而不见，也不应夸大技术对人的"替代"作用，而应该一方面深入、全面地了解技术、拥抱技术和充分利用技术，另一方面思考如何驾驭技术，与技术协作，并在技术辅助下更高质量地完成口译任务。

三、职业性

口译是一个实践性很强的职业，口译员的工作也有着区别于其他职业的明显特征。因此在选择案例时，必须能够紧扣口译职业实践特点。只有充分体现口译职业特点的案例对口译案例教学才最有价值，学生才能从中获益最多。将案例教学引入口译教学的根本目的就是为了让学习者在学习阶段就能够提前直面口译职业工作中各种真实情况，通过对案例的思考、分析和讨论，形成针对口译职业工作中各种特有挑战和困境的多样化应对策略。

例如，我们在"维护职业声誉"主题下使用的案例之一就来自对资深译员的访谈。该译员所遇到的是在会议现场的译员座次安排问题，这个问题可以说是口译员在工作中所面临的特有问题。如果位置不利于译员听到讲话人的发言，就会对译员表现产生负面影响，进而损害译员的职业声誉。而这个问题对于在场的其他人来说，包括发言人和听众，是不存在的，具有职业特殊性。

在这个案例中，译员被安排在了会议桌距离讲话人最远的一端，然而，当译员向活动组织方争取更有利的位置时却遭到了拒绝。而译员并没有就此罢休，自己找到一把椅子坐到了主要发言人身后。译员的行为得到了发言人的默许，他听得清楚，译得传神，受到在场各方一致好评。表面上看，这个案例只是某位译员的一次特殊职业经历，但它背后却隐藏着译员自觉维护职业声誉的意识这个具有普遍性的问题。在对译员自我维护职业声誉现象进行的研究方面，意大利学者克劳迪娅·蒙娜切莉

（Claudia Monacelli）所撰的《同声传译时的自我保全：胜任译员角色》（*Self-Preservation in Simultaneous Interpretation: Surviving the Role*）一书提供了不错的理论视角，教师可以在分析这个案例前建议学生先阅读该书的相关章节，这样在进行案例讨论时，就会更有深度，带来更大的启示。

当然，这个案例除了可以从译员维护职业声誉的视角切入，还可以引发出译员与活动主办方之间的关系、译员的工作条件、译员在工作现场主观能动性的发挥等多个口译职业领域的特殊话题。学生可以在教师的启发和指导下，由表及里，由具体到一般，就案例内容展开讨论分析，同时也就今后如果在工作中遇到类似情况该如何应对进行思考。

四、创新性

我们提出的"创新性"，主要是指对口译界流行的一些经典案例进行创新性解读。对于有些口译案例，人们长期以来对其认识已经基本定型，但媒体和社会公众对于口译职业及职业行为的认识往往浮于表面现象。而作为口译从业者，却可从口译职业视角在案例中发掘出新问题，产生带有职业特色的新认识。这样的过程有助于培养学生批判性思维的能力，主动摒弃"人云亦云"的思想惰性，成为真正的"知译者"。

例如，我们在进行有关"译员工作压力"话题的教学时就采用了美国译员史蒂文·西莫尔（Steven Seymour）的案例。西莫尔是1977年美国总统卡特访问波兰时的口译员。他在这次口译任务中，犯下了多个翻译错误，以至成了媒体报道中的笑柄。据说，卡特总统在下飞机后的首个演讲一开头说：他当天一早就离开了美国，希望能够了解波兰对未来的渴望，他非常高兴能来到波兰，对此次行程充满了期待。但这段话翻译成波兰语时却成了：他离开了美国，永远不会再回去了。他对波兰充满了性欲，很高兴捏到了波兰的私处。他对波兰的香肠早已饥渴难耐。因此，译员西莫尔所犯下的口译错误被称为深刻影响了世界外交史的翻译错误之一。从表面上来看，这个案例很适合用作译员"胜任能力"的教学。因为很明显西莫尔犯下的错误说明他担任英语–波兰语译员的能力是不足的。然而，如果我们止步于讨论西莫尔的"胜任能力"如何不足，应该怎样提高译员的"胜任能力",就不免落入传统观点的窠臼,也体现不出"创新性"来。

因此,在案例研究和准备过程中,我们阅读了更多文献,发现西莫尔当时犯下如此可笑的翻译错误,其实是事出有因的,不能将所有错误归咎于译员。哈里·奥布斯特在回忆录中用了不少篇幅专门提到了西莫尔这次口译任务背后的种种复杂因素。根据他的记述,西莫尔之所以表现出"胜任能力"不足,其实是多种因素使然,不能完全归咎于他的翻译能力不足。首先是美国国务院在选人用人方面存在问题,由于缺乏英语-波兰语译员,他们临时抓差曾在波兰学习过的西莫尔担任卡特总统的随行译员,西莫尔虽然会说波兰语,但显然没有达到胜任如此高级别会谈的译员水平。其次是译员未能提前拿到卡特总统的发言稿,这明显是美方工作人员的失误。西莫尔首次担任如此高级别活动的译员,在波兰语水平能力并不"达标",而且又未能提前看到发言稿的情况下,其心理紧张程度可想而知。最后是当天天气条件和工作条件带来的问题。卡特总统到达波兰华沙肖邦机场时,恰逢天降小雨,他在雨中发表了演讲,而西莫尔被安排站立的位置距离总统较远,总统讲话听的并不清楚。正是在这些因素的共同作用下,西莫尔闹出了"名垂青史"的翻译笑话。

在对此案例的分析中,要引导学生跳出表面看幕后,不仅要看到口译能力本身的问题,也要看到影响译员表现的各种幕后因素,从而以口译职业的视角,产生"创新性"的分析结果。在对这个案例分析的基础上,教师还可以进一步引导学生思考口译职业实践中一种更加普遍性的现象,即译员常常会成为一场不那么顺畅,乃至失败的交流事件的"替罪羊",在媒体和大众指手画脚的评判中译员本人的声音被完全淹没。那么,译员应不应该甘当"替罪羊"?译员有没有可能在受到误解时发出自己的声音?如何发出声音?这些问题都是值得引申讨论的。由此可见,译员西莫尔的案例虽然有点"古老",但经过新视角的新解读,不仅可以拓展学生的视野,而且还能锻炼他们的创新思维能力。

五、真实性

口译教学案例来自口译职业实践,其宝贵之处正在于此。口译员的职业实践是丰富多彩的，可以说，只有想不到的，没有遇不到的情况。因此，以真实素材为基础编写的口译教学案例保存了真实口译事件的新鲜感和生动性，使学生产生"身临其境"的感觉。

例如，我们在进行口译职业伦理中的译员"中立性"原则教学时，就采用了一个来自教师本人实际工作经历的案例。在这个案例中，译员为某公司举办"组织发展工作坊"提供口译服务。在关于中西组织文化差异的讨论课上，一位学员在分享环节提到，中国的传统文化中有"和而不同"的概念。译员将"和而不同"译为：We focus on harmony instead of uniformity。但美国专家听后表示不解，并向该名学员提问，让他说一说 harmonizing、harmony 和 non-uniformity 这几个词的差异。译员把这几个词分别译为"使和谐""和谐"及"不完全一样"，并告知学员专家的问题是什么。可是，此时现场学员纷纷表示没有理解专家提出的问题，有位学员甚至直接向译员发问："你刚才是怎么翻译'和而不同'的？"此时，译员意识到专家和学员之间的沟通可能受到了文化差异的影响，于是在征得同意后，将刚才提到的三个词汇的英汉对照版写在了教室里的白板上，并且更为详细地向学员解释了这三个英文单词的意义。于是，学员们各抒己见，就这些词的深层含义与专家展开更为充分和深入的讨论，直到双方觉得把问题说清楚了才罢休。

这个案例来自教师本人的经历，因而在教学过程中，教师可以向学生提供较多的背景信息，并且对当时的现场情景做生动的描述，甚至还可以提供本次活动的现场照片，使学生能够真正地进入角色，思考和分析译员所采取行为的利弊。由于是教师本人实际工作的经历，教师还可以分享自己在当时情境下考虑过哪些选项，为什么决定做出这样的选择等。这些内容增强了案例的真实感和"带入感"，而且会激发学生的浓厚兴趣。本案例的教学目标是引导学生反思译员"中立性"在职业实践中的具体体现问题，包括什么是"中立性"、有关"中立性"的原则和"中立性"在口译实务中的具体表现之间有何差异，等等。教师还可以进一步将讨论提升到更抽象的理论层面，如引导学生从"道义论"和"功利论"的观念差异讨论译员的"中立性"问题，提前思考自己今后在类似场合应如何做出恰当的行为选择。

六、趣味性

虽然口译职业充满挑战和难题，但在口译工作过程中也不乏既有教育意义又有一定趣味性的瞬间。译员的工作并不总是"压力山大"，有时译员运用智慧，"四两拨千斤"，能巧妙化解口译中的难题。如果能够抓住这些瞬间，将其编写成案例，则更容易受到学生欢迎，课堂讨论可能会更加热烈，达到"寓教于乐"的效果。

例如，我们在讲解译员"忠实性"原则时用到的案例之一就是一个教育性和趣味性并存的案例。案例中的译员为某科技公司媒体发布会担任交传译员。该公司的美方副总裁说："Our commitment to the customers in Asia-Pacific is as solid as this table."此时，他用双拳重重地敲击了一下桌面。译员觉得现场观众都看到了副总裁敲击桌面的行为，因此在口译时就仅用手指了一下面前的桌子，说道："我们对亚太地区客户的承诺就像这张桌子一样坚定不移。"可没想到的是，副总裁当即转向译员，告诉他一定要仿照自己重重敲击一下桌面。于是，译员用双拳重重敲击桌面，并将刚才的译文重新说了一遍。这个案例中的场景是充满趣味性的，读者可以想象出当时总裁转向译员时的表情，以及译员当时的心理状态。

我们在案例分析过程中又特别引入了历史上的一个经典案例，即俄语译员在同传箱里模仿苏联领导人赫鲁晓夫脱下皮鞋敲击桌面的行为，而且还展示了现场照片。在案例分析过程中，学生围绕译员的"忠实性"在口译实践中究竟包含哪些因素，译员忠实的对象有哪些等话题展开讨论。教师选择合适节点再引入德国功能主义翻译理论学派的"功能＋忠诚"的理论框架，深化学生对译员"忠实性"问题的理解。

以上提到的口译案例编制中的几条指导原则是从我们在实际教学中运用案例开展教学的经验中提炼出来的。我们在采编案例过程中，应充分考虑上述原则，提高案例质量。总之，教学案例的质量决定了案例教学的质量，因此，我们应当重视口译教学案例的搜集、编制、整理和建库工作。只有筑牢了高质量教学案例之基，口译案例教学才能顺畅、有效地开展。我们将在下一章讨论实施口译案例教学的原则和具体流程。

第五节　口译教学案例样本

案例样本 1
"视觉化"技能训练案例

案例正文：

BP（英国石油公司）的公关危机

Here's an example of the other side, very bad crisis management. BP, British Petroleum, is a company that had very large oil spill on the drilling platform in the Gulf of Mexico.

So, in the Gulf of Mexico, you have a drilling platform that looks like this. It floated on pedestals. So here is the surface of the water, here. And it's floating, and there is a big drill here, and it drills down to the surface of the water, and the ocean floor. And then it goes in here and it brings the oil up and the oil comes up out of well. So that's the drilling platform that works like that. And they float back and forth. And the only thing that goes down is this one pipe.

Now, because of the those pipes, this was fifteen hundred meters, very deep, fifteen hundred meters and because it was so deep and it moved the whole thing, they developed a technology that was called a BOP, blow-out preventer. The blow-out preventer is a box that they installed right at the ocean floor, fifteen hundred meters below the water. The way the blow-out preventer worked is if the pipe had a leak, what happened is, it had two very sharp knives, like this. Okay, and those knives, under hydraulic pressure, if the pipe leaked or something was going wrong up here, if there was a leak in the pipe, they would send this knife, it would seal it here, and it would seal it right here like that. And that closed off the well. So it just went through the pipe. It sheared the pipe off and closed it, so that no oil could escape.

So, these are very big devices and they are very expensive. The cost of those was around 300 million RMB. So it's very expensive, three hundred million RMB. So, they had one of these. Now in the Gulf of Mexico, there were many drilling platforms. And BP looked at the other ones, and many of the drilling platforms had two of these installed, a second one above it. So this one failed, this one would be here. But their board of directors, when they looked at this, said: "That's a lot of money to spend. And you know, it's probably not a problem because this will probably be OK." So, unfortunately, that didn't happen. So they never put that one in. And what happened with this pipe is that the pipe got on a little bit of an angle, and when this knife hit it, it didn't cut it. It's kind of slid to the side. So the oil got by it and the oil was escaping and pouring out into the ocean.

And then, because they hadn't done a good job of risk management, they couldn't stop the oil flow, and the oil kept coming and coming and coming. So they did a very bad job of crisis management in this situation. In the end, the damage was done, and they ended up paying about 250 billion RMB. So two hundred and fifty billion versus three hundred million that they saved. So it turned out to be a very bad decision financially, obviously, and then they handled it terribly.

And now to show you how badly they handled it. The CEO was a person whose name was Tony Hayward. Tony Hayward had been appointed CEO in 2005, when the prior CEO, being in charge of the company had been fired. They had a big fire in an oil refinery in India, and it killed some people. It was a very bad fire. And people thought that BP did not have good safety procedures in place. And as a consequence, they pushed the CEO out and brought Tony Hayward in. And he came in and said: "My platform is to have very safe operations and we're not gonna let this happen." And he started putting in controls. But then after a short while, he turned to profitability of the company and he didn't put in controls, and he didn't put in the second blow-up preventer. So when this occurred, this whole thing blew out.

What happened is that he had a son who was a sailboat racer. So they tried for six months to get this capped and couldn't get it capped. And so then on this very important day in August when they had a new technique, they're gonna cap it. And they announced in the newspaper that it was very important and that it's gonna solve the problem because it was killing all the fish. The fisherman lost their work, very important problem. And so they were going to send the boats down to the Gulf of Mexico to fix it, so they had boats there to fix it.

And it turned out that Tony Hayward's son on that day was in a sailboat race in the English Channel. So where was Tony Hayward? He was on a boat in the English Channel, watching his son in the sailboat race. The press, the newspapers, when they went to the Gulf of Mexico, they asked where's Tony Hayward and he wasn't there, and they found out some way that he was on a sailboat in the English Channel. So they went to take pictures of him on the sailboat and said "he is not a very good leader, because here this is the most important thing in the company's history, and that is happening in the Gulf of Mexico, and where is he? He is in a sailboat watching his son in the English Channel." So he got very bad publicity about this because he wasn't there, wasn't providing the oversight over integrity and leadership that he should've provided. So it was very, very bad crisis management.

And as a consequence, the Board got very upset with him, and he got all this bad publicity. And then he did an even worse thing. He was quoted in the newspapers, because they asked him, "what do you think about this?" He said, like, "I can't wait to get this solved, so that I can get my life back." So he didn't say that this was important because of the problems, the fish being killed, because of these. He just said he couldn't wait to get his life back. So that's just an example of absolutely terrible crisis management. You couldn't do it much worse than that.

> **案例样本 2**
> 职业伦理教学案例

案例正文：

是译员害了他吗？①

2019 年 11 月 15 日下午四点，举世瞩目的中国游泳名将涉嫌"暴力抗检"听证会在瑞士召开。这场听证会的结果直接关系到该名运动员的职业生涯。然而，人们没有想到的是，现场的翻译服务成了媒体报道的"焦点"。首先是，听证会开始时，现场同传设备出现问题，调试了十分钟左右才正式开始。继而，在听证会开始后，现场的同传译员在翻译过程中多次出现专业知识翻译错误或者漏译的情况。该运动员几次提出，请翻译老师翻译清楚一点，自己听不太清楚。他多次表示难以理解，反复确认翻译内容是否属实。而 WADA 方官员也表示"The translation was so bad"，该运动员常常答非所问。媒体也报道了现场译员犯下的不少严重翻译错误，比如将"200 次采样"翻成"200 毫升血"，"六年"翻译成"四年"。结果，该运动员团队在午休时和仲裁法庭达成一致，临时更换翻译团队，整个听证过程才得以正常进行。

案例简要评介：

本案例适用于口译职业伦理中的"能力胜任"原则教学。"能力胜任"是口译员职业伦理中的重要一条。在中国翻译协会 2019 年 11 月发布的《译员职业道德准则与行为规范》中，对译员的"胜任能力"给出了这样的解释："译员应具备职业翻译能力，只从事自己有能力胜任的工作。接受翻译任务时，应保证能满足合同约定的所有合理要求。"

中国游泳名将听证会的口译事件在国内外媒体和网络上都引发了热议。在分析此案例时，我们不妨从 Robin Setton 和 Andrew Dawrant（2016）

---

① 案例来源：综合"中国体育微博"和"新浪新闻微博"和搜狐网相关报道。

提出的译员胜任能力构成模型入手，即译员的职业胜任能力等于语言、知识、口译技能和职业道德方面能力的融合。从媒体的报道中，我们无法判定在场的同传译员的语言能力和口译技能是否合格。但我们可以肯定的是，译员在知识和职业道德意识方面有较大的问题。首先，在知识方面，虽然这场听证会的主角是游泳运动员，但它却是在世界反兴奋剂机构（WADA）进行，而议题是尿检。案例中的译员在会议议题所涉知识方面显然是有欠缺的。对此，我们暂且归之于在译前准备中对背景知识的准备不足。那么，进一步分析，从职业规范的角度来看，在缺乏相应的知识储备时，译员是不应该接受此次翻译任务的。退一步讲，若是译员明知道自己缺乏相关的领域知识，但又出于某些方面的考虑已经接下了翻译任务，那么就应该通过充足的译前准备和与当事人的充分沟通，补足自己的知识空缺。译前准备的充分程度对口译表现有决定性的影响，所谓"看再多的资料，不如睡个好觉"的说法是万万不可取的。本案例中的译员在不具备胜任能力的情况下仍选择接受了此次口译任务，她在现场的表现对她个人的职业声誉和信心都可能造成了较大的负面影响。

同时还值得一提的是，在听证会已经开始时，同传设备出了问题，现场又花费了十分钟进行调试。现场同传设备出问题是常见现象。同传设备的质量是由设备提供商负责的，但是从译员的职业意识角度来看，现场译员也有责任提前到达会场，提前与技术人员沟通调试设备，避免出现会议已经开始后才发现设备问题，此时调试设备对现场的参会人员心理上会产生负面的影响。

案例样本 3

描述型案例

案例正文：

"小朱，你怎么连衣服都没穿！"[1]

2013 年 6 月 14 日，正在中国进行正式访问的非盟轮值主席、埃塞俄

---

[1] 案例来源：译员朱玉犇的实战经历。

比亚总理海尔马里亚姆·德萨莱尼阁下专门到访北京外国语大学。北外于20世纪60年代初开始非洲本土语言斯瓦希里语及豪萨语的教学和研究，为国家培养了一大批通晓非洲语言、熟悉非洲文化、投身中非友好事业的人才。总理此行不仅要为北京外国语大学非洲语言与文化研究中心揭牌，还要发表重要演讲。

此前，本校高级翻译学院的口译教师朱玉犇和同事已经接到学校国际处通知，要为总理当天在北外的演讲作同传，地点在阿语楼报告厅。朱玉犇对这个报告厅非常熟悉，一楼是一排排的固定座位，空间相对狭小，翻译间一般会搭建在二楼的栏杆后面，在观众的视野之外，非常隐蔽。

当天，朱玉犇早早和同事来到二楼做准备。就在会议临近开始的时候，国际处的同事气喘吁吁跑到二楼，告诉他总理到达后会先到隔壁房间简短会见教育部及北外有关领导，然后再步入报告厅演讲。会见环节还需要一位口译员出面做交传。朱玉犇和搭档一下傻了眼，原本以为全程不需要出来见人，两个人穿着都比较随意。朱玉犇穿着白衬衫加灰色牛仔裤，搭档干脆穿了一件T恤，这是万万不行的。二人面面相觑，没有办法，朱玉犇只能硬着头皮走下楼。

"小朱，你怎么连衣服都没穿！"国际处负责人惊呼道，"快！快！谁快给他解一条领带下来！"旁边的男同事立刻行动起来。就在这个节骨眼上，总理的车队浩浩荡荡来到了楼前。"已经来不及了"，几位中方领导快步迎上前和总理握手。因为朱玉犇穿着不得体，在镜头前只能由处长临时充当口译员，但接下来的会见，还是要由朱玉犇担任翻译。会谈持续了十多分钟，朱玉犇感觉像是过了几年。每次开口翻译，都会把全屋的目光吸引到自己身上。他觉得自己像个"赤身裸体"的人，在众目睽睽之下无处遁形。

会谈结束，朱玉犇快步跑上报告厅二层，两位口译员来不及交流感受，就投入紧张的同传中去。会议结束后，搭档对朱玉犇说："这也不能怪主办方临时提要求。这种场合，即便是同传，也不能太随意。而且礼节性会见是常有的事，咱俩还是疏忽了。"

【讨论题】

1. 案例中的译员应该怎样做才能避免出现这次的尴尬？

2. 口译员在着装礼仪方面还应注意哪些问题？

案例简要评介：

  本案例适用于译员着装礼仪的教学。着装问题看似简单，但具体到口译实务中时并不简单。口译员在参加正式活动时，一定要严格遵守活动主办方的着装要求。如果活动主办方没有给出明确说明，则宜繁不宜简。正式着装不仅可以显示口译员对他人的尊重，还可以留出更大的回旋空间。例如，译员到了现场发现所有人都着便装，可以把自己的领带解下来装进包里，衬衫的扣子解开一颗。但这并不表明，口译员在工作时的着装越正式就越好，因为在有些活动场合，对参会者的着装会有特定的要求。比如，一家体育用品公司召开内部会议时，参会者都身着该公司品牌的运动服装，如果译员穿着西装，反而显得格格不入。因此，口译员的着装原则应该是"适应场合"。经验较为丰富的口译员一般可以根据不同的场合预判怎样着装比较适宜，但有预判就有误判（本案例中的译员就是如此），比较保险的做法是口译员在参加活动之前主动向主办方询问会议活动的细节及相关的着装要求，以确保万无一失。

📝 案例样本 4

  决策型案例

案例正文：

翻译中的"险滩"①

  1979 年，中美关系实现正常化以后，两国关系出现了一个高潮。但此后因售台武器等问题，两国关系中又出现了倒退的危险。经过一段曲折之后，1983 年的美国总统大选年前，双方政府商定，于 1984 年恢复两国的高层互访，以推动双边关系前进。

---

① 案例来源：改编自施燕华：《我的外交翻译生涯》，第 225-231 页。

正是在这样的背景下，1984年1月7日上午，我国国务院总理应邀访问美国。整个代表团共46人，而外交部翻译室的高翻施燕华女士作为总理翻译登上了赴美的专机。此次中国领导人赴美访问，对中美关系改善有重大的意义，美国朝野人士都渴望了解中国的国内形势及政策走向。由于中美关系涉及的问题都比较敏感，因此对翻译的准确性要求是非常高的，出访前，各方领导都嘱咐施燕华女士一定要充分准备，圆满完成任务。这些重托不免给她的心理上造成了一定的压力和紧张。

在出发前的一个月，她阅读了大量关于中美间政治、经济、科技、教育等领域的合作情况，存在问题，中方立场等，也准备了我国改革开放情况的特殊的语汇，如"家庭联产承包责任制"等，但是，到了真正的工作现场，她才发现，即便做了再充分的准备，也很难做到事事都有先见之明。

第一天上午，里根总统在白宫南草坪举行欢迎仪式，施燕华女士负责念中方的讲话稿译文，美方译员念美方的欢迎词译文。美国各大电视台都要直播欢迎仪式。施燕华女士觉得念讲话稿并不难，难的是面对那么多话筒，仍能保持冷静从容。所以为了不到10分钟的讲话，她事先练习了多遍。练习中，有领导特地嘱咐她要"放开嗓门"，因为在那么大的草坪上讲话，必须贴近话筒，声音才能充分放大、传远。

欢迎仪式结束后，双方领导进入美国总统的椭圆形办公室，记者们也蜂拥而至。等记者退出后，里根作为主人，对中国客人表示欢迎，他说："欢迎你们来到我这小小的办公室。"我国领导人立即引用刘禹锡的《陋室铭》予以回答："山不在高，有仙则名。水不在深，有龙则灵。斯是陋室，惟吾德馨。"施燕华听后，感到不好翻译，一方面，她自己在上小学、中学时，语文课本以当代作家的文章为主，古文比例较小，所以古文底子较差。而另一方面，她又担心这种具有浓厚中国传统文化色彩的句子，翻译过去无法为美方所理解，不能准确、有效地传递中国领导人所要表达的意思。但是口译对现场反应的要求很高，容不得她迟疑，所以在稍加踌躇之后，她就做出了决定，给出了令宾主双方都满意的译文，使得谈话继续愉快地进行下去。

在这次小范围的谈话中，双方也多次谈到涉及我国核心利益的敏感话题。我国领导人的语言非常生动而且口语化，施燕华女士觉得有些话如果不能准确地理解它的真实含义，很容易就会翻错。对于我国领导人的关键性的政策表态，施燕华女士充分调用了自己的相关知识，进行了显化的处理，她的译文得到了在座的时任驻美大使章文晋先生的首肯，用她自己的话说，就是"闯过了'险滩'"。

【讨论题】

1. 案例中的施燕华女士作为译员，她的哪些行为体现了具有丰富经验的译员的特点？

2. 在中方领导人引用中国古代经典名句"山不在高，有仙则名。水不在深，有龙则灵。斯是陋室，惟吾德馨"时，如果你是译员，根据当时的情境，你会给出怎样的译文？

案例样本 5

"保密原则"教学案例

案例正文：

C 罗翻译泄密事件 [①]

2018年7月，一则以"C罗翻译泄密"为题的新闻传遍了各大门户网站和微信朋友圈。葡萄牙球星C罗在访华期间，应赞助商的要求，接受了中国某知名媒体人的现场采访。赞助商为他聘请了专门的葡语译员老赵。在访谈后，译员老赵在自己的微博中发布了一条消息，内容涉及他在现场看到的情况，并且发表了一些对该媒体人带有批判性和嘲弄性的评论。根据他所发的信息，他在现场只是作为备用翻译，并没有用上，因为访谈全程访谈者与C罗之间的对话都是直接用英语进行的。但是他指出，C罗对访谈者的提问失去了耐心，还在快结束的时候说了句葡语国骂。而且他还认为，该媒体人不是合适的主持人，不仅问的问题不够得体，而且长相

[①] 案例来源：《C罗的翻译闯祸泄密，作为专业译者如何执行保密条款？》搜狐网，https://www.sohu.com/a/242773642_660761.

也不讨人喜欢。他说，如果换成一位美女主持人，可能C罗会更有耐心一点。他的消息截图上了热搜，引起来非常热烈的反响。该媒体人也专门发微博驳斥老赵的说法。他特别指出，"这位对方赞助商请的翻译虽然全场一句话没说，但也应该遵守翻译职业的基本操守，就是为客户保密。我不知道今后谁还敢请他做翻译。"

案例简要评介：

本案例适用于职业道德伦理中"保密"原则的教学。"保密"一直是口译职业伦理中的核心基石，几乎从未受到质疑。但在口译实务中，译员却并不一定能时刻绷紧"保密"这根弦。例如在本案例中，译员的行为就是缺乏保密意识所致，但这种现象在现实中又并非罕见。不少译员会有意或无意间泄露自己从会议现场获取的各种信息。这些信息可能在译员眼中不过是又一个在口译工作中碰到的有趣的"轶事"。在网络时代到来之前，译员分享的"轶事"可能只是成为三五好友口中的谈资。而在今天的信息时代，译员发在公网上的信息会迅速传播，且造成其本人完全无法控制的结果。在本案例中，译员的行为几乎成了网络公敌。有大量的网友指责他缺乏译员的基本操守和犯下了"低级错误"。

口译职业是个常常能接触到各种"机密"的工作，政要、商贾、学者在闭门会议中常会有意或无意地带出很多不能公开的"秘密"，因此译员一定要时时牢记"保密"原则。比较谨慎的客户一般会在开会前要求译员签署保密协议。但这并不意味着没有签协议，译员就没有保密的义务。保密作为译员职业的底线伦理之一，容不得丝毫和片刻懈怠。

在媒体报道中，时常会出现关于译员"保密"或"泄密"的消息，在教学中，可以引入更多相关案例，加深学生对"保密"问题复杂性的认识。

案例样本 6

描述型案例

案例正文：

双方谈不拢，我该怎么办？①

朱维钧在口译职业市场上已经打拼了多年，是业内资深的自由职业译员，口译经验非常丰富，同行们都尊称他为"朱老师"。

朱维钧一直认为，口译员经常从事交传工作，有助于对某一个专题的深入了解，获得更牢固的背景知识，保持从事口译工作时的敏锐度，而且在交传工作中会有更多机会与客户面对面的接触，有利于客户加深对译员的理解，也有利于增强译员与客户之间的关系。他一直觉得，在交传工作中帮助客户达成心愿，协助当事双方实现沟通目标，是每一位译员都应牢记于心的基本原则。

十月的一天晚上10点左右，朱维钧刚刚看完第二天会议的相关材料，正准备上床休息，忽然手机铃声响起。他一看，是一个陌生的号码。对口译员来说，虽然也不愿意接到骚扰电话，但是每次陌生来电都可能是一次工作机会的邀约。于是，他没有犹豫，接通了电话。电话那头传来一个带有浓厚德国口音的声音，他告诉朱维钧，他是德国设计师，现在在一家国内知名家具公司工作，他现在遇到了一些问题，需要跟公司总裁谈判沟通，希望朱维钧能为他们的谈判担任口译。

朱维钧听后有点诧异，因为他之前并不认识这位设计师，对设计师和所在公司的情况也不了解。不过，设计师紧接着就解释了他为什么会找到朱维钧。原来，这位设计师因为工作方面的一些理念问题和聘用合同的条款问题，与公司总裁之间产生了一些矛盾。但是他并不想离开这家公司，因此他多次找到总裁沟通和谈判。前几次谈判他都请了同一位译员协助，但是谈判的过程很不顺利。他和总裁之间的冲突似乎是不可调和了。因此，他已经做好了离职回国的打算。

但是，设计师仍心有不甘。他回顾前几次的谈判过程，觉得自己的主观意愿是留在公司，而且在沟通过程中也没有什么触怒总裁的语言，他想不通为什么他的想法总不能得到总裁的理解。他隐隐地感觉到这几次谈判

---

① 案例来源：自由职业译员朱维钧的实战经历。

中出现的问题可能与译员的翻译方式有关系，但因为不懂中文，所以也不知道问题究竟出在哪里。

于是，他决定换一位译员试试。此时正好有朋友向他推荐了在口译业界大名鼎鼎的朱维钧。他的朋友曾经用过朱维钧的口译服务，感觉到他善解人意，总是能准确把握当事双方的沟通意图，并以适当的方式促进双方达成一致。

听到这里，朱维钧才了解了事情的前因后果。但他虽然了解到了设计师的真实想法，却对总裁的想法并不了解。因此，他非常谨慎地回复说："那我就尽力试试看吧，不敢保证一定能帮您实现目标。"

过了几天，朱维钧提前了一个半小时抵达设计师所在公司，先和设计师面对面交流，彻底了解设计师的各项诉求以及和总裁之间的矛盾点。彻底理清以后，两人一起按约定时间去见总裁。一开始气氛就比较紧张，总裁那边的态度非常强硬，一副爱走不走的样子。朱维钧刚开始翻译设计师这边的表述，便得到总裁的一句斩钉截铁的"让他滚蛋！"作为回应。但是，由于和设计师之间事先的沟通，朱维钧意识到，总裁那边的强硬态度并不是对设计师水平和薪金要求不满，而是因为理念上的差异，导致了对聘用合同条款的争议。由于之前的误会，总裁对设计师已经抱有很大的成见。但双方其实是想一起合作，让公司的产品有更好的设计和销路。

于是，他暗下决心，一定要让双方能够相互听到彼此真实的想法，特别是双方共同的目标。可是，当时气氛剑拔弩张，双方的语言都很直，很生硬。作为译员，到底应该怎么办呢？朱维钧思考如何才能协助双方拨云见日。

于是，朱维钧并没有把那句"让他滚蛋"翻译给设计师，而是对总裁说："总裁先生，在我们来见您之前，我和设计师已经做了私下沟通。我相信你们之间有误会。设计师相信之前的译员在翻译转述时出现了问题，没有能够准确转述。请允许设计师再完整地阐述一遍他的诉求和观点，由我来翻译，可以吗？"

接下来，设计师用简明的方式表述自己的观点。朱维钧尽量用礼貌的口吻完整地翻译设计师的意思，也允许设计师表述完一个完整的意思以后再翻译，而不是用译文频繁打断。由于事先有了沟通，朱维钧可以完全听懂设计师字面背后的意思和理由，所以把字里行间的蕴含意思也表达得非常清楚。因为事先的沟通，设计师对朱维钧也有了信赖，所以在表述自己的意思时，可以做到简明，相信解释（interpreting）的工作译员能完成得很好。

虽然设计师事先已经打好了回德国的行李，充分做好了谈判失败的准备，但结果令他和译员都有些意外。总裁在听完了以后，答应了设计师的大部分要求，并且在不能答应的要求方面也愿意相向而行，各让一步。最后总裁答应为设计师重新量身定做聘用合同，并真诚邀请设计师继续留下来为公司做贡献。

离开总裁办公室以后，朱维钧从一脸微笑的设计师手里接过了口译报酬，而这位德国设计师一直把朱维钧送到公司大门外。

【讨论题】

1. 从"译员角色"相关的理论视角出发，你如何看待案例中译员的行为？

2. 在案例描述的情境中，你觉得译员的行为是唯一选项吗？有没有其他的行为选项？

案例简要评介：

本案例适用于"译员角色"教学。在口译工作过程中，译员是否应该保持"隐身"是一个受到过不少理论关注的话题。一种观点认为，译员做好自己的本职工作，即传译讲话人所说的话，就可以了，不需要考虑其他问题。另一种观点则认为，译员除了做好传译工作外，还需要发挥"居间"（mediation）的作用，因为译员有责任促进双方之间的沟通。

我们认为，译员沟通过程中既非完全"隐身"，但又不能"显身"越界，可以说是处在"显"与"隐"之间。因此，我们常常用"不缺位、不越位"的原则来规范译员的角色定位。"不缺位"是指译员应参与当事双方沟通的全过程，不能因为自己的缘故造成沟通的障碍或中断，在必要的时候能发挥促进沟通的作用。而"不越位"则意味着译员要牢记自己的基本职业定位，必须根据发言人所讲内容进行翻译，不能根据自己的想法添油加醋，任意篡改原文，更不能在没有得到明确准许的情况下越俎代庖。

在本案例中，两名译员的表现形成了鲜明对比。译员朱维钧准确地把握了委托人的真实意图，在得到委托人首肯的前提下，根据实际情况调整了翻译方式，最终"撮合"了本不想闹崩的双方。与前一位译员的"缺位"表现相比，他的行为生动地体现了译员"不缺位、不越位"的原则。所以，本案例中的译员朱维钧扮演了多重角色，不仅是双方话语的传话人，而且是双方沟通的斡旋人。在中外合作项目中，由于文化、背景和思维方式的差异而导致双方沟通不畅的情形很常见。译员应该根据现场情况采取有助于促进沟通的翻译策略。

当然，需要提醒的是，并不是在任何双方当事人出现矛盾的情况下，译员都要从中转圜，调解矛盾。译员作出决定的基础应该是对双方立场的把握和对合作未来的判断。如果译员明知道双方的确存在不可调和的根本性矛盾，而且也几乎不可能有良好的合作前景，仍一味的"拉郎配"，那反而是一种"越位"行为了。

案例样本 7

模拟情境案例脚本 ①

案例脚本正文：

【背景：外企总裁拜会中方政府领导】

【角色：一人扮演外方总裁、一人扮演中方领导、一人扮演中方乡镇企业家（带口音）、一人扮演外企中国区首席代表、两名学生分别扮演中、外方译员】

中方：Smith 总裁！

外方【错愕／诚惶诚恐地】：Yes, I am!

中方：我谨代表中国贸促会，向您表示欢迎。一路辛苦了吧？

---

① 本脚本由自由职业译员魏震钢提供。

外方：Not at all. We are very grateful for this meeting. We look forward to this opportunity to discuss with the Chinese counterpart about how my industry works.

中方：关于您说到的产业问题，请在座的企业代表冯总来具体与您对接。他是来自乡镇企业的企业家，非常优秀，也最接地气了。

冯总【谦恭地说】：还请斯总多多关照。

外方：With your permission, I would like to highlight that it would be my great pleasure and privilege to be enlightened, if I may, by you and your colleagues about the emerging trends and patterns among the incumbents and new entrants in your industry.

冯总：请问您具体想问什么？

外方：Who is your main competitor? What do you think is the best business opportunity in your industry in China?

外企首席代表【不管译员怎么翻，都要插嘴更正】：The interpretation is inaccurate. Allow me to clarify it. 翻译翻的不太准确，我来解释一下。我老板的意思是：您在中国的竞争对手主要有谁？您的行业在中国有哪些商机？

冯总：这周一，我们行业协会刚刚开了一个论坛，发布了一份行业形势年度报告。我觉得没准儿对您有用。我现在只有电子版。要不咱们加个微信，我传给您？

中方【译员刚刚开口翻时间，就打断更正】：不是 last/this Monday，而是 last/this Monday。【注：反正译员翻 last，就更正为 this；翻 this，就更正为 last。】

【讨论题】

1. 对于案例中出现的非常中国化的表达方式，译员该如何处理？
2. 译员在现场口译中遇到口音浓厚的讲话人，有哪些应对策略？
3. 译员在遇到被别人挑错、修改时，该如何应对？

案例样本 8

案例的"时代性"

案例正文：

究竟是人还是机器在翻译？[1]

2018年9月知乎用户Bell Wang发布了一篇关于科大讯飞人工智能同声传译造假的文章，引起了广泛关注。文章称，科大讯飞所谓的AI同传并不是真正意义上的全自动智能翻译，而只不过是将同声译员翻译好的语音转化为文字，然后显示在会场的屏幕上。

9月20日，在一场论坛上，Bell Wang受邀来到上海国际会议中心做现场同传。在翻译的过程中，Bell发现，讯飞智能听写的英语字幕和演讲者的演讲内容出入较大，而屏幕另一侧所显示的翻译内容却是同传员所翻译的正确内容。在Bell看来，既然智能听写的内容和演讲者的讲话内容出入这么大，说明讯飞根本没有听懂演讲者的讲话。而翻译内容则是讯飞对同传员翻译的语音进行识别，然后转化成文字显示在屏幕上。

当天，Bell将这件事公布到网络上，指责科大讯飞在会议上所使用的"智能翻译"系统造假，称其显示的中文翻译并不是其理解语言后智能翻译的，而是后台两位同传译员临场实时翻译后，再由机器读出来的。该文章瞬间引起了轩然大波。

科大讯飞在回应时表示："科大讯飞本身一直都在鼓励人机耦合的模式。在同传的领域，目前单纯的人工智能是做不到的，或者说效果不好，必须要借助人机耦合来发展。"

案例简要评介：

本案例适用于译员应如何看待翻译技术问题的教学。Bell Wang的经历不少译员都曾有过。有些商家为了达到宣传其人工智能产品的目的，常常会故意使用模糊性的语言，例如，"中文字幕由XX产品提供"，这样的说法很可能让现场观众误以为字幕是由该公司产品翻译的。本案例中的

---

[1] 案例来源：《科大讯飞AI同传被曝造假？公司回应了！》，搜狐网，https://www.sohu.com/a/256132318_391478.

译员勇敢地指出这一点本身对维护口译职业的尊严是有意义的。

从译员视角来看，如果技术公司能够明确地标明，字幕是对译员译文的转写，是可以接受的。但如果故意通过模棱两可的方式混淆视听，是不可以接受的。有必要的时候译员可以直接与主办方沟通。正如讯飞公司在回应中所明确表示的："单纯的人工智能"是做不好同传的。这个判断符合目前技术发展的实际。而对于"人机耦合"，其实也可以有很多种解释方式，但总体趋势是技术将在未来的口译工作中扮演越来越重要的辅助作用。

面对新技术对口译职业的影响，译员不能对挑战视而不见，也不应夸大技术对人的"替代"作用，而应该一方面了解技术，拥抱技术，另外一方面思考如何驾驭技术，如何在技术的辅助下更高质量地完成口译任务。

第五章　MTI口译案例教学的原则和流程

我们在上一章中着重探究了口译教学案例的采编问题。案例编写完成，就像建造房屋时打好了地基，但是，房屋建造的究竟怎么样还要看建造过程和使用效果。如果说案例教学是一座房屋，那么它的建造者就是实施案例教学的教师和学生。案例教学应在良好的环境中，按照合理的流程展开，确保既能实现教学目标，又能保持"教"与"学"的热情。

第一节　口译案例教学的基本原则

一、创设良好的教学环境

"教学环境是学生学习活动赖以进行的主要环境，……潜在地干预着学生学习活动的过程，系统地影响着学习活动的效果。"（李秉德、李定仁，2001：278）因此，教学环境对学习活动的重要性是不容忽视的。与传统口译教学形式相比，案例教学有其特殊性，对教学环境也有相应要求。口译案例教学既可以在教室内，也可以在教室外其他场所进行，但大多数情况下是在教室内进行的。在教室内开展教学，人员集中，方便讨论。不过有时为了达到更好的教学效果，也有可能在其他场所进行案例教学。例如，在开展情景模拟/角色扮演型的案例教学时，普通教室场地不能提供足够的空间和舞台，可能就需要借用其他更大型的场地。又如，教师带领学生去会议现场进行观摩教学，也须要走出传统教室。

案例教学强调人人参与，深入讨论。因此，班级规模不应过大。一般来说，学生规模在20人以下比较合适。很多口译教室的布局与传统语音教室类似，其座位编排方式是所谓的"横排式"或"秧田式"，即讲台在教室的前方地势稍高的位置，讲台正对着一排排的小型隔断座位。这种座位布局不利于师生、生生之间的交流，也不能体现师生平等的现代教学观念。在开展案例教学时，室内教室不用设置专门的教师讲台，最好摆放可灵活分组的桌椅，以便学生分组讨论。桌椅摆放应满足师生来去自由的要求，教师可以随时走到每一个学员的位置前与之对话，而学生也可以顺畅地离开座位走到讲台前面向全班交流。在案例教学中，重点就是师生平等参与、随时互动。因此，用于开展案例教学的教室其内部设计应该是开放的，有利于师生、生生之间交流的。

二、准确把握学生特点

在第二章的文献研究中，我们已经看到案例教学法已被应用在针对不同层次、不同对象的口译教学中。这一方面说明案例教学法的普适性，但另一方面也需要提醒注意的是，不同层次的学生，如专科、本科、研究生，以至有一定工作经验的译员，其特点和需求是不一样的。教师能否准确把握教学对象的特点和需求，决定了他/她是否能有效地组织课堂讨论，也决定了案例教学的成败。

根据我们的教学经验，有较丰富口译经验、少量口译经验和没有任何口译经验的学生在案例教学中的需求和表现都是不同的。对于完全没有口译经验的教学对象，教师在开展案例教学时，需要为他们提供更多与口译职业实践相关的背景信息，或指导他们在课外阅读更多的参考材料，否则很难在课堂上发起有价值的讨论。在缺乏必要的背景知识和实践经验的情况下，课堂讨论往往会停留在就事论事的层面，无法深入，难以实现教学目的。而对于已有一定口译经验的学生，案例教学的重点就应是以教学案例为契机,激发他们对于自身经验的回顾与反思,同时实现不同学生之间的分享和交流。

我们在教学中发现,有过口译经验的学生在参与案例讨论时,往往能与自己以往的经历相结合,分享与案例中情境类似的口译经历,有时能提出独具创见的解决方案。译员在口译实务工作中需要考虑的因素很多,在每场口译任务中,语言、文化、发言人、听众等都是变量。有过实际工作经验的学习者在进行案例分析时会考虑得更加全面。因此,在案例教学过程中,要充分发挥有过工作经验的学生的积极性,让他们多分享,同学之间的分享有时比教师的分享更易被接受和借鉴。

我们在 MTI 阶段的口译教学中,一种较为常见的情况就是混合背景的教学对象,部分学生可能已经有过实际口译工作经历,部分学生可能完全没有口译实践经历。在实施案例教学时,为充分调动学生积极性,可以在特定的教学目标指导下,采取"故事分享"的方式,让有经验的学生分享他们亲身经历的口译事件,当时遇到的挑战、心理状态和决策过程,这样的分享会极大地激发其他学生的兴趣。而教师所要做的就是将他们的分享有效地融入案例教学的主题中去,以保证学生的讨论朝着教学目标的方向前进。

案例教学也适用于有较多口译经验的译员。传统的口译教学模式以语言转换技能为重点,可以说对已经执业的译员来说是没有吸引力的。就像是在 MBA 项目中,很多学生是已经有过经商经验的,甚至有一些成功的企业家。如果教师采取知识灌输的教学方法,讲授学生早已了解的基本知识,一定不会受到欢迎。MBA 专业大量采用的正是案例教学法,对教学案例中的成败得失进行讨论,让学员根据案例所设置的情境做出决策、解决难题,甚至是让学员把自己在商业实践中遇到的实际问题带到课堂上来,大家一起分析和讨论可能的解决方案,这才是 MBA 学员真正需要的。

对于有经验的译员来说,他们回到课堂,所期待的一般不只是在语言、专业知识或口译技能方面的回炉,而是在职业能力方面的提升,尤其是需要获取在解决口译实践中常常遇见的问题方面的思路和能力。有些教师对教授有口译经验的学员心存顾忌,产生这种想法是因为受到传统口译教师角色思维的束缚。因为在传统口译教学模式下,口译教师必须具有比学生更高的口译水平和更广泛的领域知识储备。但面对已经在职场工作过一定年头的学员，他们的口译水平未必低于教师，而他们在某些专业知识方面的储备往往还超过教师。在这种情况下，教师如果抱着传统的角色设定不放，仍试图采取传统的教学模式，只能说是"吃力不讨好"。

而案例教学法则为口译教师提供了得心应手的教学方法。在案例教学模式下，学生的特点和优势可以得到充分发挥，而且发挥的越充分越好。也就是说，在口译案例教学模式下，教师主要扮演的是主持人和引导者的角色。例如，根据教学目标，教师可以请各学员分别分享他们的相关实践经历，并且提出自己在实践中遇到的难题以及成功或失败的解决方案，进而引导大家一起分析当时的场景，讨论学员的解决方案。当然，针对有经验的学员开展口译案例教学对教师来说也是有要求的。要想在案例分析和讨论的过程中起到积极引导的作用，教师一定要加强理论储备，对与口译职业相关的理论和概念框架有较深入的了解，这样才能在讨论过程中不被具体事件带偏，并且能够高屋建瓴地引导学员将具体实践中的问题升华到理论高度，为学员反思自身遇到的难题提供一般性的思考框架。

实践证明，在教学对象是有经验的译员时，案例教学法可以发挥有益的作用。特别是当译员来自不同行业领域时，通过相互分享，学员会发现口译工作中的难题或挑战在不同的行业领域有共通性，但其具体表现形式又丰富多样，从中可以有不少收获。而教师也可以从这个过程中获益。教师对口译职业中的常见难题有一般性的了解，但对各个行业的特殊知识和特殊问题并不了解，因此从学员的分享中，也可以学习到新的东西。此外，"故事分享"还是新鲜教学案例的来源。我们在教学中使用的一些案例正是来自以往学员的经验分享。

三、以学生为中心

与传统教学方法相比，案例教学法的最显著特点就是学生在课堂讨论中扮演主要角色，教师则主要发挥引导和启发作用。在传统的"学生练习＋教师评论"的口译教学模式中，教师毫无疑问是课堂的主宰，他对学生口译质量或发言质量的评价是一锤定音的。而学生也对教师的"权威"产生了依赖性，通过笔记或其他方式记录教师所讲的内容，并将此奉为"标准答案"。

然而，在案例教学中，教师不再是课堂的主宰，学生才是课堂的主人。因此，对教师和学生来说，都必须调整心态，改变习惯性的行为方式。教师在案例教学的过程中是主持人、导演和催化剂，而不是讲演者、评论家和仲裁者。案例中的问题并没有"标准答案"，只有更好或更合适的"参考方案"。在课堂上，教师必须时刻记住自己的身份变化，一定要让学生充分讨论、畅所欲言，密切关注讨论走向，适时加以引导，推动讨论向着教学目标的方向前进，以确保实现教学效果。值得一提的是，在案例教学中，教师不仅没有"标准答案"，也不一定就能提供"最佳方案"。尽管一般情况下教师在阅历和知识占有方面比学生更有优势，但是在研究生教育阶段，学生在知识储备方面也可能有教师不及之处。我们在教学实践中也感到，案例教学的过程对教师来说也是学习的过程。学生常常会提出教师"预料之外"的新视角，提供教师不曾了解的新资源，而且同样的案例用于不同的教学对象时，有时会碰撞出新的火花。

而作为案例教学的主角，学生也必须转变心态，认识到自己才是课堂的主角，革除对教师"权威"的依赖性。在案例讨论时，学生应积极参与，主动发言，敢于提出质疑和挑战，敢于在辩论中厘清思路。例如，在涉及口译员的"忠实性"问题的案例讨论时，就曾出现过学生意见不同的情况。一名学生认为，译员就应该忠实于发言人的原文，无论发言人说的是什么，都应该完全翻译，因为即使产生不好的效果，那也是发言人自己的事，无关译员。另一名学生则认为，译员不应该只扮演"传声筒"的角色，也不可能只发挥传声作用，译员还应扮演"守门员"的角色，考虑听众的感受，以适当方式对原文做出调整。对此，教师并不急于作出评判，而是抓住机会促使双方各自充分陈述理由，展开唇枪舌剑的辩论，同时还鼓励其他学生选择"阵营"，充分讨论。在学生对案例教学的反馈中，普遍认为就案例中的问题展开辩论是一种有效的学习方式。在分析有些案例时，学生会自然地分成两种"派别"，双方"各执己见"，"唇枪舌剑"，课堂气氛活跃。在有些案例分析时，教师有意识地将学生分为正反两方，让其展开辩论也是一种常用教学手段。口译工作中的"忠实性""中立性"

等都是展开辩论的好话题。

同时，在辩论过程中还特别能看出案例质量对课堂教学效果的影响。好的案例包含了具有普遍意义的问题，而问题的答案绝不是"1+1=2"那样简单明了，问题的背后可能是不同理论流派之间的差异，因此很适合以此激发学生讨论和辩论的热情。经过充分的讨论或辩论，会加深学生对案例所涉问题本质的理解，如果教师适时加以引导，提供适合的理论框架，就会让学生在案例分析中形成今后职场中遇到挑战时的策略储备和明智决策的思路。

四、开放参与

案例教学取得成功的前提是学生的高度参与。案例教学在本质上就是互动式和参与式教学。可以说，课堂上的讨论越热烈，案例教学的效果就越好。在传统口译教学中，囿于教学形式，每次课上参与练习的学生数量有限。而在采用案例教学法后，学生针对教学案例展开分组练习和讨论，这样所有的学生都能够得到参与和表达的机会。而且，通过交流，学生之间相互启发，也降低了对教师的依赖程度。

例如，在以中文特殊句式的顺译策略为主题的汉英视译课上，教师向学生提供了一组具有共性句式特征的中文句子：

A. 中国政府对<u>日本右翼分子登上钓鱼岛的行为</u>表示严正抗议。
B. 中国政府对<u>全面贯彻落实"一国两制""港人治港""高度自治"的决心</u>是坚定不移的。
C. 会议强调了可再生能源<u>在增加能源供应、环境保护、减排温室气体和扩大就业方面</u>的作用。
D. 政府有关部门<u>根据各类可再生能源发电的技术特点和不同地区的情况，按照有利于可再生能源发展和经济合理的原则</u>，制定和完善上网电价，并根据技术发展水平适时调整。

教师首先将学生分组，并提出两个供各组观察和讨论的问题：（1）这组中文句子有什么共同特征？（2）在中英视译时，如何在不改变原语语序的条件下处理好这种类型的中文句子？

上述几个句子在视译时难度不同，但却具有共同的句式特点，那就是在主题和述题之间有长长的插入成分。这些成分对在视译中进行顺句驱动构成了挑战。这种类型的句子在中文里经常出现。如果是在传统教学模式下，教师一般会先给出例句，讲解例句的处理方法，再让学生轮流做练习，检验其是否掌握了相关技巧。但这样做的结果是能在课堂上练习的同学人数有限，而且学生自己分析和解决问题的能力没有得到锻炼和培养。

如前所述，口译能力不是"陈述性知识"，而是"程序性知识"，这意味着学生必须通过充分参与问题的解决过程才能培养能力，而不能依赖灌输和简单模仿。在案例教学模式下采取的是"集中—分组—再集中"的教学方式。学生首先在小组中讨论和分析这组例句，继而思考和讨论顺译策略，他们既可以采取小组成员轮流视译，也可以采取由一人视译，其他人评价和讨论的方式，而教师则可以走进各小组，聆听组员的译文和相关讨论，在有必要时，介入讨论，提出问题，引导小组成员探寻多种解决方案。在小组讨论结束后，回到大组时，可以让各组派代表汇报本组的讨论结果，并展示本组的视译方案，继而再在大组的层面上开展讨论。在此过程中，教师可以引导学生发现此类中文句型的共同特征，并在讨论的基础上归纳视译此类句型时的一般性方法。比如，对于上组第3句："会议强调了可再生能源在增加能源供应、环境保护、减排温室气体和扩大就业方面的作用。"在讨论的基础上就可归纳出至少以下四种翻译方式：

A. The conference emphasizes the importance of renewable energy in increasing energy supply, environmental protection, emission reduction and creating jobs.

B. The conference emphasizes the role of renewable energy in increasing energy supply, environmental protection, emission reduction and creating jobs.

C. The conference puts an emphasis on renewable energy. Renewable energy contributes to increasing energy supply, environmental protection, emission reduction and job creation.

D. The conference puts an emphasis on renewable energy. In terms of increasing energy supply, environmental protection, emission reduction and creating jobs, it plays a significant role.

观察以上四种译文，可以发现，前两种采取了"预期"（anticipation）策略，即在翻译插入成分之前先预测其后可能出现的词或意思，而后两种则采取了"断句"（segmentation）策略，即在插入成分前先断句，再将插入成分独立成句，继而视情况确定是否需要补译插入成分后出现的词或意思。在得到多个版本译文的基础上，可以归纳出在视译中应对此类句型的一般性方法是"预期"和"断句"。经过对案例的分析、讨论，教师的归纳、总结，学生对处理此类句型的一般性方法将会产生较深刻的印象，学会在今后遇到类似句型时，根据具体情况，从策略层面思考问题，采取适宜的视译方案。

关于学生的开放参与，这里需要提到的是，学生可能有不同特点和风格，在小组讨论时，有些学生特别爱发表意见，每次都抢着发言，而另一些学生则可能一言不发，甘做听众。如果教师在聆听小组讨论时，发现这个现象，就应专门鼓励不爱发言的同学加入讨论，大胆表达观点。这也是案例教学的全员参与原则所要求的，分组讨论的初衷之一正是为了确保每名学生都能参与讨论、表达自己的想法，使每个人的观点和智慧都能够得到体现。

五、以能力培养为重点

案例教学区别于传统教学的最大特点就是以能力培养为重点，而非注重知识灌输。这一点也符合口译专业人才培养的本质规律。近年来口译领域的研究表明，口译人才培养的核心问题是口译能力。而所谓口译能力，既包括传统意义上的"口译能力"，即"完成口译任务所需的内在的知识和技能体系"，如双语能力、言外知识和口译技巧等，也包括"译员能力"，即"口译工作者应具备的内在的知识和技能体系以及职业素质和身体心理素质",如译员心理素质、职业素质和身体素质等(王斌华,2007;2012)。可以说,聚焦于广义口译能力的培养已经逐渐成为口译教学界的共识。但从实际的培养情况来看,广大口译教师对如何培养口译能力,特别是采取何种有效的教学方式培养口译能力仍存在困惑。

口译是一门实践性很强的技能,也是一种"程序性知识"。仅凭教师的讲解和示范,学生是不能自然而然地形成口译能力的。学生必须通过自身的练习、反思、分析和讨论,才能真正提高口译能力。与传统教学方法相比,案例教学法的优势就在于聚焦于学生分析和解决问题能力的培养。在传统的口译技能训练模式下,学生只需要用教师提供的材料反复操练,并根据教师的反馈改进译文。但在案例教学模式下,学生不再是进行简单的技巧操练,而是"身临其境"地进行口译场景模拟训练。教师通过让学生分析和讨论案例中译员所面临挑战,使学生在课堂上提前熟悉今后职业实践中的真实场景,直观感受实践中的"难题",并在安全的课堂环境中对可能的解决方案进行提前"演习"。通过这样的教学方式,学生学到的不仅是抽象的口译"策略"或"原则",而是处理口译实践中各种"难题"的能力。案例教学模式改变了学生在口译训练中"只练不思"的现象,让学生"先练后思""先思后练",或"边练边思"。

例如,在口译实务中译员常常遇到的一个挑战就是讲话原文中出现了译员不知道的词汇或概念。在传统教学模式下,教师可能会在遇到这个问题时,将其作为一个知识点,向学生提供几种应对策略。但问题是,学生虽然学习了这几种应对策略,但却"知其然而不知其所以然",他们并不知道在什么样的场景下应该使用什么策略,以及为什么某种策略在特定场景下就是最适合的策略。我们在口译案例教学中的做法是,教师首先为学生提供几个来自实际口译工作的案例,案例中的译员遇到了发言人讲话中有陌生词汇或概念的问题。

案例1:"半月板"的尴尬

译员在为北京奥组委工作期间,曾陪同奥组委领导接待国际来宾,在正式的交谈结束后,双方边走边聊,中方领导就讲到,自己走路比较慢,是因为最近做了个半月板手术。译员在翻译时犯了难,她并不知道半月板具体是指什么,只能转头问领导,领导回复说就是膝盖手术,她这才转身向外宾解释,解释说领导的膝盖受了损伤,动了个手术。事后,她通过查找资料,才了解到,原来半月板就是膝关节中的一个组织,损伤后会影响人的行动,而且也查到了对应的英文表达方式。

案例2:不会吧?"幽门螺旋杆菌"?

译员在一次全球孔子学院大会期间有一次在为国务院前副总理和一位美国银行家早餐会担任交传时,副总理突然提到前来参会的有一位特别的孔子学院学员,他是诺贝尔医学奖的获得者,而他的研究对象是"幽门螺旋杆菌"。由于此次会议是一个有关教育、文化交流的大会,译员在译前准备时没有预料到在谈话中会提到医学领域的专业名词,也不知道该词对应的英文说法是什么。为了不让现场沟通出现中断,译员将此句译为:"He is an expert on gastro-diseases"。

案例3:"dementia"是什么?

译员有一次陪同亚洲开发银行的代表团赴国家老龄委拜访,双方主要谈的是人口老龄化的问题。谈话间,国外代表提到,现在随着人口老龄化,各种老年病问题越来越严重了,比如说:dementia。译员当时不知道dementia一词对应的中文是什么,但是从上下文明确知道,该词一定是一种常见的老年病。于是,在翻译时,就直接保留了原词,没有翻译dementia。没想到译员话音刚落,中方就有代表说,是"老年痴呆"。译员此时又顺势接了一句:"对,是老年痴呆的现象越来越多。"

案例4:"zoonotic disease"跟动物园有关系吗?

译员一次为世界卫生组织召开的有关One Health(全健康)的会议提供同传服务,世卫组织专家在讲话中提到zoonotic disease这一概念,原话是：One Health is talking about the prevention and control of <u>zoonotic diseases</u>, and mostly <u>emerging zoonotic diseases</u>. 译员以前并没有碰到过zoonotic diseases这个概念，因此不确定其中译文应该是什么。于是，译员在同传时采用了等待法，将其译为"全健康指的就是<u>疾病</u>的预防和控制，特别是<u>新型疾病</u>"，暂时搁置这个概念不翻译，等待后文。专家接着讲到：It was really things like SARS, mad cow disease, Avian Influenza. We need to find more close synergies or relationships between the health of environment, animals, and people. 听到专家对这个概念进行的举例后，译员瞬间明白了它的含义，在后面的译文中就把这个概念明确地翻译了出来："比如非典、疯牛病和禽流感，我们需要搞清楚环境、动物及人类健康的互动关系，克服<u>人畜共患病</u>。"

在提供了以上几个案例后，教师让学生就案例中译员遇到的挑战及其应对方法展开分析和讨论，探讨译员所用方法之得失，并将讨论升华到译员在遇到类似场景时可能拥有的策略选项。当学生在案例分析过程中的关注点不再是一词一句，而是上升到策略层面时，可以说，学习的重点就转向了策略能力的提升，而这正是案例教学所要实现的目标。

在以上几个案例中，译员在面对生词和陌生概念挑战时采取了不同的应对策略。案例1中的译员采取的是"询问法"。"询问法"一般是指在遇到发言人使用了"生词"时，立即询问发言人，请发言人做出解释。案例2的译员则采用了"相关词"策略。所谓"相关词"是指译员在没有条件询问发言人的一些场合，特别是在译员知道生词本义，但却不知道其在目标语言中的说法时，可以采取将其译为与之意义相关联的其他词汇，如上义词的方法。案例3中的译员实际上采用的是"不翻译"策略。译员在遇到生词时，如果是自己完全不知道其意义，又不方便请发言人解释的时候，有时也可视情况选择不翻译，而保留原词的策略。这种策略尤其适合于外译中。因为参会代表多为行业内的专业人士，他们中的一些人虽然用外语交流存在一定的困难，却对一些词汇和术语的中外文都很熟悉，所以译员采取保留原词的策略，有时会有"意想不到"的效果。案例4译员采用了"等待法"。"等待法"在同声传译中比较常见。译员在同传中一旦遇到生词，不能停下来查找或询问，但可以稍做等待，或者先用相关词或上义词进行翻译，在听到发言人后续的解释或补充的细节信息后，再确定该词的意思和准确译文。

以能力培养为重点就意味着在教学过程中让学生就案例中的"难题"展开充分的讨论，思考、分析和总结有效的处理方法。在互动讨论过程中，可以有不同的观点，学生之间可以互相提醒、互相诘驳，经过小组到大组的讨论，最后形成汇聚全班智慧的讨论成果。这个过程就是学生能力增长的过程。在此过程中，教师的任务就是紧密跟踪学生的讨论进程，适时介入和引导，在学生的讨论陷入僵局时指明方向，在讨论偏离教学目的时及时拉回，在讨论囿于单一方案时给予提示。正如在以上关于"生词"的案例讨论课上，教师在做课堂总结时可以基于学生的讨论内容，指出在口译实践中应对陌生词汇或概念的多种备选策略，特别是它们的适用情境。可以说，学生在经过这样深入的案例分析和讨论后，对于遇到此类"难题"时有哪些策略选项是了然于胸的。换句话说，他们形成了今后工作中遇到"难题"时，在策略层面思考问题，并根据具体情境主动采取适合策略的能力。

六、教学内容和形式的多样性

口译案例教学的内容和教学形式都是多样化的。这其实是由口译职业实践的丰富性决定的。在教学形式上，可以采取现场案例观摩、书面/多媒体案例分析、情景模拟/角色扮演等诸多形式，而教学内容更是可以涉及译前、译中和译后的方方面面。口译职业实践是在多种场景中展开的，不同场景会出现类似问题，也会有特殊问题，在教学中适当地纳入这些问题和挑战，让学生提前感受真实职场氛围，预演临场决策过程，有助于提高学生对各种场景中口译要求的适应能力。

传统的口译教学大多关注的是"译中"问题，也就是译员在从事口译的现场过程中所面临的挑战。因此，教学重点也自然放在了通过大量的语篇口译训练，使学生掌握口译技能。然而，在口译实务中，仅掌握译中难题的应对能力是远远不够的，因为口译员在"译前"和"译后"的表现也是决定工作效果的关键因素。

举个简单例子，译员的着装问题看起来是一个非常简单的话题。缺少实际工作经验的译员会觉得只要每场会议都穿正装就可以了。但其实，译员的着装问题会以各种形式体现，有时会让译员"措手不及"。我们在进行以"译员着装礼仪"为主题的案例教学中，就使用过一个有趣的案例。案例中的译员去为一家体育用品公司内部会议服务，他按照平时习惯穿上正装、皮鞋，可是等他到了现场才发现，所有参会代表都穿着本公司的休闲装和运动鞋，他自己的着装非常不合时宜，导致现场代表投来异样的目光。这个案例充分说明了译员在译前准备中主动与客户沟通，了解着装要求的重要性。

同样，译员完成了现场口译任务并不代表他的工作就结束了，在会后如何反思自己在口译活动过程中的得失，如何完善特定领域的术语表，如何与客户保持良好关系，这些问题都可以用来自实践的真实案例来呈现。由此可见，案例教学的内容从纵向看覆盖了译前、译中和译后，从横向看包含译员与客户、发言人、听众、现场技术人员等之间的关系，可以说是非常丰富的。

案例教学内容的多样性还可表现在，案例本身的内容既可以是正面的经验，也应该有反面的教训，而且往往分析译员失败的教训会给学生留下比成功经验更深刻的印象。尤其会令学生印象深刻的是当失败的案例直接来自他们心目中的"权威"——教师本人的亲身经历。我们在教学过程中使用过的一个失败案例正是来自任课教师本人。

案例 5：看再多资料不如睡个好觉？

译员有一次经翻译公司介绍随一家国际机构拜访国家发改委，谈一个能源合作项目。直到工作开始前的晚上，翻译公司才一股脑发过来几十页跟项目有关的英文资料。当时已经是晚上八点多钟了，译员想第二天还要做口译，不休息好的话，可能精力不足。结果就没仔细看这些资料，而只是大致地浏览了一下，想着第二天的见面也就是个把小时，应该也不会谈的很深，可能只是礼节性的拜会罢了。不是有那么句话嘛，"看再多资料不如睡个好觉!"

结果,第二天到了工作现场,双方寒暄几句之后立即进入了正题,谈起项目实施中的一些具体技术细节问题,译员坐在两名讲话人的中间,只听到一些地名,一些专有名词,而对讲话的内容几乎完全摸不着头脑。正在万分尴尬之际,国家发改委的女处长看译员在苦苦挣扎,就干脆自己直接用英文跟外方交流了。双方交流得很顺畅。译员当时就被撇在了一旁,满脸通红,恨不得有个地缝钻进去,仅仅是一个小时的会谈,对译员来说却像是一个世纪那样漫长。活动结束后,翻译公司打来电话,表示客户对翻译服务不满意,要扣工资。最后,这次工作是以翻译费减半而告终。

在这个案例中,教师毫不掩饰地将自己在一次口译实践工作中由于译前准备不足导致现场表现不佳,最后受到差评,而且工资被减半的经历编成案例提供给学生进行分析和讨论。因为是教师本人的经历,在教学过程中,教师提供了更多的背景信息,包括本人在译前准备时的心理活动,在现场工作中由于表现不佳而导致中方代表直接用英文与外方沟通时的窘迫心态,还有在译后受到雇主方责备以及被扣工资时的沮丧心情,以及这件事对他后来的口译职业生涯及对口译工作的态度产生了何种影响,凡此种种。对学生来说,相比于从成功案例中汲取译前准备的经验,这个反面案例既满足了他们对教师职业经历的好奇心,更让他们形成今后自己一定要避免这种窘境出现的强烈意识。

基于不同的教学目标和教学内容,案例教学的形式也是多样的。在口译案例教学中,既可以采用经典的案例教学方式,即由学生先做分组讨论,再做大班汇报的方式,也可以采取其他创新性的方式,比如,在教师组织下就案例中译员的行为选择展开辩论,又如,由学生根据事先编写的脚本,进行角色扮演,再现案例中的情境,使其能做到"身临其境"和"换位思考"。在有条件的情况下,教师还可以在征得会议组织方同意后,让学生到口译现场观摩自己或同事的口译表现,回到课堂后再进行复盘分析。这样的方式也会受到学生的欢迎。

总之,案例教学的内容和形式都是非常丰富的,在口译案例教学中,教师可以根据教学目标和教学对象的特点,采取创新性的形式,通过丰富的案例内容，使学生在观察、练习、思考和讨论的过程中不断提升职业能力。

第二节　口译案例教学的基本流程

在探讨了口译案例教学的几条重要原则后，我们将聚焦于在口译课堂上开展案例教学的基本流程。首先需要说明的是，这里所提供的只是借鉴案例教学法的一般模式而构建的口译案例教学流程，在具体教学实践中，教师还应根据具体情况做调整。而且该流程不涉及具体教学内容，在教学内容方面还需要教师精心设计，充分准备，以实现更好的教学效果。

我们之所以要讨论口译案例教学的基本流程问题，是因为案例教学虽然是一种开放性很强的教学形式，在教学中教师也享有较大的自由度，但是，这并不意味着教师可以随意组织课堂教学。特别是对于那些没有过在口译课堂中实施案例教学经验的教师来说，一套规范的案例教学流程可以为他们提供教学中的"脚手架"，他们可以按照流程组织教学，将关注的重点放在教学内容的准备和教学形式的创新上。

在其他专业人才培养领域长期的教学实践中，已经逐步形成了较为成熟、有效的案例教学组织框架和流程。我们可以在口译教学中借鉴并根据口译教学的具体特点加以改造。

口译案例教学的基本流程与主流的案例教学模式是类似的，都可以分为三个主要环节，即课前准备、课堂实施和课后评估。这三个环节是环环相扣，相辅相成的。课前准备是有效的课堂实施的前提，课堂实施是课后评估的对象，课后评估则是为了提高课前准备和课堂实施的质量。根据不同的教学内容和所采用的具体教学方法，这三个环节中的具体内容会有一些差异。我们设计了以下的教学流程模型图，我们将据此进行讨论。

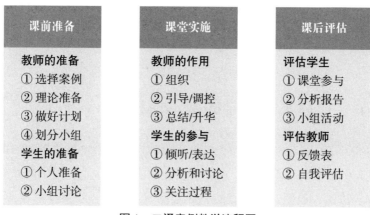

图 1　口译案例教学流程图

一、课前准备

口译案例教学中的课前、课中和课后等三环节是一个有机整体，课前准备环节决定着课堂教学的质量。如果缺少充分的课前准备，口译案例教学可能就会徒有其名，与传统的口译教学模式没有什么区别。这里，我们从教师准备和学生准备两方面来分别探讨。

（一）教师的课前准备

案例教学对口译教师的要求不是降低了，而是提高了。这也就意味着教师在课前准备时需要付出更多精力和时间。教师在课前准备环节所要进行的主要工作包括：选择用于教学的案例、做好案例研究和理论准备、制定教学计划和将学生划分为小组。这些工作需要花费较多时间和精力。

1. 选择案例

选择用于教学的案例时需要考虑多个维度，主要包括教学目标、案例难度及适用性和教学对象特点等。

口译技能教学的目标是有效提升学生的专项技能，因此，在口译技能教学时，案例可以就是用于专项技能训练的发言语篇。教师在选择案例语篇时一定要确保该语篇能够准确地反映专项技能训练的需求。例如，如果本次课的教学目标是训练交替传译中脑记和笔记的协调能力，那么所选材料就应该包含对学生脑记和笔记协调产生挑战的内容。这样才能使学生通过练习和分析,理解脑记和笔记协调的要求,进而形成脑记和笔记协调的口译能力。例如,在我们的教学中就采用了观察和对比资深译员笔记的方式,强化学生对如何协调脑记和笔记的理解。

案例:美国前驻华大使骆家辉在北大东西方研究中心的演讲(节选)

Much of the history of the 21st Century will be written in the Asia Pacific region. That's why conferences such as this, focused on community building and leadership in Asia Pacific, are so important.

The research you present and the discussions you have over the coming days will contribute to our understanding of the common challenges that we face in the region. From education to the environment to good governance you will help us develop common solutions.

In the last several decades the Asia Pacific region has emerged as a key driver of international economics and politics, and it's no surprise this region is known for its dynamism, its creativity and its diversity.

资深译员笔记:

这个案例的好处在于提供了资深译员的交传笔记，学生可以将自己的笔记和有经验的译员笔记进行比较、分析，具体观察在资深译员的笔记中，哪些信息记录了，哪些没有记录，并通过对比，找到在脑记与笔记协调方面同资深译员之间的差距和改进路径。在传统教学模式中，通常由学生记笔记，教师对笔记做出点评，教师的反馈虽然有助于学生改进笔记，但留给学生自身思考的空间不多，留下的印象不够深刻。而通过让学生对比自己与资深译员的笔记，并对自身的差距开展思考和讨论，显然更有利于加深学生对通过脑记与笔记协调提高交传笔记效率和传译效果的理解。

口译职业伦理教学的目标是让学生通过案例中译员在职业实践中所面临的挑战或"难题"，分析和讨论可能的应对方案，从而形成应对"两难困境"的能力。例如，我们在进行以"口译职业的风险防范"为主题的教学时，教师在课前就根据互联网对驻伊美军译员艰难处境的一篇报道编制了如下案例：

案例："桥梁"还是"叛徒"？

伊拉克人哈里德·阿哈迈德曾为驻伊拉克美军担任口译员的就是典型的例子。作为驻伊美军的一名陆军上校的译员，阿哈迈德不论是在工作时，还是工作后，时刻都面临着生命危险。因为仅在摩苏尔，至少有四名他的同行，包括为这名美陆军上校服务的前任译员，都由于为驻伊美军工作而被暗杀。工作时，他经常蜷缩在美军的装甲车里，车里很热，但他脸上始终戴着一副厚厚的面具，只露出两只眼睛，还用黑黑的大墨镜遮着。他很不愿意这样，但没有办法，他不能让别人知道他是伊拉克人，而且还在美军中做翻译。他知道，只有这样，他才能保住自己的命。

和数百名为美军服务的伊拉克译员一样，阿哈迈德过着一种万分痛苦的生活。他们被伊拉克同胞嘲笑、辱骂，还常常收到死亡威胁。不仅如此，在美军里，他也常常被那些美军士兵虐待，遭到他们的种种怀疑。自从2003年4月，驻伊美军占领摩苏尔之后，阿哈迈德就开始为美军工作。一开始，绝大多数伊拉克人还是欢迎美军到来的。这时候，阿哈迈德他们这些译员的工作也还不错。但是后来伊拉克人开始憎恨美军，而阿哈迈德也从原先的高兴,转为每天都得为自己的性命担忧。然而,尽管这份工作是那么痛苦和尴尬,阿哈迈德所从事的翻译工作却十分重要,特别是在美军不断加强与伊拉克军队的联合行动,支持伊拉克新政府稳定伊境内动荡局势的时候。"有时候,我感到非常孤独,这时我不禁会痛哭。"阿哈迈德说道。

在这个案例中,伊拉克译员阿哈迈德的遭遇说明,译员的工作有时会让译员自身陷入两难困境。虽然阿哈迈德的口译工作是必不可少的,但他无奈地夹在美军和憎恨美军的伊拉克人民之间,所以即便他在担任译员时严格遵从不偏不倚的"中立"原则,他仍被自己的同胞视为"叛徒",在美伊双方的冲突关系中被无辜累及。虽然案例中译员的遭遇可能不会是学生今后所要经历或面对的,但是,类似的两难困境却可能在他们的职业生涯中出现,因为在口译事件中,当事双方的矛盾和冲突,最后体现为将译员当作"替罪羊"的情况并不罕见。

教师在就这个案例进行的讨论中可以引导学生思考更加一般性的"译员角色"问题,即在一场口译事件中,译员的角色是单一的还是多元的?译员对自身角色自我认知和服务对象对译员角色的认知有何区别?在学生理解到译员角色绝非一个黑白分明的问题时,教师又可以进一步引导学生思考译员角色内在的矛盾,也即译员作为一个横跨在两种文化之间的角色,在历史上经常遭到质疑和指责,这背后其实是广泛存在的人们对于异文化的"他者"的天然恐惧心理。如果说译员常常被迫"背锅",那么这口"锅"就是两种文化之间信任的缺乏。由此可见,从一个好的案例中可以引申出更多有价值的理论问题,这些都需要教师在准备案例时就做好研究,以便在教学时对学生做出适当引导,最终顺利达成教学目标。

除了满足案例教学的目标以外,教师在准备案例时还应注意案例的难度和适用性问题,这个问题可以和教学对象的特点结合起来考虑。在口译技能教学中,对特定教学对象来说,如果材料难度过大,或者过于简单,都有可能达不到预期的教学效果。以上述脑记和笔记协调教学为例,这项技能的训练一般是在交替传译学习的入门阶段。在此阶段的学生对正常语速的原语语篇的驾驭能力尚且有限,如果此时选用的材料是高语速演讲,则学生完全没有办法进行有效的笔记记录,更不用说去体会脑记和笔记的协调了。同理，如果材料过于简单，学生在脑记和笔记之间的协调没有受到任何挑战，这样也很难让他们产生思考和解决这个问题的动力。因此，我们所选案例通常是在学生能力范围之内，但又会在特定方面造成一定挑战的材料。

另外，我们在教学中也发现，同样的语篇在用于不同水平或不同背景的教学对象时，产生的效果是不一样的。例如，我们在进行特定口译技能训练时，如果所选择的案例语篇是口音比较浓厚的，就可能会出现以下情况：一些学生可能已经接受过某种特定口音的训练，因此口音不会对他们造成任何障碍，他们可以将精力集中在理解原文意义方面；而另外一批学生可能完全不熟悉这种口音，他们可能完全听不懂讲话人所说的话，更不用说理解讲话内容了。对于后一批学生来说，他们所要解决的首要问题就是口音问题，而我们希望进行的口译技能训练可能就达不到预期目标。由此可见，在选择案例语篇时，我们应充分考虑教学对象的特点、所处阶段和主要问题，采用符合他们实际水平和需求的材料。

在职业伦理教育中，同样有案例的难度和适应性问题。如前所述，有过口译经验的学生和完全没有口译经验的学生在分析案例时，思考问题的角度可能会有差异。有经验的学生能结合自己的实际经历洞察到案例背后隐含的各种复杂因素，而缺乏实际经验的学生在讨论时往往停留在就事论事的层面。因此，在针对缺乏口译经验的学生进行案例教学时，可以先准备问题比较明显，需要考虑的因素也相对单纯的案例。而对有一定经验的学生，则可以选用案例问题比较复杂，涉及因素比较多元的案例。

总之，教师在选择和准备案例时，一定要考虑教学对象的特点，选择那些紧扣教学目标，便于学生理解的案例，以期达到更好的教学效果。

2. 理论准备

教师在进行案例教学前的一项重要工作就是做好案例研究和相关的理论准备。在口译技能教学中，教师需要对案例语篇中所涉的语言、知识和技能点进行全面和深入的研究，同时要对相关的理论问题做好准备。例如在进行同声传译的"分神"能力训练时，教师应对有关同传中多任务处理模式的理论解释工具，如法国学者丹尼尔·吉尔（Daniel Gile）的"同传认知负荷模型"等，预先深入了解。吉尔提出的"认知负荷模型"（The Effort Model），其源头是信息论中的信息传播模式。吉尔认为，作为信息传播通道的译员，其认知资源在同传过程中的任何特定时间段都是有限的，译员必须将有限的精力分配给多个同时进行的认知任务，如聆听、分析、转换、表达、协调等，也就是所谓的"分神"。因此，一旦演讲原文中出现"问题诱因"（problem triggers），就经常会导致错译、漏译等翻译质量下降的现象。吉尔的理论较好地解释了同传之所以难的问题。如果教师对吉尔的模型有较深刻的理解，就能在课堂教学过程中敏锐而准确地抓住学生练习表现和分析讨论中的问题，并给予有效反馈。

在口译职业伦理教育中，可能涉及的理论问题更多，也更复杂。因此，教师有必要对相关理论问题做较深入的探研。比如，在有关译员"忠实性"问题的教学中，译员所面对的"两难困境"背后往往是伦理学中的两大重要思想流派"道义论"和"功利论"之间的观点差异。因而教师应对这两种思想流派的基本观点及其在职业伦理学中的具体体现都应有较深刻的理解。唯其如此，才能在教学中帮助学生从具体的案例事件中跳脱出来，上升到理论研讨的层面，从而能在面对职业中的"两难困境"时有更多的理论资源支持其做出更加明智的决定。

3. 教学计划

无论是口译技能还是职业伦理教学，教师都应在课前准备时根据特定的教学目标制定课堂教学的实施计划，明确课堂教学的具体方法和步骤。教学计划应回答的问题至少有以下几点：课堂的讨论形式如何？需要学生聚焦的问题是什么？每一个教学步骤的时间安排怎样？这些问题，都需要在课前就做好计划。

4. 划分小组

案例教学的重要特点之一就是以学习小组的形式展开讨论。因为在小组讨论中，所有参与者都可以得到表达、沟通和思维能力的锻炼。作为教师，在划分小组时，应考虑以下几个问题：一是规模。口译教学中的学习小组规模一般不大，3至5人较好。二是互补性。分组时应考虑组员之间的互补性，例如，在口译技能训练时，汉外方向较强的学生可以搭配外汉方向较好的学生，特别是在有以外语为母语的留学生时，建议让留学生跟中国学生配组，发挥各自优势，增强学习效果。又如，在口译职业伦理教学中，将有一定口译经验和没有口译经验的学生的配组，可以提高小组讨论的质量。特别需要提醒的是，根据我们教学的经验，同一班级的学生性格是不一样的，有些发言踊跃，表现积极，有些则沉默寡言，参与性不强，教师在对学生进行分组时，应注意将爱说话和不爱说话的学生配组，避免出现讨论时大家抢话，或者都一言不发的局面，同时也利用不同性格之间的互补性促成充分的交流。

（二）学生的课前准备

光凭教师的课前准备，是不足以保证案例教学质量的。学生的课前准备也是高质量案例教学的必要前提。如前所述，在案例教学模式中，学生是课堂的主角，他们的课前准备质量对课堂讨论的质量有重大的影响。我们在实施案例教学的过程中发现，凡是学生进行了充分的课前准备，或者具备了相关经历，对案例的分析和讨论就会比较热烈和深入。如果学生对案例所涉内容和相关理论概念缺乏一定了解，课堂讨论开展起来就比较困难，可能又会变成教师拼命讲，学生却没有兴趣听的局面。学生的课前准备主要可分为个人准备和小组讨论这两种形式。

1. 个人准备

通常，在口译技能教学中，教师会在课前向学生提供与课堂练习材料相关的一些背景资料，如会议日程、相关网站等。学生在课前准备阶段就可以根据背景信息查找资料。一般来说，学生小组会就课前准备工作进行分工，小组成员每人负责准备一个方面的内容，再在小组讨论中分享和整合个人准备的内容。例如，在一次使用美国律师协会前主席 William Hubbard 的演讲作为练习材料的交传课之前，教师向学生提供了相关会议的日程，并告知学生演讲人的姓名和头衔。学生小组在进行课前准备时，就进行了分工，通过各种渠道，搜索到较多的背景信息。三名小组成员分别就会议召开的背景和演讲人背景、美国律师协会官网有关中国的内容和演讲中可能涉及的法律术语进行了准备。从准备内容来看，学生的课前准备工作做得比较充分，既有对会议背景和发言人及其机构的文字介绍信息，也有发言人在其他场合讲话的视频链接可以用来熟悉发言人的讲话风格和口音，还有根据互联网上的相关信息制作的专业术语表。这些无疑为课堂练习打下了良好基础。此外，小组采取的分工方式，既节约了每个组员的精力，同时又保障了准备工作的全面性。

第五章 · MTI 口译案例教学的原则和流程

一、会议背景

会议相关报道（人民网）：

2014年9月4日-5日，由《财经》杂志携手中国国际法律文化交流中心联合主办的第一届"法律与经济：中美法律高峰论坛"在北京召开。论坛将法律和经济的联系作为主题，邀请美国法律界权威的中国工商企业界解读海外法律规则，帮助中国企业更好地走出去，科学防范海外投资风险。

论坛主席、中国国际法律文化交流中心理事长王迎军在开幕式发言时指出，企业与国际接轨首要突破法律文化瓶颈。

随着全球经济深度融合，各国经济交往越来越密切，中国企业也开始进入海外投资、资本输出、全球经营的新阶段，企业遭遇的法律风险成为一个重大现实课题。特别是由于不同国家、不同制度、不同文化之间的历史文化背景、社会法律传统的差异，企业面对陌生制度规则时不免理解隔膜和思维不适，构成或忽视法律程序会有很高代价。近期有些海外司法事件成为一时舆论热点，从制度到操作层面，对两国政策导向和投资决策氛围不无影响。

新兴的中国企业走出去，需要突破法律文化瓶颈，以更好地维护自身权益、实现自身发展。"法律与经济：中美法律高峰论坛"上，中国国际法律文化交流中心理事长王迎军律师主持解析了十年来中美最具影响商业法务案例，总结提出中国企业走出去过程中遭遇过很多法律风险方面的案例，除了一定的政治因素以外，更多的是不了解所投资国的法律和文化，不懂得与所投资国官方和相关社会组织有效沟通，可能使了解对方的法律和文化，尽量用对方接受的方式沟通，可以有效缩小这种差异，防范类似风险，杜绝不必要的损失。

David O. Carter法官、香港国际仲裁中心郑若骅主席、美国十大诉讼律师之一的Andrew J. Levander、长期关注企业海外反腐败法的Derek Adler律师等借鉴司法案例和法庭判例从各自角度提供了意见，深度剖析了经典事件中背后与根源，同样的法律在适用时熟练适用当地法律是依法保障自身权益的前提，只有基于现行的法律，彻底了解纠纷的解决方法，才能懂得如何减少或避免纠纷，两国间的经济交往才能持久繁荣。

深入了解中外不同的法律和文化，做到既从商业又从法律的角度分析现实中的经济和法律问题，这是企业应对法律风险的基本路径。中资企业走出去投资购并、海外上市、跨国经营涉及当地的市场准入、资本购并、金融财务、知识产权、贸易、劳工、环境等一系列法规。为此，"法律与经济：中美法律高峰论坛"专门设立四场场专题讨论，精确聚焦于房地产资源、企业购并、金融财务和知识产权保护这四大业务领域。资深律师和企业资深法务人员互对话，沟通专业法律议题，具体帮助解决中国企业在走出去的过程中遇到的法律、文化方面的问题，提高专门领域的法律意识和法律思维，普及实用的法律规则手段。

第一届"法律与经济：中美法律高峰论坛"的顺利闭幕为中外法律界工商界的交流开启了一个新的领域。据了解，论坛今后将定期举行，为中外法律文化交流和公司法交流打造长期交流平台，为中国国际化经营继续提供智力支持。

美国律师协会（American Bar Association）：

美国律师协会，是指美国律师的全国性组织，始建于1878年，其创立宗旨在于推动法律科学、提高律师素质、完善司法管理、促进立法与裁判的统一性并加强其成员间的社会交流。其为律师的自愿性组织，任何工作出色的律师均可加入该协会。该协会下设许多分部，各分部分别负责一个法律领域或法律事务的一个分支。该协会尤其关注促进律师职业行为的准则及提高法学教育的水平、支持有助于完善司法管理和实现立法的统一的措施而著称于世。协会定期出版《美国律师协会月刊》及年鉴。

The American Bar Association, founded August 21, 1878, is a voluntary bar association of lawyers and law students, which is not specific to any jurisdiction in the United States. The ABA's most important stated activities are the setting of academic standards for law schools, and the formulation of model ethical codes related to the legal profession. As of fiscal year 2017, the ABA had 194,000 dues-paying members, constituting approximately 14.4% of U.S. attorneys. In 1979, half of all lawyers in the U.S. were members of the ABA. The organization's national headquarters are in Chicago, Illinois; it also maintains a significant branch office in Washington, D.C.

二、讲者介绍

1. 履历

威廉 C 哈伯德（William C. Hubbard）是美国律师。他是 Nelson Mullins Riley & Scarborough LLP 律师事务所的合伙人，该事务所位于南卡罗来纳州哥伦比亚市。哈伯德在2014-15年度担任美国律师协会（American Bar Association, ABA）主席，致力于通过创新来增加诉诸司法的机会，改革刑事司法制度，为无人照顾的移民儿童提供法律援助，改善对家庭暴力受害者的支持，并在全球范围内加强法治。哈伯德自2020年8月1日起被任命为南卡罗来纳大学法学院院长。

哈伯德在南卡罗来纳大学获得了文学学士学位和法学博士学位。他曾担任 ABA 众议院主席（2008-10）两年。哈伯德是世界司法项目（World Justice Project）董事会主席，该项目是一项旨在加强全球法治的跨国多学科计划。哈伯德也是美国法律协会（the American Law Institute）理事会、美国审判律师学院和美国审判律师委员会的会员。自1986年以来，他一直担任南卡罗来纳大学的董事会成员，在1996年至2000年还担任过董事会主席。

2002年，哈伯德获得南卡罗来纳州州长颁发的最高平民奖"棕榈勋章"。2010年，他获得了南卡罗来纳大学的最高荣誉，名誉法学博士。

2. 口音：美国口音，语速中等偏快

3. 发言音频：https://www.youtube.com/watch?v=_Z0r_S8S7tw

英文	中文
China – U.S. Legal Forum	中美法律高峰论坛
China International Legal Affairs & Culture Exchange Center	中国国际法律文化交流中心
American Bar Association=ABA	美国律师协会
American Law Institute	美国法律协会
Jimmy Carter	吉米·卡特（美国第39任总统）
United States federal judge	美国联邦法官
supreme court	（美国）最高法院
American Chamber of Commerce in China	中国美国商会
The Supreme People's Court of PRC	中国最高人民法院
All China Lawyers Association	中华全国律师协会
World Justice Project	世界正义工程
Sherman Act	谢尔曼反托拉斯法
Foreign Corrupt Practices Act	境外腐败行为法
attorney-client privilege	律师与客户间的秘密特权
Civil Rights Act	民权法案
clerk	书记员
conviction	定罪
correction	改造
even-handedness	公正性
eviction notice	驱逐令
felony drug possession	涉毒
habitual offender	惯犯
incarcerate/incarceration	监禁
inmate	囚犯
JD=Jurum Doctor	法学博士
judicial sentencing	司法判决
justice system	司法系统
law enforcement	执法
litigation	诉讼
probation	缓刑
racial disparity	种族差异
recidivism	再犯，累犯
legal profession	法律职业
legal education	法律教育
rule of law	法治
ethics codes	道德准则

在口译职业伦理教学中，学生的个人准备主要是对案例所涉相关背景信息和理论知识的准备，也可以包括对案例的预分析。例如，在进行"保密"原则教学时，教师可以向学生提供的课前阅读材料中就可以包括AIIC（国际会议口译员协会）的《职业道德准则》（*Code of Professional Ethics*）、中国翻译协会的《译员道德准则与行为规范》等文件，请学生提前阅读并了解其中关于保密问题的相关内容。

同时还可以让学生阅读媒体关于英国译员 Katharine Gun 经历的报道，观看根据她的经历改编的电影。Katharine 虽然是一名笔译员，但她在"保密"问题方面的经历却是一个非常典型的案例，而且她的遭遇同样可能发生在口译员的身上。Katharine 是英国国家通信情报局译员。2003 年，伊拉克战争前夕，她在工作过程中注意到一封标注着"绝密"的邮件，其内容有关美国国家安全局要求英国窃听联合国安理会成员国家对伊拉克问题的投票意向。Katharine 对美国这种行为感到不齿，她将这封邮件透露给了媒体，试图阻止美英发动伊拉克战争。结果她因泄密而被拘捕，2004 年被释放。她的经历引起了很大轰动，被媒体广泛报道，2008 年被改编为纪实文学作品《试图阻止战争的间谍》（*The Spy Who Tried to Stop a War*），2019 年又被拍成电影《官方机密》（*Official Secrets*）。Katharine 的身份是英国情报部门译员，从职业道德规范视角来看，她的行为的确构成了泄密，但正如她自己所解释的那样，她认为美英企图发动侵略战争的行为违背了她的人生价值观。在这个案例中，在职业原则与译员个人价值观发生冲突时，译员最终选择了后者，这恰恰体现了译员在实际工作中面对的复杂的两难问题。

如果学生在课前对这个案例进行了充分的分析和思考，就会了解到"保密"问题在职业实践中不是像想象中的那样泾渭分明，而是具有相当的复杂性，可能会受到各种因素影响。那么在课堂上再分析口译案例时，学生就会更多地考虑到案例所涉及的复杂因素，讨论会更加深入。

2. 小组讨论

学生在课前进行了个人准备后，有时还需要在小组范围内进行课前研讨。如果教学内容是口译技能，小组研讨的主要内容就应围绕技能和主题知识两方面展开。例如，如果课堂训练的主要技能是"数字口译"，相关领域是"中美能源结构",那么小组研讨时就可以围绕数字口译中的难点及应对方法,以及"中美能源结构"的相关背景信息展开讨论,分享策略和领域知识。若是职业伦理教学,则研讨重点应为对相关理论框架和背景信息,以及案例预分析结果的分享。

需要指出的是,小组讨论应该是建立在个人准备的基础上,只有小组成员都进行了充分准备,讨论才能顺利展开。在传统教学模式下,课前准备一般没有小组讨论环节。教师在告知学生与课堂教学主题相关的信息后,由学生个人自行准备。但是,这种形式的个人准备是较难进行效果评估的。有的学生可能会因为缺乏监督机制而不做任何准备。而在强调人人参与的案例教学模式下,通过小组讨论的方式,要求每个小组成员都要发言和分享自己所查找的相关资料,这实际上起到了对个人准备进行效果评估和质量监督的作用。

一般来说,通过个人准备和小组讨论,学生已经做好了在课堂上积极参与练习和讨论的准备。

二、课堂实施

课堂实施环节是案例教学特点的集中体现。在强调互动性的案例教学课堂上,师生之间、生生之间会展开多向互动,通过相互评价和交流,互相激发,共同进步。在这个环节,教师扮演着导演、主持人和催化剂的角色,通过组织、引导、调控、总结、升华等手段,激励学生充分参与,成为案例教学的主角,从案例教学中获得技能、知识、能力和思维模式方面的收益。师生合作是案例教学成功的关键因素。

(一) 课堂实施中的教师行为

案例教学是以学生为中心的教学方式,但是这并不意味着教师的作用减退了。教师角色虽然发生了变化,但其作用却丝毫没有降低。我们在前文中曾反复强调案例教学对教师的要求不是低了,而是高了。传统的口译教学模式以练习为主要方式,练习内容所涉范围和对知识广度要求一般都在教师的可控范围之内。然而在案例教学中,更强调发散式的思考和讨论,强调创新性，因此讨论过程中出现教师知识范围之外的概念、观点并不稀奇。特别是在互联网高度发达，知识传播速度极快的今天，青年学生群体了解和接受新事物的速度往往比教师更快，所以教师也要不断地更新自己的知识储备，跟上时代的变化。

口译是一门时代性很强的职业，与经济、社会的脉动息息相关，口译任务的内容更是与时俱进。教师必须紧跟时事，了解最新动态，这样才能不仅融入学生的讨论中，而且能够发挥对讨论加以升华的作用。在口译案例教学的课堂实施环节，教师的作用主要体现在组织练习或讨论、引导和调控学生的讨论重点和方向，以及对学生练习表现或讨论成效的总结和升华等方面。

首先是组织学生练习或讨论。在口译技能教学中，技能训练是必不可缺的环节。所有的分析和讨论都应基于学生实际的训练表现。因此，教师在课堂上应首先组织好学生的技能训练。一般说来，有两种口译练习组织方式，一种是由教师统一宣读或播放练习素材，并对所有学生的译文进行分段录音，待小组活动时，各组可根据录音进行分段分析和讨论。另外一种方式是在小组内部组织练习，组员轮流宣读或播放练习素材，并依次进行练习和讨论。

而在职业伦理教学中，教师在课堂上首先要做的就是组织学生对案例进行小组讨论。如果学生在课前准备阶段已经对案例的背景有了一定的了解，也可能已经对案例进行了预分析，那么在课堂上教师可以采取以下形式推动学生对案例所涉问题的思考和讨论。一是提供更多的相关案例，使学生有更多材料可以展开讨论。二是补充更多细节信息，使学生能够更加深入到案例所发生的真实情境中去。第二种形式一般出现在案例是由教师本人的亲身经历编制而成的情况下。一次完整的口译经历是非常丰富的，其中包含了大量细节，但是在一个成文的案例中，不可能将所有的细节，所有的丰富性都记录和体现出来。一次口译活动前前后后发生的事件，译员在工作现场的细微心理活动，影响译员做出决策大大小小的因素，是无法逐一包括在案例正文中的。而在课堂讨论时，教师则可以通过口头分享的方式使案例更加立体化。

其次是在小组讨论过程中，教师须发挥引导和调控作用。课堂上进行小组讨论时，教师不能"袖手旁观"，而应该到各小组，聆听组员讨论的内容，观察组员的参与情况和讨论走向，随时选择恰当时机介入讨论。例如，学生在讨论译文时，有时会局限在语言层面，如关注术语翻译是否准确，译文在字面上是否忠实于原文等，此时教师可以进行适当引导，使讨论不停留在语言层面，而是上升到策略层面。

例如，一次口译课的教学主题是"中国特色语言的翻译"。教师提供了一个来自在某市外事办工作的译员的真实案例。该译员在陪同市领导会见外宾时，双方谈到了科技创新的话题。市领导用非常形象的语言介绍本市的创新策略，他说："在科技创新方面，我们要做白菜心，不要做白菜帮！"这句话具有强烈的中国特色。译员在现场翻译时也遇到了一定挑战。学生在小组讨论时，可能会有两个焦点问题，一是"白菜心"和"白菜帮"到底应该怎么翻译？二是这句话的意思究竟是什么？但教师的任务是提醒他们，讨论不要止步于这句话的翻译，而要进一步思考是否有适用于中国特色语言翻译的普遍性策略。可以由教师提供更多类似案例，或者让有口译经验的学生自己回忆以前遇到过的案例，以便让讨论从现象到本质，不断深入。

教师的介入一般可以采取提问或提供新案例的方式，比如，教师可以向小组提出供思考的问题，如"在翻译中国特色语言时，究竟要不要保留中国特色，如隐喻、文化形象等？""在什么情况下应该保留，什么情况下不需要保留文化特色？"教师也可以抓住时机引入新案例，激发讨论兴趣，同时也拓宽讨论视野。例如，教师可以向小组介绍华为的案例。2019 年 1 月，华为掌门人任正非在一次内部讲话中讲道："向谷歌军团学习，扑上去，杀出一条血路""坚定不移地和终端做技术合作，勇猛冲锋，杀出一条血路来"等。他的话在美国《华尔街日报》中被译为：Surge forward, killing as you go, to blaze us a trail of blood. 此话在经其他媒体转载后，火药味变得更加浓重，甚至在《泰晤士报》网站上直接被演绎为：Huawei's founder declares "war" on West. 媒体的渲染和炒作背后显然有超越翻译本身的其他因素。但是，这个例子却很好地说明了翻译中国特色语言时可能出现的问题。"杀出一条血路（来）"是中文里的一句常用语，用以表示从困境中找到一条出路的决心。"血路"作为一个常用隐喻，对中文读者或听众来说几乎不会引起血淋淋的联想。但是，一旦该隐喻的意象被直接嫁接到另一种语言和文化中，又不加以解释时，就有可能带来负面理解。通过对这个案例的分析与讨论，教师要让学生理解中国特色语言的翻译并不简单，在考虑翻译策略时，不能仅从字面出发，而是要考虑文化差异、意识形态等多种影响因素。如果再将视野扩大一点，不难发现，军事和战斗隐喻在中文讲话中频繁出现，但多数情况下已跟实际的军事或战争行为没有关系，而只是作为惯用语保留了下来，例如，"战斗力"一词，经常出现在政府官员或企业领袖的讲话中，他们在谈到队伍建设或团队建设时经常会提到"加强战斗力"，那么译员是否要把"战斗"这个隐喻翻译出来，译为 energy to fight，还是采取意译的方法，如译为 effective 呢？这就需要根据发言的上下文背景，充分考虑发言人所针对的对象做出决定了。

在案例的背后其实还隐藏着一些更加宏观的问题，例如，在"中国文化走出去"过程中，究竟哪些翻译策略是有效的？翻译在中国形象的国际传播中扮演什么角色？等等。当然，在小组讨论阶段，将讨论主题升华到何种程度可以由教师来决定。有关"中国文化走出去"或"中国的国际形象"这样的宏观话题，也可以放在大组讨论时作为引申讨论的话题。

在小组讨论阶段，教师还要注意观察各个学生的表现。如前所述，学生的性格是不一样的，有些喜欢发言，有些比较害羞，小组讨论时就有可能出现少数学生一直说，而部分学生只听不说的情况。所以，教师的引导和调控作用还体现在，一旦发现有组员不愿发言，应及时鼓励其发言。案例教学强调人人参与，不仅要展示个人风采，还要学会团队协作，因此团队中如果只有部分人积极表达观点，最后的讨论结果就很难说是有充分代表性的，而且那些没有积极参与的组员就得不到有效锻炼。

此外，教师在聆听小组讨论时，若发现讨论的走向偏离了教学主题，亦应以适当方式将其拉回正轨。小组讨论阶段是自由讨论，有些组员的思维可能过于发散，小组讨论的方向走偏，此时教师应适时介入，提醒大家回到正题上来。值得注意的是，有时小组讨论偏离方向的原因可能是小组成员感觉到案例中的问题已经讨论得差不多了，对相关问题的兴趣也降低了。此时，教师可以采取上述的提问或提供新案例的方式让小组讨论回到正轨。

教师在小组讨论过程中还需发挥计时员的功能。因为各组的讨论进度可能不一样。由于讨论深度或速度的差异，各组讨论的进度可能有差异，教师有必要实时提醒各组安排好时间，在讨论中覆盖所有内容，以确保在大组汇报时所有学生都在同一层面上。

最后，教师还有一个重要职责，就是在大组汇报阶段，对学生的练习表现和讨论成效做出评价，并基于学生的小组讨论情况，对本次课的教学重点进行总结和升华。这个阶段既是对教师水平的考验，也是对教师在课堂上是否密切关注学生的练习和讨论过程的检验。教师一定要注意评价和总结升华的针对性。教师的评价应聚焦于本次课堂教学的重点，而在总结和升华部分则应根据学生的讨论内容进行提炼聚焦，并对相关的技能或理论要点进行高屋建瓴的讲解，确保学生能从更广阔的视角看待练习或案例中的问题，而不停留在"就事论事"层面。

（二）课堂实施中的学生行为

案例教学以学生为中心，学生参与是案例教学实现教学目标的决定性前提。我们认为，学生在课堂上应着重锻炼倾听/表达能力，积极参与分析和讨论，关注学习过程中自身的成长和提高。

首先是锻炼倾听/表达能力。在案例教学的课堂上，学生是主角，在案例分析和讨论中，学生应积极发言，勇于表达。在传统教学模式下，学生更多的是倾听教师讲解，教师表达能力强，课堂气氛就好，对学生的吸引力就大。但学生自身的表达能力得到的锻炼不多。尤其是以"口译练习+教师反馈"为主的教学模式，有时甚至会出现整个学期下来教师都叫不全所有学生名字的情况。一个重要原因正是学生缺少在课堂上表达和展现自己的机会。在这种教学模式下，学生也养成了不愿主动发言的习惯，被动地等待教师点名发言。

但是，口译是一份非常需要良好表达能力的工作，口译工作的性质决定了译员必须善于在公众面前展现自己。案例教学模式给学生提供了大量表达机会，小组讨论和大组汇报阶段都有不少展现机会。学生应抓住机会，充分表达自己的观点或看法，而且要借此机会思考如何能够在表达中做到简洁明了、逻辑顺畅。即使是在进行口译语篇练习时，学生也应该将每一次课堂口译练习当作真正的职业实践，将同学、老师视为真正的现场听众，只有这样，才能尽快形成"译员意识"。所谓"译员意识"，是指职业译员在现场口译工作时对来自整个口译工作生态系统各方面信息的敏感性，例如，与听众的眼神接触、根据听众的即时反应调整译文等。在传统的口译训练模式中，学生在训练时的"译员意识"普遍不强，他们更像是一个等待教师"评判"的对象。而在案例教学模式下，学生的每一次练习都要接受来自同学或教师的反馈，这有利于"译员意识"的形成。有或没有"译员意识"，对学生在口译练习时的表达会产生影响。我们发现，学生在译文表达时的一个常见问题就是译文语调平淡，缺少"激情"，原因是他们没有把自己当作真正的译员，只是想着怎样把原文的意思说出来，而没有考虑听众的感受。但在现场工作中，如果不能有充分的"情感投入"，译文效果是不会太好的。在实施案例教学过程中，课堂互动性增强了，参与度提高了，学生的热情更容易得到激发，有助于改善译文效果，提升表达能力。

学生有了更多表达机会时，其实也意味着有更多机会锻炼自己的倾听能力。在传统教学模式中，学生的"听"往往是被动的，教师说什么，只要接受就好了，批判性思维能力得不到足够锻炼。而在案例教学模式中，学生的"听"是主动的，因为要对其他人的译文或观点提出质疑，并提出自己的个人观点或独特创见，是需要充分运用批判性思维能力的。口译学生往往会在学习了一段时间后发现自己面临一个尴尬的问题，即在口译工作模式下习惯于重述和表达他人的观点，而在表达自己观点时，反而不知如何是好，既没有独立的观点，又缺乏良好的逻辑。所以，案例教学课堂上对学生倾听/表达能力的重视，实际上是有利于学生保持独立思考和自主表达逻辑能力提升的。

其次是积极参与分析和讨论。在口译技能教学中，案例分析和讨论一般是基于学生的现场口译表现展开的。对译文的分析和讨论会占据课堂活动的大部分时间，是案例教学的"重头戏"。在这个阶段，学生需要结合课前对相关技能及背景知识的准备和课堂的译文表现展开充分分析和讨论，特别是聚焦于本堂课的教学重点，探讨在口译过程中的挑战与得失。

组员之间相互评价，相互启发，作为听众的组员对作为译员的组员的口译表现做出全面评价和反馈。小组讨论的好处是每一位学生的课堂表现都能够得到有效反馈。

我们知道，口译训练一般要求小班教学，5-10人的小班教学效果会更好，主要是因为学生可以得到比较充分的教师反馈。有效的反馈是提升学生口译表现的重要基础。但目前的MTI口译教学实际是，在大多数培养项目中，小一点的班级规模在10-15人，大一点的超过20人。若以20人规模的班级为例，按照传统的口译教学模式，因为课堂时间的限制，一次课上教师只能对几名学生的表现做出反馈。一个学期下来，每位同学得到的反馈可能只有四、五次。只有得到持续有效的反馈，学生才能不断改进口译表现，提升口译能力。因此，学生通过积极参与小组讨论，在给组员反馈的同时也能收到其他组员对自己的反馈。这样在每次课上，每个学生几乎都能得到同学或教师的反馈，对于提升他们的口译表现是大有裨益的。

在职业伦理教学中，学生在课堂上应聚焦于案例，充分发挥批判性思维能力，全面分析案例中译员所面临的各种环境因素，在描述性案例中考量译员行为选择背后的决策机制，在决策型案例中思考和提供多样化的行为选项。其实，任何一次真实的口译任务，都涉及方方面面的复杂影响因素。译员在现场工作时，会遇到各种各样的挑战。学生在进行案例讨论时一定要充分调动自己对口译职业及其实践的了解，深入思考，不要停留在案例的表层，而是要挖掘出案例中的复杂因素，理解译员在现场做出决策的原因，进而从成功的案例中吸收经验，从失败的案例中汲取教训。

最后是重视讨论过程。在传统口译教学模式中，学生对教师的"权威性"依赖心理较强，总是期待教师能提供"标准答案"。而在案例教学模式中，学生须打破这种依赖心理，将关注点置于学习的过程。当然，在学生学习的起步阶段，教师可以让学生观摩一些公开的口译案例，或者向学生提供教师本人的译文。但是，这样的案例或者译文不是"标准答案"，它们一方面是学生对比自身译文，找到差距的学习对象，但另一方面也是供学生批判性分析的对象。在案例教学中，关键是分析、讨论和学习的过程，而不是最后的"标准答案"。

口译是一项灵活度较大的情境化活动。同一个词、同一句话在不同场合都有可能会有不同的译法，口译译文可以说是只有适合，没有最好。例如，"请来宾们就位"这样一句非常简单的话都不能说有"标准译文"，因为判断口译译文质量的标准必须随场合而变。因此，在翻译这句话时，学生应在教师引导下思考和讨论在不同场合下，它是不是应该有不同的译文。这样的思考是在翻译策略层面开展的，将打破学生对"标准译文"的迷信。根据场合的不同，这句话至少可以有以下两种译文：

A. Distinguished guests, you are kindly requested to take your seats.

B. Our guests, would you please find your seats and sit down?

（任小平，2000：40）

这两句译文没有对错之分，它们的区别只在于适合不同场合。第一句译文适合更加正式的场合，如国际会议的开幕仪式，而第二句译文则适合于正式程度稍低的场合，如晚宴。所以，从这两句译文中，学生得到的不仅是怎样翻译原话，而且也是根据不同情境选取适宜译文的翻译策略。

可以说，如果学生只满足于记住教师提供的"标准译文"，而忽视了译文产生的过程和需要考虑的各种因素，其口译能力的提升将是表面化的。他们可能多掌握了一些表达方法，或句式结构，但却形成不了策略思维。如果遇到"标准译文"中没有出现的情况，很可能就束手无策了。而若是学生在教师引导下，通过自己的思考和与同学的讨论，学习到应对一类问题的策略，则在遇到同类问题时，会从策略层面思考和找到解决方案。学习的发生必须是以学生亲身参与并经历决策因素分析和解决方案拟订过程为前提的。

在有关职业伦理的案例中，译员的行为往往没有对错之分，而只有适不适合特定场合之差异。因此，期待教师在最后的总结中给出"标准方案"的想法也是不符合案例教学要求的。实际上，对涉及职业伦理案例的分析和讨论过程就是一个收集信息、分析问题、拟订方案和最终决策的过程，它模拟的是职业译员在口译实战中的真实场景。但与实战不同的是，在案例教学中，学生不是一个人在做决策，而是通过和同学的讨论，并在经验丰富的教师引导下思考各种决策的可能性。这个过程让他们提前积累了临场经验，锻炼了思维能力，提高了解决口译实务中"难题"的能力，也积累了与他人协作的能力。

三、课后评估

课后评估既可以理解为口译案例教学的最后一个环节，也可以理解为开启下一次课前准备和课中实施的第一个环节。没有评估就没有改进。课后评估是为了获得关于本次案例教学效果的反馈，以便于改进下次案例教学。课后评估主要包括学生评估和教师评估两方面。

（一）对学生的评估

对学生的评估，是指对学生在口译案例教学中的表现进行评估，可具体分为教师对学生的评估和学生的自我评估。

教师对学生的评估主要基于学生在课前准备和课堂讨论中的表现进行。如果学生在课前进行了充分准备，在小组讨论和大组汇报过程中展现出良好的逻辑思维能力和表达能力，就会得到较高的评估效果。而若学生课前准备不足，对课堂讨论的参与积极性也较低，则评估结果会较差。但是，需要注意的是，教师对学生的评估不仅仅是为了给出本课程的得分，而是要以改善学生的表现为目的，因此，教师的评估应具有较强的针对性。学生的个体差异是比较大的，有时同班同学之间在业务能力和知识背景方面存在较大差距。教师的评估只有针对性较强才有说服力，才有利于学生进步。例如，在"视觉化"口译技能训练中，发现形象思维能力较差的学生，可建议他们在生活和学习过程中多训练形象思维能力。又如，对把握逻辑能力较弱的学生，可为他们建议一些有效的方法，着重训练自己的逻辑结构抓取能力。除了课程得分外，教师还可以对学生表现做出书面的具体评估，包括对学生良好表现的赞扬和对不佳表现的评价和建议。如果班级人数较多，教师可以采取每次课重点观察几名同学的方式，以保证评估的针对性和说服力。

而学生的自我评估可以通过撰写反思日志的方式进行。撰写反思日志是提高案例学习质量的有效途径。学生可以在课后，结合学习过程中教师和其他同学对自己的反馈和评价，及时对学习过程中的表现做出自我评估。

自我评估的内容既可以是思维模式的转变，如"这堂课让我了解到口译中的'听'和日常生活中的'听'是大不一样的"或"本案例使我改变了对译员'中立性'原则的看法"，也可以是具体方法层面的，如"今天我学到了采用'视觉化'方法有效记忆原文内容的技巧"或"这次案例学习告诉我译员合理介入沟通过程的方法"等。

通过教师评估和学生自我评估，既有高屋建瓴的指导，又有自觉、主动反思的机制，有利于增加学生从案例教学中获取的益处。

（二）对教师的评估

案例教学是一种启发式、开放式的教学模式，对教师的要求也提高了。其表现之一就是对教师的评估更加频繁了。对教师的评估应贯穿于整个案例教学过程。传统的教师评估一般是在学期末进行一次终结性评估，给教师评分评级。这种评估方式的功利性比较明显，并不能实现评估所期待达成的功能，有时还会产生一些负面效应，影响教师对教学的积极性。一次性的评估很难体现出教师在教学过程中付出的心血，而且有时候还可能出现一两名同学的评分拉低整体评分的现象，结果有失偏颇。在案例教学中，建议采取过程性评估方式，即在每次课后都进行一次简单评估。教师在收到评估反馈后，可以随时修正和改进下一次案例教学的方案。对教师的评估可以包括教师本人的自我评估和学生对教师的评估。

教师在自我评估时，应对自己的课前准备、课中实施和课后环节进行全面评估。评估内容包括：案例语篇的选择是否符合教学目标？案例的难度是否适合？教学计划是否得到有效的实施？在课堂练习和讨论阶段是否发挥了有效的引导和调控作用？反馈和总结是否具有较强的针对性？等等。教师在每次案例教学结束后对以上问题的自我反思和自我评估，是为了不断提升自身开展案例教学的水平。尤其是对案例教学领域的新老师来说，每一次教学后的评估都是一次反思和提高的机会。

学生对案例教学过程和效果的评估同样重要，因为从学生的视角常常能发现教师没有注意到的问题。案例教学以学生为中心，教师不能满足于顺利实施了教学计划，更要了解学生的真实感受。教师既可以让学生在课后通过书面或电子邮件方式自由分享他们对本次教学的想法，也可以设计一个评估表格，让学生根据特定的评估维度对教师表现、教学过程和教学效果做出评估。教师关心的是，精心设计的案例教学计划在实施过程中学生的真实感受是什么，学生是否从不同于传统教学模式的教学方法中真正获益，学生对教学过程有什么意见和建议。这些都是促使教师改进教学设计，提高案例教学质量的依据。例如，在对一次口译职业伦理案例教学的评估中，学生提出，如果在案例讨论中教师将学生分成正反两方开展辩论，可以提高学生的兴趣和参与热情。教师就可以根据该建议，在以后的案例教学中，适当地引入辩论环节，增加课堂教学的吸引力。当然，由于背景、水平的差异，学生的意见可能是"见仁见智"的，教师应有见微知著的能力，从学生的评估中抓住核心问题，直面案例教学中不成熟、不完善的环节，在下次课的课前、课中和课后阶段着力改进。

口译案例教学虽在流程上与其他学科基本类似，但在具体的教学内容和教学方法上必须充分结合口译教学特点，让案例教学模式更好地为口译人才培养服务。在以下章节中，将以我们的教学实践为例，展示在口译教学中实施案例教学的过程，为有志于在口译教学中应用案例教学法的广大教师提供参考与借鉴。

第六章　MTI 口译案例教学实例

在目前的 MTI 口译教学中，虽然已经有了一些采取案例教学法的探索与研究，但总体来说，案例教学法在口译教学中的应用仍处在初级阶段。传统的口译训练形式仍是大多数口译培养项目的主要教学模式。案例教学法是一种强调开放与互动的教学模式，它符合培养口译人才所需能力的要求。我们的教学实践也表明，案例教学法适用于口译教学，并且可以取得较好的教学效果。但是，口译教学方法的革新对教师、学生都提出了新的和更高要求。案例教学法虽然在其他一些学科领域已经发展的比较成熟了，但在口译教学中仍属于新鲜事物，大多数教师和学生对这种方法都还了解不够。因此，虽然觉得案例教学法有新意，但在怎样将之用于教学实践方面却存在不少困惑。

因此，我们希望将自己有意识地运用案例教学法进行的口译教学实践完整地呈现出来，为有志于将案例教学模式引入口译课堂的广大教师提供参考。我们在教学中尝试将案例教学法应用于各种课程类型，包括职业伦理、模拟会议、同声传译、交替传译、视译等，并取得了较好的教学效果。本章将围绕我们利用案例教学模式，开展口译教学的实例，对案例教学的准备、组织实施和评估等方面进行介绍，以使读者更具体地了解口译案例教学全过程，了解案例教学的一般模式怎样与实际的口译课程特点相结合。

第一节　口译工作中的"忠实性"原则[①]

"忠实性"原则是口译职业伦理教学的重点内容之一。由于口译职业规范中的"忠实性"原则与口译实践中"忠实性"的具体体现之间经常存在差距，有时甚至产生矛盾，因此在进行"忠实性"原则教学时，很适合采取案例教学法。我们进行关于"忠实性"原则的案例教学的主要目标是，通过对涉及"忠实性"问题的口译实务案例的分析和讨论，使学生理解影响口译员"忠实性"的多重复杂因素，树立基于具体情境作出适宜抉择的"多维忠实（诚）观"。

一、课前准备

1. 案例选择

案例选择是课前准备的重要环节，符合教学目标的案例是开展高质量案例教学的前提基础。"忠实性"问题在口译实务中相当复杂，会受到口译工作生态系统中各种因素的影响，译员的实际行为并不能像一些职业规范中所规定的那样整齐划一，且单一的案例也无法反映"忠实性"问题在实践中的复杂性。因此，我们在教学中，采取多个案例组合的方式，围绕口译实务中的"忠实性"问题采编了几个案例，同时呈现给学生，进行分析和讨论。每个案例都至少体现了一个工作实践中典型的"忠实性"问题，每个案例中的场景也都对现场译员提出了挑战，符合案例教学对案例中包含难题和挑战的要求。以下几个案例都来自口译员的真实工作实践经历，教师根据素材将它们编制成用于教学的案例组合。其中，案例一、二、四都来自对资深译员的访谈，案例三来自译员记述自己口译经历的书籍。我们在教学中主要采用了的是描述型案例的呈现方式，也可以根据教学对象或其他教学需要，以决策型案例形式呈现。这几个案例我们多次在教学中

[①] 本节内容主要以任文与笔者在《外语教育研究前沿》（原名为《中国外语教育》）2018 年第 2 期发表的论文《将案例法引入口译教学——以口译忠实（诚）观教学为例》为基础。

使用，效果很好。案例正文如下①：

案例一：一位美国前政府官员在国内某高校演讲。在问答环节，他很想有听众问一个有关中国南海的问题，因为他对此问题有自己的见解。于是在最后一个提问之前，他说道："It seems that you are not interested in asking a question about the South China Sea."此时译员考虑到他的意图，将此句译为："你们中间是不是没人对南海问题有兴趣？"此话一出，现场听众反应热烈，立即有不少人举手提问。

案例二：在一次东北亚地区的贸易博览会上，有英、俄、日、韩等多语种译员提供同传服务。会议开始前，主办方拿到了朝鲜代表的讲话稿，发现里面有不少抨击美国是"帝国主义侵略者"的激烈措辞。考虑到在场有不少来参会的美国商贾，主办方工作人员提前找到韩语译员，要求他们在翻译时不要出现"美帝国主义侵略者"的字眼，同时还要在译文中尽量让语气缓和一些。在接到要求后，韩语译员经过思考和商议，在现场传译时将原文中所有的"美帝国主义侵略者"全部改译为"某超级大国"，同时缓和了语气，而其他语言的译员也根据他们的译文传译给全场听众，会议现场没有出现代表抗议或争执的现象。

案例三：译员为一家专门从事白内障手术技术研发的美国公司担任口译。一次，该公司总裁给中国代表讲解技术。译员在讲座前观看了白内障手术视频，也参加了公司内部说明会。她在翻译过程中发现，专家讲课的方式对于没有看过视频或参加过说明会的听众来说很难理解。于是她在茶歇时大胆向总裁毛遂自荐，要上台用听众能懂的语言介绍。结果是，她虽然不是技术人员，但她的介绍非常符合听众需求，产生了良好的效果。

案例四：在一次交传活动时，译员被安排在会议桌距离讲话人最远的一端，在向活动组织方争取更有利位置时竟被告知译员没有资格坐在讲话人身边的位置。于是译员不顾主办方的不屑，自己拿了一把椅子端坐在讲话人的身后。一场活动下来，译员听得清楚，译得传神，不仅赢得与会代表好评，就连对他态度不好的组织方人员也来向他致谢。

---

① 案例一、二、四来自译员朱维钧和朱玉犇等人的口译实践经历。案例三改编自白秋梅的专著《口译实战技能与译员职业发展》。

2. 理论准备

"忠实性"是翻译活动中的永恒话题，口译也不例外。在不少口译职业规范中，都明确提及"忠实性"原则。在对口译质量的评价中，人们往往也会将是否忠实于原话作为一个重要，乃至唯一的判定标准。传统的"忠实观"是从语言学视角出发的，强调译员应忠实于原语的语言本身，不能改变原语，也就是我们常听到主办方对译员所提出的要求："发言人说什么，你就说什么。"然而，在实际的口译工作过程中，译员却会发现，主办方的这条要求看似简单，但其实是很难做到的，因为口译不是跟读，也不是简单的语言转换。而且，如果译员拘泥于语言层面的对等，说出来的译文往往是无法理解的，甚至会产生相反效果。

2019年11月中国翻译协会发布的《译员职业道德准则与行为规范》中采用了"忠实传译"的概念，其定义为"译员应准确理解并忠实于传译原语信息，不宜根据自己的意愿或观点进行修饰或增删等更改"（任文等，2019：2）。这条定义中强调的是译员对原语信息，而非原语本身的忠实，可以说在一定程度上体现了整个行业对于"忠实"问题态度的变化。既然是对"原语信息"的忠实，也就意味着译员可以不用拘泥于原语的语言本身，而可以为了实现当事双方有效沟通的目的而对原语进行一定的改造或"变通"。

但即便如此，职业规范中的"忠实"原则有时仍然会给译员在行为选择时带来困惑，似乎该原则并不能解决他们在现实工作中所遇到的"困境"。究其原因，口译工作是高度社会性和情境化的行为，译员在工作过程中身处由多个利益相关方共同构成的生态系统中。这个生态系统至少包括口译活动的发起方（主办方/客户）、译员服务的对象（发言人和听众）、译员本人、相关辅助人员（技术人员等），系统中的每一方都可能对译文的"忠实性"产生影响，换句话说，译员在实际工作中所要考虑的因素远不止发言人说出的话或所要传达的信息，他还必须应对来自口译生态系统各方面的显性或隐性要求。

在翻译理论界，随着研究关注的对象由文本或话语扩展到整个翻译生态系统，研究者在如何看待"忠实性"的问题上也经历了一个比较重大的转向，即由"忠实"（faithfulness）向"忠诚"（loyalty）观的转向。德国功能主义学派学者诺德（Christian Nord）提出的"功能+忠诚"观和芬兰学者切斯特曼（Andrew Chesterman）提出的"翻译规范"论是上述转向的典型代表。上述翻译观的提出在理论上实现了从"忠实"观向"忠诚"观的拓展，研究者所关注的对象也由原语文本本身拓展到整个翻译生态系统。对于口译员来说，这就意味着译员不仅要考虑译文是否忠实原语的问题，而且还要全面考虑生态系统中的其他因素，如发言人的真实意图、听众的背景、需求、主办方的要求、沟通过程中的文化差异、权力结构乃至译员本人的职业声誉等。

因此，在理论层面上，以"忠实性"原则为主题的口译案例教学，就是要通过案例的分析和讨论，引导学生理解由"忠实观"向"忠诚观"的理论转向，同时要让学生形成系统性思维，了解口译工作中"忠实（诚）"对象的多维性。

3. 布置任务

教师在选定教学案例和做好相关理论准备后，就要向学生布置课前准备的任务。给学生布置任务的目的是让学生在课前了解一些口译职业规范中与"忠实性"有关的信息，从而为课上进行案例分析和讨论提供思路。教师在课前要求学生阅读中国译协颁布的《译员职业道德和行为准则》以及AIIC（国际会议口译员协会）发布的《职业行为准则》，并向学生提出了几个思考题，作为个人思考和小组讨论的引导问题：

（1）你如何看待中国译协的《译员职业道德和行为准则》中对"忠实传译"原则的描述？

（2）在实际口译工作中，你认为译员需要忠实的对象仅仅是原文吗？如果不是，还有哪些需要忠实的对象呢？

二、课堂实施

在课堂案例讨论开始之前，为了更加生动地展现"忠实性"在口译实践中的体现及其挑战，激发学生的学习兴趣，教师首先播放了美国电视节目 *Daily Show* 中一段关于为美国前总统特朗普做口译的多国译员的访谈。从访谈中可以看出，要做到"绝对忠实"几乎是不可能的，原因可能不仅是发言人的"语言习惯不好"，而且还可能涉及政治、文化、受众，以及译员自身立场等多种因素。

案例教学的课堂实施过程分为三个主要步骤，即案例阅读与思考、案例讨论与分析及归纳与升华。第一步由学生独立完成，第二步由学生在教师的引导下完成，而第三步则主要由教师完成。

1. 案例阅读与思考

案例用于口译教学时，如果文字不多，一般情况下不需要在课前发给学生进行预分析。学生阅读和思考案例可以在教学开始阶段进行。教师告知学生本次课堂的案例分析和讨论应围绕口译活动中的"忠实性"问题展开，并将预先编制的涉及相关问题的口译实务案例发放给学生，要求学生先阅读案例，并对案例中译员行为展开独立思考，结合课前思考题，做出初步评判。

2. 案例分析与讨论

学生在阅读案例并独立思考后，先在小组内，再在教师引导下在大组层面展开对案例的分析与讨论。讨论重点是从"忠实性"的视角看待案例中译员的行为。根据实际教学经验，在讨论以上案例的过程中往往会出现对译员行为的不同立场。一些学生认为，"忠实"是对原文的绝对忠实，也即译员没有权利对原文做任何修改，即使明知道"忠实"的译文可能会造成当事双方沟通的问题，也认为不是译员的责任。而另外一些学生则主张，虽然"忠实"是重要的，但还是要分辨究竟"忠实"的对象是什么，特别是在译员明知道照直传译可能导致当事双方沟通障碍时，译员应该采取变通策略。当学生在讨论中自然地出现不同观点时，教师应抓住时机，将观点之间的差异放大，并在大组层面上鼓励学生之间展开辩论。在辩论过程中，支持不同观点的学生会自觉"站队"，为己方的观点寻找来自理论、规范或实践的支持理由。这个过程对提高学生的思维能力和表达能力都很有益处。

但在此阶段学生的分析和讨论常停留在案例中描述的内容本身和对译员行为的本能反应，尚不能上升到理论层面。因此，在不同观点交锋时，教师应择机介入，引导学生思考从"忠实"到"忠诚"观转向的理论问题，并启发学生考虑译员在口译活动中的"忠实（诚）"对象的多元化现象。以下是对课堂讨论中的主要内容的简要概括及从"忠实（诚）"对象角度对几名译员行为的简要分析。

案例一中译员对讲话原文作出了两点改动，一是将陈述句改为疑问句，加强了语气；二是将"有兴趣问一个有关中国南海的问题"改为"对南海问题有兴趣"。在本案例中，从现场效果来看，译员改动了原文，却更有效地传递了讲话人的真实意图，可以说是对讲话人意图，而非原文字面的"忠实"。在口译工作中，译员常常会遇见讲话人"心口不一"，或者讲话人并没有以最恰当的方式表达自己意图的情况。高水平的译员理应是沟通专家。遇见讲话人表达不清或表达不到位时，为达到讲话人的实际目的，译员在明确了解交际意图的前提下可以对原文进行微调，从而更加有效地传递讲话人的真实意图，达到更有效的沟通效果。

案例二中译员同样改动了原文，将"美帝国主义侵略者"译为"某超级大国"。但在此案例中，译员显然既没有"忠实"于原文，也没有"忠诚"于讲话人的意图，而是"忠诚"于客户要求。在口译活动中，常会出现客户要求与讲话人意图相矛盾的情况。遇到这种情况，译员需根据具体情境决定其"忠实（诚）"对象。在本案例中，译员选择了客户作为"忠诚"对象。客户或口译活动发起方与译员之间的关系比较微妙。在主办活动时，发起方有自身目的，但该目的并不一定与现场参与各方的意图相一致。如果无法"控制"现场参与人，他们常做的就是对口译环节施加影响，对译员提出要求。就译员来说，在多数情况下，发起方也就是译员的雇佣方及付费方。译员在进行口译活动时必须考虑他们提出的要求，并且在合理范围内满足其要求。在这个案例中，译员对原文语言本身进行了一定的修改，同时由于语气的缓和甚至在一定程度上改变了原文所要传达的信息。但是这些修改都是在主办方的明确要求下进行的，而且达到了主办方避免活动中产生矛盾和冲突的办会目标。通过这个案例，学生认识到在实际口译活动中,活动发起方的要求形形色色,在合理范围内,"忠诚"于活动发起方(客户)属常见现象。

案例三中译员在没有"原文"的情况下直接扮演了讲话人角色。如果从传统的"忠实观"来看,其行为完全违背了职业原则。但会议现场的事实表明,由于译员的介入,听众真正理解了相关技术,产生了良好的沟通效果。本案例表明,译员的"忠诚"对象是迫切希望获得知识的听众。听众是活动现场的信息接收方,但他们同样也是译员服务的重要对象。在很多情况下,讲话人并不了解听众的需求和接受能力。有时,译员作为沟通媒介不得不采取各种变通手段,如删减或增补信息以确保听众理解,同时也保证沟通顺畅。

案例四中译员为争取有利的工作位置,据理力争,终于高质量地完成了口译任务,得到赞赏。这个案例非常突出地展示了口译职业工作的特点。因为译员的座次、现场的音响效果等问题都具有职业特殊性,在交传时,译员的位置很重要,因为位置决定了译员能听到的声音效果,进而决定口译质量。在同传时,耳机里的声音质量很重要,因为如果输入的信号不清晰,译员的同传质量就会受到负面影响。在讨论案例五时,教师分享了自身在口译工作中曾因现场位次不佳,声响效果不好,导致听发言人讲话不清晰,影响口译质量的经历。但是,本次课堂教学的主要内容是忠实(诚)对象问题,因此教师一定要提醒学生将讨论重点聚焦在主要问题上。

讨论案例五中译员的"忠实(诚)"对象问题对学生有一定的挑战,也引发了较多讨论。因为从译员的行为及其效果来看,译员是为了保证双方沟通效果,确保会议顺畅进行,似乎同时"忠诚"于会谈双方及活动组织方。但在更深刻的层面上,译员其实还有一个很重要的"忠诚"对象,那就是作为职业工作者的"自我"。有经验的译员都知道,位置不利会影响口译质量,进而威胁其职业声誉,因为与会者并不会像译员那样对现场的声响效果有很高要求,如果译员的翻译质量不高,他们不会怪罪给现场安排座位的工作人员,而会归咎于译员的能力不足。因此,有经验的译员在遇到可能威胁自身职业声誉的问题时,一般都会主动"出击",避免承担不应承担的责任。

所谓"忠诚"于自身,主要是指译员为维护职业声誉而采取的自保行为。蒙娜切莉在《同声传译中的自我保全》一书中,透过对现场口译语料的研究，敏锐地抓住了译员对自身"忠诚"的证据。口译实务中的"危机"无处不在，译员必须具备相当强的危机应对能力。译员是活动的参与者，但对活动进程的控制力微弱，因此在现场情况出现"失控"时，有经验的译员就会采取自保策略。例如，在电视直播同传中，因为电视信号传播问题，有时会出现现场信号断续，或模糊不清的现象。此时，有经验的译员会在口译间歇不断提醒听众，信号出现问题，从而避免听众将责任归结为译员的"无能"。

3. 归纳与升华

学生在教师引导下对案例进行充分分析与研讨后，已经对案例中所涉及的"忠实（诚）"对象多元化的现象有了直观认识。此时，教师的任务就是对案例讨论中的重点问题进行归纳和升华。

首先需指出传统"忠实观"在口译实务中的局限性。教师可以提醒学生，"忠实（诚）"问题在职业实践中是非常复杂。通过对上述几个典型案例的分析，学生应该认识到，口译实务中的"忠实（诚）"对象是多维的，讲话原文、讲话人意图、会议发起方（客户）的要求、接受者文化、接受者自身或译员的职业声誉都有可能是译员"忠实（诚）的对象。译员是沟通服务的提供者，因此如何实现最有效的沟通是译员在口译实践中应该考虑的首要问题。不同的口译形式对译员的要求也不同，译员需根据具体情境做出判断和恰当选择，既不能因为"忠实"原则的束缚而不能发挥沟通促进者的角色，也不要认为由于"忠实（诚）"对象的多维性就可以在实践中随意"越界"。

其次需强调译员的"当责意识"。"专业责任伦理"是切斯特曼提出的五大翻译伦理模式之一。强调译员的"当责意识"，其实就是关注译员的主体性。在一般的职业伦理规范中，就译员的行为提出了种种准则或者说约束，但对译员自身的主体意识关注不足。当译员的"当责意识"得到强调时，译员就更需要在执业前接受系统的职业伦理教育，以确保可以在面对伦理挑战时做出明智抉择。从对上述案例的分析中，可以看出，译员在现场工作中会受到来自口译工作生态系统中各种因素的"牵制"，临场做出明智的决定并不容易。译员应以促进沟通为己任，选择适合的翻译策略，尽力照顾到更多服务对象，实现比较理想的交际效果。上述五个案例中的译员都针对特定交际场景做出了策略选择，并取得了较好效果。但是有必要向学生说明的是，在口译实务中，译员良好的初衷并不总是能够带来理想的交际效果。有时译员为了照顾一方的感受，而忽略了另一方。在"当责意识"的引领下，译员根据经验和现场情况做出负责任的策略选择后，也应对自身选择带来的结果负责。

最后，可利用案例对涉及的理论问题进行简要介绍，拓宽思路。例如，在对案例四的讨论中，学生明显产生两种对立观点。教师可以择机提出，反对译员处理方式的观点体现的是传统"忠实"观，即：译文必须"忠实"于原文，译员不能剥夺听众听到原文的权利。而支持派的观点则体现了将译员视为"文化居间者"的理论立场，即：译员的功能并非只是传达原文本身，而是在跨文化交际中发挥协调与媒介作用。更进一步，还可以建议学生阅读诺德有关"功能＋忠诚"及切斯特曼关于翻译职业伦理模式的理论阐述。

通过教师对案例讨论与分析内容的归纳与升华，并引入理论视角，学生对案例中的问题和译员临场行为的理解更加深刻，同时在理论视角指导下，学生在今后口译工作中遇到类似情境时将会做出更为明智的策略选择。

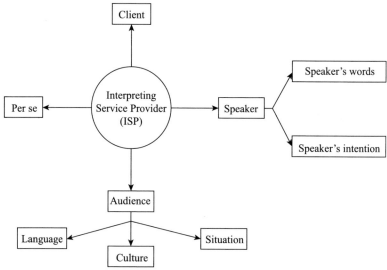

图1　口译员现场工作时"忠实／诚"对象简明示意图

三、课后评估

课后评估可以采取多种形式进行。教师可以布置学生撰写书面报告，从"忠实（诚）观"的视角分析其他实际发生过的口译案例。这些案例可以由学生搜集，也可以由教师提供。撰写报告是为了让学生能将课堂上学到的理论视角和分析思路内化。同时，通过学生撰写报告的质量也可以检验此次案例教学的效果。例如，教师为学生提供了以下案例并提出了讨论题：

一场在英国爱丁堡大学孔子学院举办的晚宴活动上，某译员担任晚宴致辞交传。在活动开始前中方致辞嘉宾并没有向译员提供讲话稿，在译员询问时她也表示没有准备发言稿。但是开始致辞后不久，嘉宾忽然从口袋里掏出了一张纸条，并对全场的听众说："这张纸上写的是《友谊地久天长》的中文歌词，《友谊地久天长》是中国人耳熟能详的一首英国民歌，我现在想用这一首歌的歌词来表达我此时此刻的心情，请译员帮我翻译一下。"译员虽然知道《友谊地久天长》，甚至还能哼唱几句英文歌词，但不可能记住每句英文歌词。在当时的情况下，致辞嘉宾的话已经说出去了，译员又不可能求助任何人或电子设备。此时，译员的大脑开始高速运转，考虑一会儿嘉宾读出中文歌词后该如何处理。

【讨论题】在这种情况下，译员有哪些应对选项？请从"忠实（诚）性"的角度讨论这些选项。

由教师提供统一的案例供学生撰写分析报告，有助于讨论的聚焦，但缺少多样化。由学生自己搜索案例，报告的内容更加丰富，但是有可能会出现分析偏离主题的现象。两者各有利弊。无论是教师提供案例还是学生自行获取，教师都应在撰写分析报告前给予学生适当指导，可以向学生提供"范文"，也可以为之拟定撰写结构，确保撰写报告的过程既体现课堂教学的效果，又对学生巩固和加深对学习主题的认识有所裨益。

教师还可以采取课下沟通方式，与学生进行交流，听取学生对于该次案例教学中的收获和感到不足之处的反馈。学生感受是判断案例教学是否实现教学目标的重要标准。虽然教师在课前和课中环节做了精心准备和设计,但这并不代表教学过程就没有继续改进的空间。教师在与学生的课后沟通中了解到她们的反馈,这样有利于教师在下次进行同一主题教学时,在案例选择、理论支撑及教学步骤方面有针对性地进行调整,以完善教学过程,提高教学效果。

除了从学生角度对教学进行评估外,教师自身也应在课后及时对教学做出反思和评估。根据教学过程中遇到的问题,反思的内容可包括:案例的选择是否合理?教师的组织和主持是否到位?学生的参与程度如何?案例分析是否达到了预期深度?总结提炼是否有高度?等等。需要强调的是,教师应该带着批判性的视角对教学过程进行审视,在条件允许的情况下,可以对课堂教学的过程进行录音录像,一方面可以供课后进行更全面的分析,另一方面也可以保留材料,供其他缺少案例教学经验的教师观摩借鉴。

教师还应养成撰写教学日志的习惯,记录下自己的反思。案例教学的课前、课中和课后环节是个有机连续体,教师对案例教学全过程的反思不仅有利于改进教学效果,而且有助于教学经验的系统化和理论化。

第二节　口译工作中的"中立性"原则[①]

与"忠实性"类似,"中立性"原则也是在不少译员职业规范中被明确列出的一条职业准则。但在口译实务中,不少译员都感觉到,所谓"中立",其实是一个相对概念,几乎不存在绝对的"中立"立场。由于译员自身或口译工作生态系统中各种因素的影响,译员会在有意或无意出现特定偏向,但有经验的译员能把握好"尺度",不会"越界"。我们进行关于"中立性"原则的案例教学的主要目标是,通过对涉及译员"中立性"问题的口译实务案例的分析和讨论,使学生理解了解口译实务工作中"中立性"问题的复杂性,进而在工作过程中把握好自身立场,达到既能促进沟通,又不出现"越界"的目标。

---

① 本节内容主要以笔者在《山东外语教学》2020 年第 3 期发表的论文《"口译职业与伦理"课程教学设计与实践》为基础。

一、课前准备

1. 案例选择

本次案例教学的几个案例都来自教师本人的口译实践,因此教师对案例发生的背景和场景有非常全面和深入的了解。教师为某公司举办的"组织发展工作坊"系列活动担任口译。由于工作坊期间美国教师与中国学员之间的交流非常频繁密切,有时甚至要求译员能够融入当事双方的深层情绪交流中,这种工作形式对译员的"中立性"产生了影响,因此出现了一些与"中立性"有关的有意思的案例,教师从中挑选出具有典型性的三个案例用于课堂教学。这几个案例均来自真实口译实践,现场感很强,教学效果较好。案例正文如下:

案例一:在一堂关于中西组织文化差异的课上,学员分组讨论后,进入自由分享环节。有一位学员提出,在中国传统文化中有"和而不同"的概念,一个组织中应该实现"和而不同"。译员根据自身理解和现有译法将"和而不同"译为:We focus on harmony instead of uniformity。美国专家听后,露出不解的表情,在思考片刻后随即向该名学员提出问题,让他说一说 harmonising、harmony 和 non-uniformity 这几个词有什么差异。译员便把这几个词依次译为:"使和谐""和谐"及"不完全一样",并告知学员专家的问题。这时,包括刚才分享在内的现场学员纷纷表示不理解专家的问题。有位学员甚至直接向译员发问:"你刚才是怎么翻译'和而不同'的?"。此时,译员意识到专家和学员之间的沟通可能受到了文化差异影响,这个问题可能需要更深入的探讨才能确保双方此后的沟通可以顺畅地继续下去。于是译员在征得同意后,将刚才提到的三个词汇的英汉对照版本写在了教室里的白板上,并且更为详细地向学员解释了这三个英文单词的意义。于是,学员们各抒己见,就这些词的深层含义与专家展开了更为充分和深入的讨论,直到双方觉得把问题说清楚了才罢休。

案例二:同样是在组织发展工作坊期间,译员因为翻译得准确、流畅,得到了专家和学员的信任。但随着翻译过程的深入,译员本人对授课内容逐渐产生了强烈兴趣。在专家讲到某个译员特别感兴趣的话题时，译员忽然直接就专家刚刚讲到的问题与其进行对话。而此时其他学员因为语言不通，在一旁焦急地等着他与专家沟通结束，再听他的翻译。

案例三：在以同事之间如何加强人际互动为主题的授课期间，译员在翻译了专家讲解的内容之后，学员们纷纷站起来结对，相互拥抱了起来。专家对此感到很诧异，因为在她所授课程中，结对拥抱是只在做加强亲人之间亲密关系的工作坊时才会建议采用的方式。专家连忙问译员现场是怎么回事，译员解释说，她以往曾经担任过家庭关系工作坊的翻译，觉得相互拥抱是增进感情的最佳方式，于是就在翻译专家讲解内容后，提出让学员们结对拥抱。

2. 理论准备

"中立性"与"忠实性"问题常常是相伴出现在口译活动中的。"中立原则"也被列入众多口译职业规范中。传统"中立观"的核心理念是：译员应避免介入当事双方的沟通过程，不带个人的态度，在翻译过程中保持公平公正、不偏不倚。Marjory Bancroft（2005）对全球译员职业规范的考察结果表明，多数现有的职业准则都反对译员在翻译过程中推行自己的立场，扮演顾问、守门员或其他任何超出其本职工作的角色。然而，正如 Erich Prunč 与 Robin Setton（2015）所指出的，"'中立'是多数已出版的职业准则中的一个核心原则，特别是在法庭口译和公共服务口译领域，但它是一个'有争议'的问题。"

任文（2011）曾就此问题专门对市场上的译员进行了问卷调查。她发现，大多数译员对口笔译职业机构在宣传中所做的"严守中立"的规定性要求并不十分认同，在 127 份有效问卷中，只有 32 人（25.2%）认为自己在口译过程中"会始终保持客观、中立，不带任何倾向"，有 79 人（62.2%）认为绝对的中立很难做到，"有时会有个人感情流露"，还有 16 人（12.6%）觉得"说不清"。而对于"在翻译时始终一视同仁，不多顾及任何一方"这一观点做出回应时，有 93 人（73.2%）表示"否定"或"说不清"，其中有 42 人表示自觉不自觉地在情感上会偏向雇主，29 人表示会偏向观点与自己一致的一方，还有 13 人会偏向弱势的一方。

从以上问卷调查结果来看，从事口译实践的译员大多数对"中立性"原则是不完全认可的，而且他们在工作过程中，会多多少少有所偏倚。对此，英国译员 Penny Karanasiou 认为："中立本身就是一个有问题的概念。一个人能真正保持中立吗？我个人认为不能。我们是人，我们有自己的偏好和偏见。即使我们努力保持中立，我们接受和传达的所有信息都必定会经过这些偏好和偏见的过滤。"（Jonathan Downie, 2016: 11）

为了解释职业伦理准则与职业实践之间存在的差距，任文（2011）用两个示意图区分了传统意义上的中立观和更加符合口译工作实际的中立观。

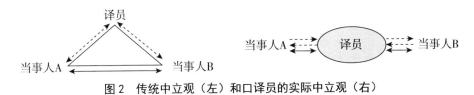

图2 传统中立观（左）和口译员的实际中立观（右）

由上图可以看出，传统中立观认为，译员应与当事双方保持同等距离，以做到不偏不倚。而后一种中立观则认为，译员是参与当事双方沟通过程的，译员与双方之间有着千丝万缕的联系和互动，因此其与双方的距离是动态变化着的。对此，任文指出："译员很难在跨语际交际事件中保持始终如一、完全中立的立场"（任文，2011：41），因为"他们有时还要扮演谈话共同参与者、交际过程的共同建构者和协调者的角色"（同上：39）。

由于来自口译实践者的质疑，在最近更新的部分职业准则中，已经刻意避免直接提到"中立"这个字眼。在中国翻译协会2019年11月发布的《译员职业道德准则与行为规范》中虽然保留了"行为中立"原则，但对其做出了更符合口译工作实践的解释，即："口译员及手语译员在翻译过程中，除了对可能造成误会的文化障碍进行必要解释外，不应对任何人和事发表意见或给予建议。除必要的信息确认，口译员及手语译员不应打断或介入谈话。"（任文等，2019：5）在这条解释中，虽然规定译员不应"打断或介入谈话"，但同时也指出在遇到可能产生误会的文化障碍或讲话中的某些信息不够明确时，译员是有义务进行必要解释或进行信息确认的。

在中国翻译协会 2018 年发布的《翻译服务 口译服务要求》的说明中，集中体现了规范制定者为译员在实践中对职业伦理准则进行灵活处理留出了空间。它首先指出"口译员应遵守公认的职业惯例与规约"，但随即强调，惯例与规约可能随着口译的专业领域、场景、国家或地区的不同而发生变化，因此"口译员应遵守适用的职业道德与实践标准"。这样的表述可以说给予了口译实践者一定的灵活性。由此也可见，制定规范者的确纳入了口译实践者的视角，考虑到口译实务中场景对职业规约的影响，但同时也明确限定了灵活性的边界。Robin Setton 和 Andrew Dawrant (2016) 也指出，在具体的职业实践中遵循"忠实""中立"等原则必须考虑口译的场合、形式和译员的角色身份。

不同口译场合对译员"中立性"的要求是有差异的。例如，在法庭口译和医疗口译中，译员的"中立性"被置于非常重要的地位，因为译员的一句译文可能会使审判或治疗向着完全不同的方向进展。在会议口译中，译员的"中立"程度可能会低于前两种活动形式，而在联络口译、社区口译等场合，译员的"中立"程度则可能更低。

不同的口译形式对译员的"中立性"也会产生影响。例如，在交替传译时，译员与会议代表共处一室，在情感上更容易受到现场气氛的影响，立场产生偏移。而在同声传译时，译员在独立的同传箱中，与会议代表保持着距离，这种情况下，译员更容易保持"中立"。

译员角色身份的差异也对译员的中立性有较大影响。作为政府部门或企业雇佣的专职译员，其立场不可避免地偏向自己的雇主。即便是自由职业译员，在口译活动中也常会偏向雇用自己的一方。但是，在国际组织中，或者其他译员作为独立第三方的场合，译员的"中立"程度就较高。

从上述分析可以看出，在口译实践中，译员很难做到绝对"中立"，他们在不同程度上介入当事双方的沟通过程是常见现象，既可能是译员主动为之，也有可能是受到口译工作生态系统中的其他因素影响不得已而为之。但是，"介入"一定要有合理的边界。合理边界内的介入，可以消除文化障碍、缓解对立情绪，对沟通起到促进作用。可是，若译员的"介入"超越了合理边界，则反而会对沟通过程产生不利影响。

所以，在理论层面上，以"中立性"原则为主题的口译案例教学，旨在通过案例分析和讨论，引导学生理解"中立性"原则在口译实务中的灵活度及其边界。

3. 布置任务

教师在选定教学案例和做好相关理论准备后，就给学生布置课前准备任务，包括阅读相关职业规范，如中国译协《译员职业道德准则和行为规范》《翻译服务　口译服务要求》等，以及学术论文《试论口译过程中译员的"中立性"问题》等，并向学生提出以下课前思考题：

(1) 你认为在口译实务中译员可以做到100%的"中立"吗？
(2) 在口译实务中，有哪些因素可能影响到译员的"中立性"？
(3) 你自己或你了解到的其他译员有过在"中立性"方面遭遇困惑的经历吗？

二、课堂实施

为了让学生对口译实务中的"中立性"问题有更加生动的了解，教师在开始课堂案例讨论之前，首先向学生展示一段模拟口译的视频，这段视频选自《走进口译——欧盟亚欧口译项目多媒体教学资料》。该视频中的经理助理临时客串译员，在经理与外国客商谈判业务的过程中，助理常常撇开经理，直接与外国客商对话，甚至抢在经理之前就说出了公司产品的价格底线，不仅导致经理不悦，而且使外国客商搞不清楚究竟谁才是经理，场面十分尴尬。这段视频较为生动地展现了译员在工作过程中在"中立性"问题上"越界"行为的表现及其负面后果，促使学生思考在"中立性"方面译员行为的边界问题。

课堂讨论由案例背景介绍及阅读思考、案例讨论与分析和归纳与升华等三个主要步骤构成。第一阶段由教师进行案例背景介绍，并组织学生阅读案例。第二阶段，先由学生分小组对案例展开分析与讨论，再由教师组织学生进行大组讨论。在讨论中，教师适时引入其他案例，逐步将讨论引向深入。第三阶段，教师对围绕案例展开的讨论进行总结和升华。

1. 案例背景介绍及阅读思考

本次案例教学所使用的案例为教师所亲身经历，因此，教师在学生阅读案例前首先对该案例发生的背景进行了较为详细的介绍。案例来源于某公司举办的"组织发展系列工作坊"期间，该工作坊致力于培养"高管教练"。所谓"高管教练"，是专门服务于公司高管的咨询人员，他们为高管提供咨询，帮助他们应对挑战，挖掘潜力，实现目标。因此工作坊的主要教学内容是提升学员的人际沟通能力和亲和力。工作坊采取的主要形式是专家授课和学员在专家指导下进行人际沟通技能训练。该工作坊按期举办，每一期中国学员10-12人，外国教师4人，每次工作坊持续5天，总共学习时间约一个月。

由于工作坊的目标是培训沟通技巧，因此整个授课过程很强调"沟通"，包括专家与学员之间的沟通，学员与学员之间的沟通，甚至译员与专家，译员与学员之间的沟通，特别是专家与学员之间的互动非常频繁和密切。正是由于对沟通的强调，在工作坊期间，译员有时不自觉地被带入到学员和专家的沟通过程中，出现了一些从"中立性"视角来看值得讨论的行为。工作坊的口译形式为"同传＋交传"。专家授课时主要使用同传，而师生互动时则主要使用交传。

在介绍案例背景后，教师向学生发放案例，并告知学生本次课堂案例分析和讨论的主题是译员的"中立性"问题，要求学生结合案例背景和课前阅读的资料对案例中译员的行为进行独立思考，形成自己的初步观点。

2. 案例讨论与分析

学生在阅读和思考案例后，开始在教师引导下进行小组讨论。在小组讨论过程中，教师走进各小组，聆听组员讨论，并适时介入，或提醒学生思考案例背后的理论问题，或为学生提供新案例，拓展讨论范围，既让讨论聚焦在译员"中立性"问题上，又将讨论不断引向深入。小组讨论结束后，教师邀请各小组代表在全班范围内分享对案例中译员行为的看法，教师特别强调要从与"译员中立性"原则相关的理论和规范视角讨论译员行为的得失。以下是课堂讨论中的主要内容。

在案例一中，译员在口译过程中敏锐地感知到双方在沟通中遇到了文化障碍，于是选择在口头翻译的基础上通过白板展示，促进双方就授课中不够清晰的概念展开更加充分的讨论，以便在此基础上保持沟通顺畅。从表象上看，译员介入了双方沟通过程，似乎有悖于不偏不倚的"中立性"原则。因为他也可以有另外一种行为选择，即不介入沟通过程，在遇到沟通障碍时"和稀泥"，任由双方带着疑惑甚至误解继续上课，从而做到绝对的置身事外。然而，如果从译员所采取行为的效果看，在当时的情境下，他主动提出将几个词汇的英汉对照版写在白板上，并且详细解释了这些概念在中英文里的含义，这种做法在客观上确实有助于双方澄清概念，消除沟通障碍，进而展开更加深入的交流。

在讨论过程中，教师也与学生分享了本人在工作坊现场做出上述行为选择的考虑因素。因为工作坊的重点是培养沟通技能，而专家们在授课时也非常细致，所以大家对每一个字眼，甚至一个眼神，一个手势动作都抠得很细。有时，当交流进入深层的情感层面时，对译员的挑战很大。因为译员必须瞬时理解并且准确地用另一种语言传译讲话人的意思。所以在工作坊期间，常会出现译员译后，对方并没有太理解，而需要讲话人再次解释的情况。但出现这种情况并不是因为译员的能力问题，更多的是因为讲话人也没有想好怎样表达非常细腻而微妙的感受。例如，有位学员说她最近被什么事给"钩"住了。这个"钩"字，就给译员带来了挑战。学员并没有说是什么事，也没有解释"钩住"到底是什么意思，当时译员正在同传，又不能停下来问她，只能根据自己的理解翻译，译员觉得学员在说这句话的时候，表现出一种忧愁的情绪，因此就先将此句翻译成：I am feeling trapped. 直到后来译员解释了她具体所指，译员才得以较为全面地传达她的意思。经过教师的分享，学生意识到在工作坊的场景下，为什么译员在发现双方沟通出现障碍时，要"挺身而出"，介入到沟通过程中去。

案例二中，译员本人对专家讲授的内容产生了浓厚兴趣，这本来应该是有利于提高翻译质量的。一般而言，译员是可以在口译过程中与讲话人进行一定交流的，但交流内容应为译员需要讲话人澄清或直接有助于提高翻译质量的。而在本案例中，译员却在授课过程中就专家授课内容提出了自己的见解，并且抛开服务对象与专家直接进行交流，可以说是一种"越界"行为,也违背了"中立性"的基本原则。在实际的案例情境里,当授课专家意识到译员与之交流的想法其实是译员本人,而非学员的想法时,立即对译员做出提醒,提醒他应该只管翻译专家和学员说的话,而不应该在翻译工作的现场提出自己的想法。

在案例三中,译员将自己过去的经验想当然地带入本次口译工作中,认为自己的建议可以加强专家授课的效果。然而,根据专家后来的反馈,译员的这次介入给她带来了很大的不悦。因为她觉得译员的行为歪曲了她的授课内容,不仅没有加强授课效果,反而可能对授课效果产生不利影响。在本案例中,译员的介入妨碍了当事双方之间的直接沟通,不符合"行为中立"的要求,也属于"越界"行为。

在大组讨论中,为说明"中立"问题的复杂性,教师又引入了两个新案例。在第二次世界大战结束后,盟军在德国纽伦堡对德国法西斯战犯进行了长达一年的审判。为审判提供同传服务的一些译员的家人和朋友曾被关入纳粹集中营,乃至丧失了生命。因此,在传译过程中,当听到战犯们供认他们在集中营所犯下的暴行时,有些译员联想到自己的家人和朋友的惨痛经历,不禁潸然泪下,不能自已,无法继续工作,不得已由旁边的其他译员临时替代。在这个案例中,译员在面对纳粹战犯时,由于自身经历和态度的影响,显然无法保持不偏不倚的"中立"态度,甚至无法继续进行口译工作。虽然案例中的情况现在一般的译员不会遇见,但是译员自身的背景和态度却是不能忽视的,且其对译员在工作时的"中立性"的影响也是客观存在的。

教师提供的另外一个案例是德语—阿语译员安德莱斯·多尔特(Andres Dörte)在担任德国劳动部译员期间的一次口译经历。多尔特有一次随德国劳动部代表团去非洲国家摩洛哥,与对方国家劳动部就摩洛哥劳工在德国的劳动待遇标准问题展开谈判。由于摩洛哥方没有提供译员,因此她是现场谈判的唯一译员,负责双向翻译。她在翻译德方的讲话内容时,有时候感觉到德方提出的条件太苛刻,苛刻到她觉得自己都于心不忍。她很同情摩洛哥劳工的处境,因此一旦翻译到不利于摩洛哥方面的条件或者她认为是摩洛哥方应该加强警惕和注意的内容时,她就会低着头故意摆弄手中的笔记本,声音也会稍微提高,以示提醒。谈判结束时,摩洛哥代表团的人找到译员，询问她是否在翻译过程中有意识地给他们暗示，并且表示说他们接收到了她给出的暗示。

在本案例中，虽然译员受雇于德国劳动部，但却出于对摩洛哥方劳工的同情，在翻译过程中偏向了摩洛哥方面。如果从传统"中立观"的视角来解读，译员的行为是不合格的，因为她借助各种方式向摩洛哥方面做出提示，未能在翻译过程中保持中立。但是，在实际工作中，译员其实是很难做到绝对中立的，译员自身的背景、态度和立场不可避免地会影响到她对沟通过程的"介入"。本案例中的译员是德国人，同时也受雇于德国劳动部，一般情况下，她应该是偏向于自己的雇主方，然而由于她对摩洛哥劳工遭遇的同情，她在实际工作中却偏向了对方。从中可以看出口译行为和译员态度的复杂性。

通过对本次教学案例的分析，以及附加案例的讨论，学生对口译职业实践中的"中立性"问题有了直观的认知，并且在讨论中也加深了对该问题的思考和理解。在此基础上，教师对本次课堂讨论进行归纳与升华。

3. 归纳与升华

在本次课上，学生在教师引导下对多个案例中译员行为进行了充分的分析与讨论，对译员"中立性"问题在口译实务中的体现有了一些直观具体的认识。此时，教师应对案例中涉及的重点问题，结合相关理论、规范以及自己的职业经验进行归纳与升华。

首先，教师指出，在口译实务中，绝对的"中立"是不存在的。口译员对沟通过程的"介入"是口译实务中的常见现象，既可以是译员主动为之，也可能是不得已而为之，但"介入"的方式和程度不同，产生的效果也可能大不相同。例如，在本次教学中的 3 个主要案例中，译员的"介入"都是有意为之，但产生的效果却大不相同。可见，"介入"应有合理的边界，如果在合理边界之内，可以对沟通起到促进作用，可一旦"越界"，反而会对沟通过程产生不良影响。

其次，教师需强调译员要对沟通效果负责的"当责意识"。在职业实践中，译员既不是单纯的"传声筒"，也不能越俎代庖，曲解乃至违背讲话人的原意。译员的责任是确保和促进双方的充分和顺畅的沟通。为此，译员不能满足于语言转换，而是必须在考虑文化、人际、社会、伦理等多维影响因素的基础上做出恰切的行为选择。具体到"中立"问题，译员在是否保持"中立"，在多大程度上保持"中立"，在什么时机"介入"沟通过程等方面做决策的时候，都必须一方面充分考虑自身对协助和促进当事双方沟通的责任，而另一方面不要忽略自己避免造成双方沟通障碍的责任。

再次，为拓展思路，教师还可以提及一些突破传统的"中立性"原则的新思路。例如，Jonathan Downie（2016）曾提出，译员应跳出传统的"中立观"，将能否给客户带来"价值"作为评价自己职业行为的基础。换句话说，在实际工作中，所谓"中立"，其界限不是时时都显而易见的。与其纠结于行为是否符合"行为中立"的原则，倒不如着眼于行为的效果，即如果译员的行动为服务对象带去了"价值"就是可取的，反之则不可取。当然，什么是口译服务的"价值"，这又是另外一个值得思考和讨论的职业伦理问题。

最后，教师向学生提出怎样看待职业道德规范与职业实践之间的关系问题。Dean & Pollard Jr.（2011）和 Donovan（2011）都指出了口译职业道德规范与口译实践之间的"错位"问题。口译实务中的情况千变万化，职业规范不可能解释和解决所有问题。因此，在口译实践中，译员一方面应对照职业规范约束自己的行为，而另一方面也需基于实践中的具体情况选择适合情境的行为方式。就像当"中立性"原则应用于口译职业实践时，译员必须根据具体情境做出判断，既不能受制于规范的文字表述层面而裹足不前，也不能对规范不管不顾，任性"越界"。

通过教师对讨论与分析内容的归纳与引申，学生对案例中所涉口译职业伦理问题有了更加深刻的理解，在今后遇到与"中立性"相关的问题时，将会有能力根据现场情境作出更优化的策略选择。

三、课后评估

对本次案例教学的课后评估可以从对学生的评估和对教师的评估两个维度开展。

对学生的评估可以从课前准备和课堂表现两方面进行。通过学生对于课前布置的思考题的回答可以看出学生在课前是否对相关问题进行了思考，或查询了有关资料。对课堂表现的评估主要体现在学生参与课堂讨论发言的主动性和质量。在课堂上积极发言，且言之有物的学生就会得到较高的评估成绩。一般说来，学生的课前准备和课堂表现之间是相互联系的。课前准备比较充分的学生往往在课堂讨论中发言的积极性也更高。当然，也不排除有些学生性格比较内向，不愿意多发言，但是学习态度认真，对于这样的学生，教师应以鼓励为主。

学生还可以撰写学习体会和心得，进行自我评估，内容包括对自身在课前准备和课堂讨论中的表现做出评估。学生的自我评估是个性化的，更能体现学生的真实感受，也有利于学生基于评估改进自己在下次课前和课堂上的表现。

对教师的评估则应全面考虑到课前准备、课堂实施和课后环节。课前、课中与课后是案例教学过程中不可分割、紧密联系的三个阶段，对这三个阶段教师的表现的评估，应包括学生的视角和教师本人的反思。学生可以从学习者的角度反馈对案例教学的感受，学生感受的好坏与教师在案例教学过程中的表现直接相关。案例教学对教师提出了更高要求，如果教师不能在教学过程中给予学生适当的指导，就不能保质保量地实现教学目标，也不能让学生感受到案例教学带来的启发和激励。

而教师本人也应对教学过程进行反思。根据我们的教学经验，尽管是有关同一主题，使用同样案例进行的案例教学，在每次的课后反思中，教师都会有新的感受和收获。这可能是因为讨论过程中碰撞出了新的观点，或者是教师感觉某个教学环节可以有更好的实施方式等。例如，在本次案例教学中，因为所用案例来自教师本人的经历，因此教师可以对案例发生的背景以及案例中译员的心理活动做较为详细地描述，这就增强了案例的生动性。但在反思中教师也想到，如果在下次的案例教学中能够在不涉密的情况下向学生展示一些相关活动现场的照片，甚至是小段的活动视频，将会使学生产生更强烈的"临境感"。当然，教师也可以考虑在下次教学中采取其他形式。比如，采用模拟情境的形式，让学生扮演译员，在案例中的场景下做出行为选择，将其作为案例分析对象，这样的做法可以在更大程度上激发学生的兴趣,增强案例教学的吸引力。又如,教师将学生分为正反两方,要求学生就案例中译员的行为展开辩论。正反两方的学生并不一定要是真正支持该方观点的,但是在辩论中必须为己方找到充分理由。在辩论过程中,学生对"中立性"问题的理解将会得到深化。教师还可以将案例由描述型改造成决策型,考查学生基于情境做出伦理抉择的能力。总之,每一次案例教学后的教师反思都是有助于不断改进课堂教学的。

在口译课堂上,案例教学模式有一定的新颖性,教师的水平需要在教学实践中不断提高,不仅要增加对案例本身内容的理解和对相关理论的涉猎,更需要通过长期的实践发现和积累案例教学的技能和艺术。

第三节 模拟情境口译案例教学实例[①]

模拟情境也是开展口译案例教学的一种常用手段。通过模拟实际出现过的工作情境,可以让学生亲身感受真实情境下的挑战。所模拟的情境来自真实的职业实践,可以是教师本人的实践,也可以是其他译员的经历,其中一般都包含一个或多个挑战或难题,目的是让学生提前在近似实战的环境中摔打磨炼,提高学生从业后临机处断、随机应变的能力。

一、课前准备

1. 案例选择

本次案例教学的目标是让学生思考在当事双方因沟通不畅而向译员发出质疑甚至刁难时的应对策略问题。案例来自职业译员的口译实践,教师根据实际发生的情况编写了模拟情境的脚本,并根据教学需要和课时限制对谈话内容进行浓缩和整合,凸显译员在工作中遇到的挑战。同时,为保密起见,隐去了具体的公司名称、人员姓名等细节信息。本次课堂教学模拟的口译情境是一家国外投资基金的外籍代表与中国企业的初次洽谈。案例脚本全文如下:

---

① 本次模拟情境口译教学由国际会议口译员协会(AIIC)会员魏震钢提供脚本并组织实施。

【场景：中外投资洽谈，首次见面】

【角色分配：教师扮演外方代表；助教扮演中方代表；1-2名同学扮演译员，2名译员时，一人负责外翻中，另一人负责中翻外】

中方：非常欢迎以Huyoo先生为首的Sincere投资集团代表团。

外方：Hello, Mr. President, thank you very much for receiving us. We come with absolute sincerity, and hope to work out a deal which is agreeable to both sides. With our immense financial resources, we will make this deal a great success.（译文：你好，总裁先生，感谢您的盛情接待。我们是带着满满的诚意而来，希望能达成一项双方都满意的协议。我们财力雄厚，我们的合作将大获成功。）

中方：我们充分相信贵方的资金实力。请问贵司打算投资多少，占多大股份呢？

外方：Yes, we manage enormous capital, which is more than you will need or imagine. Behind us, there is a huge pool of wealthy families that are eager to invest in viable companies like yours.（译文：是的，我们管理着海量资金，大大多于你们的需求，甚至超乎你们的想象。我们的背后是大量的富豪家族，他们渴望将钱投给像贵公司这样的优质企业。）

中方：非常感谢您的肯定。我们一定会加倍努力，与您密切配合，确保项目成果达到您的预期，实现互惠互利。请问您计划如何设计这个项目的架构？是作为股权注入，还是作为债权融资？

外方：Yes, indeed, you must never doubt our financial strength, or sincerity. We are here to be your partner, whom you can comfortably trust in Europe.（译文：是的，的确如此，你不要怀疑我们的经济实力或者是诚意。我们诚心与你们合作，我们是你们在欧洲可完全信赖的伙伴。）

中方：是的，我们非常相信贵司的实力和诚意。愿意与贵司共同开拓欧洲市场，对接欧洲投资人。不知贵司对此次投资的想法是怎样的？

外方：Yes, we have very high expectations for this investment. It will reshape this industry in the Chinese, if not the global market. Remember, we are your best partner along your journey towards global leadership.（译文：是的，我们对此次投资的期待很高。它将在中国市场，甚至全球市场中，重塑这个行

业。请记住,我们是你们领跑全球道路上的最佳伙伴。)

中方:这一点我们毫不怀疑。希望有幸与贵公司合作。不过我们希望了解一下合作的方式是怎么样的?贵公司打算为这个项目提供多少融资?

外方: We will surely provide enough funding for this deal. We have more than enough money to do this. We represent many wealthy families and partnerships in the US, Europe, and Israel.(译文:我们肯定会为此次交易提供充裕的资金。我们的钱绰绰有余。我们代表的是美国、欧洲和以色列大量富豪家庭和合伙企业。)

中方:贵公司在投资界人脉深厚,让人印象深刻。我们希望能够资本的助推之下,更快地走出去。不过,请问贵公司本身想为这个项目投入多少自有资金呢?

外方: We have a huge investor network. They can finance deals of any size and structure. But usually, we are interested in investment of at least one billion US dollars, for a reasonable IRR.(译文:我们有巨大的投资者网络。它们有能力为任何规模或结构的交易提供融资。但是,我们一般感兴趣的是,以合理的内部回报率,至少投资十亿美元。)

中方:非常好!我们这是个重资产项目,资金需求还是比较大的。十亿美元还不到整个项目规模的十分之一。我们肯定可以满足您对投资规模的要求。

外方【不等翻译就说】: Remember, investment amount must exceed one billion dollars! Otherwise, it is not worth our time or efforts.(译文:记住,投资额必须超过十亿美元!否则,就不值得我们投入时间和精力了。)

中方:没有问题的。十亿美元在我们投资总盘子里只是很小一部分。您就算想投 100 亿,也不是不能接受。就看各方面的条件了。

外方【不等翻译就说】: We represent very large investors. One billion dollars is definitely the minimum. Compared with the money we have, it is only peanuts. We want to do strategic deals with you.(译文:我们代表的是实力非常雄厚的投资人。十亿美元是最底线。与我们拥有的资金相比,十亿美元是小菜一碟。我们希望跟你们进行战略性的交易。)

中方:好的,没有问题。我们想听听,您对于投资金额、合作方式、预期回报的想法。您有多少是自有资金？有多少是去外部找投资者来融的钱呢？

外方【不等翻译就说】：Mr. Interpreter, are you translating what I said? Are you telling the gentlemen across the table that we are very resourceful? We not only have money to invest, but also access to the capital market, for IPO and bond issuance. He must take our money. It is good for his company. Tell him. Tell him now!（译文：译员先生，你在翻译我说的话吗？你告诉他我们实力雄厚了吗？我们不仅有钱投资，而且还能对接资本市场，发股发债都行。他一定要接受我们的钱，对他的公司有好处。告诉他，现在就告诉他。）

中方：我们非常相信贵公司的实力。不过还是想了解一下贵公司在咱们合作中的定位是怎么样的？希望发挥一个什么作用？扮演什么角色呢？

外方【不等翻译就说】：I have done many landmark deals much larger than you can imagine. I am very well respected among professional investors. If I represent your company in front of global investors after our due diligence, our reputation will attract for your billions of dollars, way more than you can take.（译文：我们做过许多经典交易，体量超乎你们的想象。我在专业投资人当中备受尊重。在我们完成尽职调查后，如果我在全球投资人面前代言贵公司，我们的声誉会为你们吸引到数以十亿美元计的资金，远远超过你们的需求。）

中方：那也是我们求之不得的。我们也希望借助贵公司的声誉，对接全球顶级投资机构。不过可不可以请您介绍一下您的角色定位？是给我们融资，还是帮我们融资呢？

外方【不等翻译就质问译员】：Are you translating faithfully? I don't get my answers. I can't work in this way...（译文：你有没有在如实翻译？我没有得到我要的答案，我没法这样工作下去……）

2. 理论准备

本次案例模拟的是一场真实的口译工作，其中涉及译员与服务对象之间的关系问题。译员在从事口译工作时，身处在一个复杂的"生态系统"

中。下图是蒙娜切莉提供的口译工作生态系统示意图，从中可以看出，译员在工作过程中与客户、发言人、听众、技术辅助人员等都有着千丝万缕的联系。因此，译员本人的能力水平并不是现场口译质量的唯一决定因素，译员的表现会受到多种因素影响，其中之一就是本案例中展示的当事人因素，包括当事人有意或无意地与译员之间产生的互动。

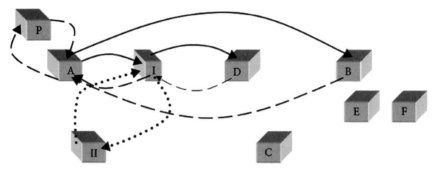

Figure System and ritual constraints in an interpreter-mediated event
Key: P - Chairperson; A- ST speaker; I - interpreter; I I - interpreting team member; D - primary TT receiver; B - primary ST receiver; C - technician; E - conference organizer and staff; F - professional associations; solid arrows, one-to-many communication; dash arrows, occasional communication, e.g. questions during discussion session; dotted arrows, interpreters' turn-taking.

本案例中的译员虽为外方雇佣，但其身份为自由职业译员，不隶属于任何当事方，是独立的第三方，因此他与当事双方的关系应该是等距的，主观上没有偏向任何一方。但是其口译服务质量仍遭到外方的质疑。在口译职业实践中，这种现象并不罕见。在本案例中，中方提出实质性具体问题后，外方顾左右而言他，一直不正面回答。中方代表显然对此不满，故一再追问。外方不但因此产生了抵触情绪，还以自我为中心，只顾自己讲，根本不愿意听对方在说什么。

在这种情况下，译员处于尴尬地位。译员是第三方，所以并不了解双方的真实立场。因此在双方沟通不畅时，译员并不清楚症结所在。如果是一名经验丰富的译员，一般会找机会找准双方沟通不畅的症结，例如文化差异、缺少诚意，或是谈判策略问题，然后据此调整翻译方式。但在课堂模拟情景教学中，扮演译员的是缺乏经验的学生。他们会更关注于翻译本身，一般想不到要跳出来思考影响翻译效果的译外因素，并想办法解决译外的问题。尤其是在外方当众直接质疑译员时，学生译员往往会显得茫然无措。

在本案例中，译员成了当事双方沟通障碍的"替罪羊"。对于此种现象，可以从心理学的视角来解释。曾有心理实验表明，当人们收到坏消息时，潜意识会不自主地分析事情的缘由，以缓解坏消息带给自己的心理创伤。在归因过程中，表面呈现出的因果特征会影响当事人的判断。例如，相比于旁观者，送信人表面上与坏消息的关系更近，收信人因此会对送信人产生各种无根据的判断，包括认为送信人"无能""不可信"等，但最主要情绪是"讨厌"。可见，收信人迁怒于送信者是有心理学依据的。译员在冲突关系中充当"传话筒"，风险尤其突出。

所以，不少职业规范都包含了译员保护条款。例如，国际会议口译员协会的《职业伦理准则》（2022版）第15条的主要内容是译员的"工作条件"。虽然其所声称的是为了"保证最佳口译表现"，但在本质上它是对译员的一种保护形式。例如，第15.5款规定，"只要条件适合，译员应要求举办情况通报会"。所谓"情况通报会"（briefing session），一般是由会议主办方组织的，其目的是向译员介绍与会议相关的背景信息，包括办会目的、期望目标、参会人员等情况。主办方有时还会安排发言人与译员提前见面沟通。通过"情况通报会"，译员可以对会议情况心中有数，从而设想困难、构思策略、制定应变预案。在本案例中，如果译员在洽谈会开始前有机会与当事双方分别沟通，了解他们的真实想法，那么在沟通出现障碍时，就有可能根据事先获取的信息，择机主动"介入"，既将沟通引回正轨，又避免自己为沟通不畅"背锅"。

因此，本次模拟情境案例教学的目标就是让学生感受实际口译工作中的压力和困难，并思考在译员遭到苛责、蒙冤受过时，可以有哪些应对策略。

3. 布置任务

教师在准备好脚本和做好相关理论准备后，就给学生布置了课前准备任务，包括阅读相关职业规范，如国际会议口译员协会（AIIC）《职业伦理准则》及其他口译职业规范中的译员保护条款，并向学生提出以下课前思考题：

（1）在口译工作中，如果当事双方沟通不畅，译员应该考虑哪些因素，并做出怎样的行动？
（2）如果在口译工作过程中遭到质疑，译员有哪些应对策略？
（3）译员应该怎样保护自己的权益？

二、课堂实施

课堂实施主要分为三个阶段：模拟案例观摩与思考、案例讨论与分析、归纳与升华。第一阶段，教师首先选定 1-2 名学生担任模拟洽谈的译员。若选择 1 名学生则担任双向口译，若选择 2 名，则分别服务于中外双方当事人。学生译员像在实际会议中那样，坐在模拟讲者的教师和/或助教身后。模拟活动开始前，教师提醒其他学生仔细观察口译工作的场景，特别要关注译员遇到的挑战及应对情况，为接下来的分析和讨论打下基础。第二阶段，就模拟洽谈中译员的表现分小组开展分析和讨论。第三阶段，教师对案例研讨进行小结，介绍相关理论，提出课后思考问题。例如，译员怎样才能不当"替罪羊"，避免代人受过？

1. 案例观摩与思考

在模拟口译场景案例教学中，对模拟口译工作的观摩是前提。因此，在模拟活动开始前，教师提示学生们要仔细观察译员的表现，记录好自己的思考感悟。在本次课堂教学中，案例中的发言人是由教师本人和助教配合扮演的。教师和助教主要根据脚本尽量拟真地演出洽谈会的场景，但也可以根据模拟表现随机应变，在脚本基础上略做发挥。在模拟现场，讲者通常可以对脚本进行一定调整，提高模拟难度，给学生译员留下更深刻的印象。在模拟过程中，其他学生观摩、记录和思考案例中出现的问题，设想自己的解决方案。此次教学中，译员由一名学生担任。以下是模拟现场实际出现的原文和译文的文字实录：

中方：非常欢迎以 Huyoo 先生为首的 Sincere 投资集团代表团。

译员：Firstly, I would like to warmly welcome the delegation from Sincere Group, Mr. Huyoo.

外方：Hello, Madame President, thank you so much for receiving us. We come here with absolute sincerity, and hope to work out a deal which is agreeable to both sides. With our immense financial resources, we will make this deal a great success.

译员：首先非常高兴能够，呃，获得您的热情欢迎。我们怀着满分的诚意来到这里，希望能够达成双方都满意的交易。同时我们也有非常雄厚的金融资源，希望能够在这笔交易中达成很好的作用。

中方：我们充分相信贵方的资金实力。请问贵司打算投资多少，占多大股份呢？

外方（不等译员翻译）：Yes, we manage enormous... （译员向外方示意）... Oh, sorry, sorry, sorry.

译员：Of course, we are 100% confident in your strength and how much investment would you like to, uh, give this time? How much share do you want?

外方：Yeah, you know, we have enormous capital, which is more than what you can imagine or what you will need. Behind us, there is a huge pool of wealthy families. They are eager to invest a viable company like yours.

学生译员：我们资本非常雄厚，可能说多到你想都想不到，而且也完全能够满足你的需求。在我们公司的背后有非常多富裕的家庭，他们都非常渴望能够投资像贵公司这样非常有，呃，潜力的公司。

中方：非常感谢您的肯定。我们一定会加倍努力，与您密切配合，确保项目成果达到您的预期，实现互惠互利。请问一下，您计划如何设计这个项目的架构？是作为股权注入，还是作为债权融资呢？

译员：Thank you for your acknowledgment, and we will redouble our efforts to make it a reality. Uh, and we will also strengthen the cooperation to deliver as expected by your side. And, uh, may I ask you a question? What's your, uh, what's the structure that you want, want to have and, uh, in a form of equity investment or the, um, bond?

外方：Yes, indeed, you must never doubt our financial strength, or sincerity. We are here to be your partner, whom you can comfortably trust in Europe.

学生译员：当然我们的资金是非常雄厚的，而且我们也是满怀着诚意来到这里，我觉得我们是您在欧洲完全可以信得过的一个伙伴。

中方：是的，我们非常相信贵司的实力和诚意，愿意与贵司共同开拓欧洲市场，对接欧洲投资人。不知贵司对此次投资的想法是怎样的？

学生译员：Of course, we completely believe in your financial resources and sincerity. And we also want to join hands with you to expand our market in Europe. Can you tell us any plan of your side?

外方：Yes, we have very high expectations for this investment. It will reshape this industry in the Chinese, if not the global market. Remember, we are your best partner along your journey towards global leadership.

学生译员：我们对本次交易的期待是非常高的，我们这次交易达成了就会重塑整个行业，我不敢说是世界的，但是中国的一定没问题，我们会是你成功走向全球道路上最重要最好的伙伴。

中方：这一点我们毫不怀疑。我们也希望有幸与贵公司合作。不过我们希望了解一下合作的方式是怎么样的？贵公司打算为这个项目提供多少融资？

学生译员：Yes, we definitely believe in that. And actually, we want to go into details like what are the concrete number that you want to give us.

外方：We will surely provide enough funding for this deal. We have more than enough money to do this. We represent many wealthy families and partnerships in the US, Europe, and Israel.

学生译员：当然我们一定会提供足够的资金来确保能够满足你的要求，甚至可能比你需要的还会给你更多，但是，呃，因为我们背后代表的有很多，呃，富裕的家庭，还有很多合作伙伴，他们遍及欧洲，呃，美国以及以色列。

中方：贵公司在投资界确实是人脉深厚。我们希望能够在资本的助推之下，更快地走出去。不过，我们还是想问一下贵公司本身想为这个项目投入多少资金呢？

译员：Yes, definitely. I know, I know your company has a lot of connections in this regard, and we certainly want your capital to facilitate our deal and our footprint around the world. But again, um, can you reveal to me any number for this investment?

外方：Footprint? We have a huge investor network. They can finance deals of any size and structure. But usually, we are interested in investment of at least one billion US dollars, for a reasonable IRR.

学生译员：的确我们在全世界都有很多，呃，这样的足迹，同时我们有很多的投资者。我们实际上，呃，预期的整个投资规模至少要10亿美元，这是我们的一个最低的要求。

中方：非常好！我们这个项目是个重资产项目，资金需求还是比较大的。十亿美元还不到我们整个项目规模的十分之一，我们当然可以满足您的投资规模要求。

外方（不等翻译就说）：Remember, investment amount must exceed one billion dollars! Otherwise, it is not worth our time or money.

学生译员：（沉默5秒）...Of course, our, uh, our project actually is larger than the time, uh, than one million, uh, one billion dollars.

外方：We represent very large investors, remember?

学生译员：他说至少要达到10亿的规模，而且他有许多投资者在背后支持他们的公司。

中方：这个是没有问题的。十亿美元在我们投资总盘子里只是很小一部分。您就算想投100亿，也不是不能接受。就看各方面条件怎么说了。

学生译员：Yes, you can give us, uh, actually more than one...

外方（不等翻完就说）：One billion dollars is definitely the minimum. Compared with the money we have, it is only peanuts. We want to do strategic deals with you.

译员：呃，他说，10亿美元只是最低的限额，他当然可以投资更多，实际上这只是他们庞大的资金库里面很小的一部分，他希望投更多。

中方：这个啊，没有问题。我们还是想听听，对于投资金额、合作方式、预期回报的想法。您有多少是自有资金？有多少需要去外部找投资者来融资呢？

外方（不等翻译就说）：Mr. Interpreter, are you translating what I said faithfully? Are you telling this lady across the table that we are very resourceful? We not only have money to invest, but also the access to the capital market, for IPO and bond issuance, you name it. She must take our money. It is good for her company. Tell her. Tell her now.

学生译员：（沉默5秒）……就是，他说他愿意投资，并且，就是，希望能够更多地给我们的资金，并且他希望你能相信他，就是，公司的实力。

中方：我们当然非常相信贵公司的实力。就是我们还是想了解一下贵公司在我们合作中怎么样定位呢？希望发挥什么作用？扮演哪种角色？这个是我们关心的。

译员：Yeah, we never doubt your financial resources.

外方（不等翻完就说）：That is correct, you never doubt us. We have all the money you need. We want to do strategic deals, much larger than you can imagine. We are very respected in the professional investment community. If, you know, if I represent your company in front of global investors after our due diligence, our reputation will attract for your billions of dollars, way more than you can take.

学生译员：呃，我们是一家……

中方（对译员说）：我的问题他回答了吗？

学生译员：呃，就是，他还是在强调自己公司有着非常雄厚的……

外方：Are you having a chat?

学生译员：I was interpreting.

外方：OK.

学生译员：Please wait a moment.（转向中方）然后，就是他说，在这个，就是还是强调他的公司非常有这个实力，并且他在全球有投资者，那么，在完成这个尽职调查之后，会给我们超过几十亿美元的这种投资。

中方：这个当然我们也是求之不得的。我们也希望借助贵公司的声誉，对接全球顶级投资机构。不过还是回到这个问题啊,请您介绍一下您的机构的角色定位。到底是直接投给我们资金呢,还是帮我们去融资?

学生译员:Uh, so certainly we're welcome, uh, your input and we want to have like...

外方(不等翻译就质问译员):No, no, no, I think, you know, uh, so many times, I'm not getting the answer I need. Are you translating? I can't work in this way with you.

学生译员:Uh, yes, I, I was translating and, uh, you can let me finish? Thank you!

外方:You finish? You can finish yourself.

学生译员:No, I was going to finish. So, actually, our side is...

2. 案例讨论与分析

整个模拟的过程是引人入胜的。担任译员的同学感受到了真实工作现场的挑战,观摩的学生也看得津津有味。在模拟结束后,教师首先请担任译员的学生分享自己在刚才的模拟情境中的真实感受、遇到的挑战、心理活动以及做出行为选择时考虑的因素。

在复盘时,扮演译员的学生首先表示感觉到这次的谈判过程非常激烈,很多地方很难翻译。他这样描述自己在翻译过程中遇到的挑战:"作为一个译员,你可能很快就会发现双方的gap在哪里。但是,我自己在翻译的时候,我觉得我自己虽然代表的是中方,但我不能替他去说这个话。所以我可能知道对方可能一直在画大饼,不愿意给实际的答案,但是我作为译员,能力有限,只能尽可能在翻译的时候提醒一下双方各自想要的是什么。但是如果外方一直不说,我感觉我可能也是要等中方说了我才能翻他这个话。我感觉译员不太有太多的发挥空间。我还会受到场上紧张气氛的影响。"

从上述分享可以看出,虽然学生译员知道自己是在模拟情境中,但却真切地感受到了工作现场激烈紧张的气氛,以及遇到难题时的无奈和困惑。因为事后复盘趁热打铁,所以学生译员分享的感受真实而生动。因为他也是学生中的一员,所以他的分享更能激发其他同学的共鸣,激活全班接下来的分析和讨论。在学生译员完成分享之后，全班同学分成若干小组，在教师的引导下讨论刚才的模拟情况。小组讨论完毕后，恢复成全班教学。教师邀请各组代表汇报各组如何看待学生译员遭受的挑战，建议如何应对。教师特别强调，要从译员自我保护的视角讨论译员的行为得失。我们在这里简单概括相关讨论的主要内容。

在本案例中，外方代表对中方代表关注的具体问题避重就轻，双方对话进行了多轮，但是沟通并不顺畅。在此过程中，译员逐渐意识到外方可能是在有意回避，不想正面回答中方提出的关于投资金额、合作方式等的具体敏感问题。但是，作为译员，他并没有权力直接告知中方，外方不愿意回答该问题，因为这种介入很有可能造成"越界"。所以，他只能跟着外方"兜圈子"。一般来说，新手译员在第一次遇到这种情况时，心里会产生一定的紧张情绪，甚至可能会对自己的工作能力丧失信心。与此同时，中方坚持要从外方口中明确了解投资金额与合作方式，因此揪住问题不放。由于沟通效果未达预期，外方产生了抵触情绪，进而将不满发泄在译员身上。译员虽然无辜，但是由于多次被外方讲者打断并抢话，甚至翻译忠诚度遭到公开质疑，陷入了尴尬境地。

在模拟现场，被外方不断抢话和打断后，译员明显产生了紧张情绪，出现"脸红"，乃至不知所措等反应。此时，译员的沉默次数增加了，译文的流利程度降低了。译员语塞时，正是他遇到挑战思考对策的过程。沉默次数与时间的增加都显示出译员感到的挑战越来越大。而译文流利程度的降低则主要体现为译文中出现了大量"嗯""啊""就是"等口头语。但译员在现场的做法也有可取之处，例如，遇到外方不断抢话和打断干扰时，他尝试向外方解释，表示希望对方能让他完整翻译。这种做法是译员自我保护的一种形式。译员的主要任务就是完整、准确地传递信息。如果完不成这个主要任务，辜负了译员的职责，就极有可能受到双方的质疑。但是，在工作现场，译员可能会遇到各种干扰因素，导致其不能完成该任务。在这种情况下，译员必须想方设法，寻找机会，排除干扰，完成任务。这样，既能保障会议的沟通效果，又能保全自己的职业声誉。

此外，模拟洽谈的现场气氛紧张，译员如果心理素质不过硬，就很可能被参会者的"霸气"镇住。译员如果显露出怯懦和犹豫，就更容易被当事双方质疑。因此，译员不仅要有良好的业务能力，还要有扛住各种挑战和质疑的强大心理素质。

在讨论中，教师引入了另外一个质疑译员的案例，以此说明译员在工作中被迫"背锅"的现象并不罕见。该案例的全文如下：

2019年7月3日，在夏季达沃斯论坛期间，蒙牛总裁卢敏放出席了一场名为"全球经济展望：亚洲视角"的专题讨论会。主持人史蒂芬·恩格尔与卢敏放有如下一段对话：

史蒂芬·恩格尔：Have you overcome the perception gap of the quality issues from 2008? When you go abroad, these issues do come up, right?（蒙牛是否已克服2008年质量危机后消费者对中国乳品形成的偏见？在开拓海外市场的时候，是否因此受到影响？）

卢敏放：Actually, I would say not really. We are in Indonesia, even in Singapore, today, in yogurt business, we are growing very strong in Singapore. *The main reason is that we always want to go there with the best product, the premium product, high quality innovation,* so that changes the perspective.

对于卢敏放的这句话，当时的同传译员是这样翻译的："在新加坡，我们的酸奶业务发展得非常好。主要原因是我们总是把最好的产品，优质的，高质量的创新产品放到这些市场，这就改变了大家对我们的看法。"

第二天，有媒体对同传译员的译文断章取义，以《蒙牛卢敏放：我们总把最好的产品投放到新加坡市场》作标题，暗指蒙牛只把好产品卖到国外，撩拨国人敏感的神经。报道一出，立刻被多家媒体转载，在社交媒体上掀起巨大舆论风波。事后，蒙牛迅速对此作出正面回应，向公众披露了蒙牛在质量把关上的更多技术细节和严格标准，扭转了由此产生的负面影响。随后，这段话的官方译文也被修订为："我们总是希望向当地展示最好的、最高端的和高水平创新的产品，由此来改变他们对中国产品的偏见。"之后，网上又陆续出现了多篇指责译员失误的报道，似乎整个舆论事件都是口译员一个人的错。

在本案例中，讲话人口中的go there with是一个极其模糊的措辞，而最终的官方译文将其处理为"展示"，同样是一个模棱两可的概念，可谓是"以毒攻毒"。我们知道，同传是一项时间压力很大的工作。译员需要在听到讲话的霎那间迅速做出判断，组织语言，将信息同步传递给听众。案例中的现场译员按照自己对 go there with 的理解，处理成了"放到这些市场"，从同传的技术角度来讲并无不妥。go there with 的字面意思是"带着某个东西去某个地方"，如果译员当时翻译成"我们总是带着最好的、最高端的和高水平创新的产品去这些市场"，恐怕也会被媒体抓住"小辫子"大做文章。如果要追究该舆论事件的始作俑者，无疑是断章取义的媒体。面对如此事关重大的主题，任何负责任的媒体都应该核实讲者原话，确定讲者本意，而不是揪住译员在一刹那的选词大肆炒作，博眼球赚流量。蒙牛回应后，媒体又集体把矛头转向了译员，将整场闹剧归咎于译员失误。译员无力引导舆论，只能眼睁睁看着自己卷入一场新闻事件，背负不该有的骂名。

从上述案例中可以看出，公众对于译员的工作往往只知其一，不知其二，只看到结果，不探究原因。而译员常常隐身幕后，少有机会发声，导致"背锅""躺枪"在口译实务中屡见不鲜。

经过对模拟洽谈案例和教师引入的新案例的分析与讨论，学生直观深入地认识到，在工作中遇到挑战时应该主动采取应对策略，在遭遇质疑时更要积极应对，做好自我保护。这也为他们思考在今后遇到类似场合时该如何处理提供了资源。

3. 归纳与升华

在本次课上，学生在教师引导下对模拟情境中的口译活动进行了充分的分析和讨论，特别是通过观摩和学生译员的分享，使他们对译员在口译实务中遇到的挑战有了更加生动、直观的认知。此时，教师抓住机会对本次模拟口译活动中涉及的重点问题，结合相关理论和职业经验进行归纳与升华。

首先，教师指出，在口译实务中，译员遭到质疑的场合并不少，但其原因是多方面的。如果是译员本人能力不足自然会招致非议。但是在有些情况下，译员受到质疑的原因并非出于自身，而是服务对象。例如，服务对象自己出错,却故意把责任推给译员,或服务对象不认同译员人选等,都可能导致服务对象当场挑战或质疑译员的翻译质量。因此,首先应该认识到,在口译工作中遭遇质疑是常见现象,不必过于紧张,应根据现场情况判断质疑背后的真实原因,并采用合适方法,消除译员遭质疑的理由。此时,为更好地说明口译实务中情况的复杂性,教师又引入了一个新案例。在参加某个高级别谈判期间,主办方在中场休息时向译员坦言:"其实我们的外语都很好,但这次谈判事关重大,之所以要用翻译,是为了多一个回旋的余地。万一要谈崩,我们还可以把责任推到翻译身上,就说是翻译没翻好。"果不其然,在会谈临近结束时,外方代表表示这次谈判过程中,中方发言时间较多,留给外方的时间较少,有失公平。而中方领导回应道:"外方有这样的感受,我们深感抱歉,我想这会不会是因为翻译的过程中出了什么问题,还请贵方多担待。"当天晚上的欢送晚宴上,中方领导找到译员说:"这次真的辛苦你啦。我们也都知道怎么回事儿,说是你的问题也是为了给外方一个说法,请你多担待啊。"从这个案例可以看出,译员"背锅"未必总是坏事。译员为主办方分担责任,反而能让主办方对译员增加好感。所以,在译员"背锅"的问题上,既要辨明"背锅"的真实原因,又要在有条件的情况下主动保护自己。

其次,教师分享自己在职业实践中遇到类似问题时的应对经验。教师本人也曾遇到过在工作现场被打断和被纠正的情况。例如,在陪同外资银行拜会国内某部委时,外方提到随着中国老龄人口增加,老年病也更加流行,如 diabetes、obesity,还有 dementia,译员当时不知道 dementia 的意思,在翻译时就采取了不翻译的策略,说成:"比如说,有糖尿病、肥胖症,还有 dementia 等。"此时,一名中方参会代表插话道:"是老年痴呆。"因为他是善意提醒,所以译员欣然接受,并顺水推舟地说:"对,还有老年痴呆。"由此可见,被参会代表打断或纠正时,译员在实务中也可以根据当时的情况和对方的意图做出判断,并选择自己的应对方式。

再次,教师可结合译员行业组织规范中的译员权益保护条款。例如,国际会议口译员协会(AIIC)《职业道德准则》中有关译员"工作条件"的相关条款就指出了保证译员正常从事口译工作的必要条件。保护译员权益,既需要行业协会的支持,也需要译员个人的"据理力争"。译员权益中的一项重要内容就是译员的职业声誉。现场质疑译员,表面上是对译文个别词句的不信任,但实际损害的是译员的职业声誉。所以,译员有必要采取明智的方式保护自己的职业声誉。正如在本次模拟情境教学中所显示的,译员在交传时受到质疑的概率高于同传。在交传时,译员与会议代表同处一室,而且讲者讲完译员才翻,所以便于参会人员听出问题、质疑译员。在遇到质疑时,如果是自己的确出错,译员就应该虚心接受,澄清原意,调整译文。如果不是翻译的问题,而是译外因素导致的,译员就应积极思考,并采取适当的应对策略,维护自身的职业声誉。例如,如果某位会议代表常常打断译员的翻译,质疑译员的水平,译员不必与之正面冲突,而是可以在休息时与会议主办方沟通,表示自己愿意虚心接受代表的正确意见,但是该代表围绕枝节问题质疑译文,影响译员心理事小,耽误会议进程是大,请主办方协助沟通。

复次,教师可以问学生,译员能否摆脱"替罪羊"怪圈。归罪译员并不罕见。人们对译员的怀疑是对"他者"深层恐惧的外在表现之一。因此,难以杜绝"替罪羊"现象。但是,译员可以有所作为,尽量减少这种现象。第一,译员应确保自己在接受每次口译任务时都足够胜任,会前做好准备,包括充分了解交流内容。第二,在会上,译员应把握好角色边界,做到"不缺位、不越位",不留口实给对译员怀有负面情绪的人。第三,译员还应不断提升自己的心理素质,做到"宠辱不惊",审时度势,应对得当,有理有节,既不无辜"背锅",也不因无端质疑而垂头丧气。

最后,教师还特别提醒,为了少"背锅",保护好职业声誉,译员一定要谨慎承接口译任务。教师借此机会向学生介绍了此次所模拟的案例在现实中的发展和结果。在现实中,译员曾几次受邀为这名外方代表担任口译,他明显感觉到外方在"画大饼"。每当中方或译员试图与外方讲者明确投资金额和方式时,他就会打断译员或抢话。经屡次示意无效后,译员对其坦言:"I cannot work in this way. You have to let me finish. That's not the professional way to work."(我无法这样工作下去,你得让我翻译完。现在这样不是职业工作的方式。)可是,外方的反应却非常蛮横无理:"I hired you. You serve me at my pleasure. You have to like me because I pay you."（我雇用了你，你的服务得让我高兴。你必须喜欢我，因为我付你钱。）在几次接触后，译员感觉到这个外方代表有问题，决定不再为其提供翻译服务。结果在几个月后，译员就听说该代表因为诈骗被两国警方通缉了。所幸译员没有被牵扯进去。所以，译员在接受口译任务时，不能只看收入，也要考察客户背景，以免殃及自身。

通过教师对讨论与分析内容的归纳与升华以及更多的职业经验和案例分享，学生对模拟情境口译案例中所涉问题有了更加深刻的理解。他们在今后遇到类似问题时将更有可能心里有数、应对得当。

三、课后评估

模拟口译情境案例教学是比较受学生欢迎的一种教学方式。它现场感强，不仅担任译员的学生身临其境，台下观摩的学生也有很强的"带入感"。本次案例教学课后评估可以从学生和教师的角度分别进行。

对学生的评估分为两类对象。一类是扮演现场译员的学生，另一类是观摩的学生。对于学生译员的评估可以基于其口译表现，考察具体词句的翻译、与服务对象之间关系的处理、对现场挑战的应对等。而对观摩学生的评估则可考虑其课前准备和课堂参与讨论的情况。学生如果在课前对教师提出的讨论题进行了认真思考，查找了相关的资料，了解了一定的理论知识，在课堂讨论中就会提出更有广度和深度的见地，也会有较好的评估结果。

对学生的评估还可以采取学生撰写学习心得报告的方式。模拟口译场景的教学方式对学生来说新鲜感较强，特别是扮演现场译员的学生。学生可以在报告中分享自己对本次教学的感受，反思自己在本次扮演译员或案例讨论中的表现。案例教学以培养学生的职业能力为重点，而能力的培养是在体验和反思的不断循环中实现的。

对教师的评估应包括课前准备、课堂实施和课后环节。特别要指出的是，在模拟口译场景案例教学中，教师所准备的脚本质量对教学效果有关键性的影响。只有真正来自口译实践，又能活灵活现地呈现出真实挑战的脚本，才能还原口译实务中的场景，产生强大的"带入感"，不仅让扮演译员的学生"设身处地"，也能让观摩的学生聚精会神、感同身受。

学生对教师的评估和教师个人的反思评估都是必不可缺的。判断教学效果的一个简单标志就是，学生感到有收获。在对本次课堂教学的反馈中，学生普遍表示有不少获益。他们看到了在真实口译场景中的挑战，也看到了自己或同学在应对挑战时的经验不足，更从案例的讨论与分析中获得了行动的指南。而教师个人的反思则应基于模拟口译活动的效果和课堂讨论的质量。决定教学效果的一个重要因素是案例脚本的质量。此次教学使用的案例脚本真实地体现了实际的工作场景，为学生提供了在逼真环境中实战化演练，并反思如何应对职业实践中难题的机会。但教师也意识到，毕竟学生实践经验尚浅，遇到难题和挑战时因应对不当而产生无奈和困惑的情绪。而且，对译员"背锅"现象在职业实践中的种种体现，学生们也还缺乏切身感受和敏感度。在今后的教学中，教师也可以先分析几个典型职业案例，再开展模拟情境的口译活动。在对相关现象有了一定的理性认识后，学生会在模拟口译活动中更有意识地做出策略选择。

案例教学具有互动性，取决于师生双方的临机反应。所以，它是一种常用常新的教学方式。即使是同样的案例，用于不同的学生会有不同的应对和反思。所以，在每次教学过程中，教师都可能有新的收获和感悟。如果教师能够抓住教学过程中一闪而过的灵感，案例讨论中时时迸发出的思想火花，就能不断从细节层面改进案例教学的设计和实施，达到越来越好的教学效果。

第四节　视译案例教学实例

在口译技能教学中，也可以采取案例教学模式。案例教学的核心是以学生为主体，学生在教师的引导下首先去分析问题、讨论问题，继而思考解决方案，并在解决问题过程中，形成策略性的能力。视译是口译中的常见形式之一，应用范围广泛，是口译学生的必备技能之一。在视译教学中，我们可以采用案例教学的方法，采取先呈现案例，由学生分析案例，讨论译文，最后由教师归纳和升华的教学模式。本次案例教学的目标是通过英文长句的视译练习，让学生掌握断句和顺译的各种技巧，并牢固树立断句后的衔接意识。

一、课前准备

1. 案例选择

在课前准备阶段，教师精心选择了视译中常见结构的英文长句，准备了教学案例的文本。教学案例中的英文长句均来自真实的演讲，教师从中挑选出具有代表性的句子。这些句子是典型的英文长句，如果能娴熟地运用断句和顺译技巧，就能够非常顺畅地视译出来，如果不能有效运用断句和顺译技巧，译文必然是不流畅的。通过对这些英文长句的断句和顺译技巧的学习，学生可以体会到断句的重要性，掌握断句后衔接和顺译的基本方法，并在今后遇到英文长句时能够有效地进行断句和顺译。案例全文如下：

（1）China's economic growth was sparked by its unprecedented economic and cultural opening up to the world.

（2）We must therefore mobilize the $7 billion a year needed to meet the educational costs of providing primary education over the next 10 years for the 130 million children in developing countries who do not now have access to it.

（3）We would like to help by improving the technical capacity of the correspondent ministries in each country that will be responsible for implementing these actions.

（4）There will be less corruption in Africa if there is no place to hide the proceeds of corruption or if the proceeds of corruption, once uncovered, are returned to their real owners, the people of Africa.

（5）We are most likely to reduce gender asymmetries in power and resources when we use a multi-pronged approach that operates at a policy level within a framework of poverty reduction and economic growth.

（6）According to most market observers, foreign insurers remain far ahead of their Chinese competitors in terms of the expertise, the products and the quality of service, and yet in key segments of the insurance market foreign insurance companies in China are restricted to doing business through weak performing joint venture partnerships that prevent these foreign companies from ever attaining a majority share.

（7）The role of the EU is to complement national information and marketing efforts, and promote the European dimension of higher education, including through innovative approaches such as a more intensive use of student and alumni associations as ambassadors of European higher education and programs.

（8）The willingness of China to share its lessons and experiences with other countries through this training center and also learn from them is a demonstration of the Chinese Commitment to help developing countries to improve their development status.

（9）As the Premier noted, the poverty reduction strategy of years ago, the seven-year strategy, now succeeded by another five-year strategy, this attention to continuity, this attention to a consistent strategy, this line of thinking which does not allow for forgetting earlier strategies, which makes allowance for political changes but which has a consistency, is something from which we need to learn.

（10）At the same time, China has acknowledged that the growth model it has relied on for the last 30 years — one based on low-cost exports to the rest of the world and investment in resource-intensive heavy manufacturing — cannot serve it as well over the next 30 years.

2. 理论准备

断句和顺译是视译中的核心技能。"断句是节省记忆能量的重要手段。而在断句之后，关键是把各个切开的部分连接起来，即进行顺译（又称顺句驱动）。"（张维为，1999：41）由于中英文语序的差异，在英汉笔译中，常常需要对原文语序进行一定的调整，有时甚至需要将前后的部分颠倒过来，才能译出符合中文习惯的句子来。因此，英文长句的汉译本身就是英译汉中的一个难点。而在视译中，我们一般不主张调整语序，原因是视译训练的一部分目的是为同声传译打基础的，在同声传译中，信息是"随进随出"的，一般情况下是不能等待很久就必须说出译文的。因此在视译中，不可能像在笔译中那样反复斟酌，译员必须在瞬间做出断句决定，尽量遵循原文的语序，实现"顺句驱动"。

例如，教学案例中的第 1 句：China's economic growth was sparked by its unprecedented economic and cultural opening up to the world.

本句中含有一个被动结构，如果是笔译，可以译为："中国的经济增长是由她前所未有的经济和文化开放带来的。"甚至可以将前后部分的内容完全颠倒，译为："中国在经济和文化领域前所未有地对世界开放，这带来了她的经济增长。"然而，在视译中，这种译法显然是不符合"顺句驱动"要求的，因为它没有跟随原文的语序，而是调整了语序。与笔译不同的是，在视译中我们的首要原则是遵循原文语序，如果要想既遵循原文语序，又能给出顺畅的译文，就有必要采用断句和顺译的技巧。我们首先对上句进行断句：

China's economic growth was sparked by // its unprecedented economic and cultural opening up to the world.

断句后，我们发现，这个句子要实现"顺句驱动"的关键在于对 sparked by 及其所体现的被动结构进行灵活处理。为实现"顺句驱动"，我们有时可以采取将被动结构转化为主动结构的方法，也就是找到中文里的一种或几种说法，既能够体现出 sparked by 的意思，又可以不用被动结构。在翻译这句话时，一个可选的说法就是"得益于"。如果我们用"得益于"来翻译 sparked by，那么全句译文就是："中国取得的经济增长得益于她在经济和文化领域前所未有的对外开放。"可以看出，通过巧妙地使用"得益于"，不仅化被动为主动，而且也比较准确地体现了原文所要表达的意思，可以说，是比较好的视译译文。

需要说明的是，在视译中，如果进行了断句，一定要注意断句不是对原文的机械切割，而是为了在视译模式下更完整、更流畅地传达原文的意思。因此，在断句后，一定要考虑衔接问题。特别是在处理长句时，需要使用各种有效的衔接手段，包括语言、声音、手势、身势，乃至表情等，以确保在断句后，译文的意义和语气是有衔接的，确保原文的主要信息不会因断句而偏移或改变。

例如，教学案例中的第9句：

> As the Premier noted, // the poverty reduction strategy of years ago, // the seven-year strategy, // now succeeded by another five-year strategy, // this attention to continuity, // this attention to a consistent strategy, // this line of thinking// which does not allow for forgetting earlier strategies, //which makes allowance for political changes // but which has a consistency, // is something from which we need to learn.

这句话断句不难，因为原文的结构比较松散，其中有很多停顿，只要根据停顿断句就可以了。但是，断句后的衔接却不容易，需要译员采用各种手段使译文流畅。从以下译文中可以看出，衔接的方法是多样化的，但无论使用何种衔接手段，其目的都是为了实现译文的完整和顺畅。

译文：正如总理刚才所说，多年前实施的扶贫战略，也就是七年扶贫攻坚计划，现在已经被另外一个五年战略所继承。这种对延续性的重视，以及对战略连续性的重视，是一种良好的思维方式，它使人不忘先前战略，同时又为政治的变化留有余地，而且，它还具有连续性。这种思维方式是我们需要学习的。

可以看出，译文在"顺句驱动"的过程中，在不改变原文语序的情况下，通过多样化的衔接手段对原文的结构进行了调整，乃至优化，从而使得译文不仅完整地传达了原意，而且还保持了顺畅。

在视译中，为实现断句和顺译，还可利用一些特殊技巧。例如，教学案例中的第4句：

There will be less corruption in Africa // if there is no place to hide the proceeds of corruption // or if the proceeds of corruption, // once uncovered, // are returned to their real owners, // the people of Africa.

此句实现顺译的核心在于 if 的译法,若将 if 译为"如果",则译文听上去不够自然,不符合中文的表达习惯。而若将 if 处理为"但前提是",或者"但条件是",则译文可以流畅地顺译下来。

译文:非洲的腐败现象将会减少,但前提是没有地方藏匿腐败所得的赃款,或者,这些赃款一旦被发现就被归还给他们真正的主人,非洲人民。

又如,教学案例中的第8句:

The willingness of China // to share its lessons and experiences // with other countries // through this training center // and also learn from them // is a demonstration // of the Chinese Commitment // to help developing countries // to improve their development status.

本句实现顺译的一种技巧是"词性转换",即将英文中的名词转化为中文里更常用的动词,从而实现顺译。

译文:中国愿意分享自己的教训和经验给其他国家,方法是通过建立这个培训中心,同时,中国也向其他国家学习。这说明中国致力于帮助发展中国家提高他们的发展水平。

这句话中除了"词性转换"外,还对"through"进行了特殊处理,将其译为"方法是"。该词在其他场合下还可以译为"途径是""平台是"等,这些译法都有助于实现断句后的衔接和顺译。

3. 布置任务

教师在选好用于视译练习的长句和做好相关理论准备后,就给学生布置了课前准备的任务,要求学生阅读全国翻译硕士学位(MTI)系列教材之《英汉视译》第 14 和 15 单元关于长句视译的介绍,并向学生提出以下课前思考题:

(1) 英语中的长句有哪些特征？
(2) 英文长句的衔接手段与汉语长句有什么差异？
(3) 对英文长句进行断句时，有什么规律可循？

二、课堂实施

为使学生对视译的重要性有切身感受，教师首先提到，因为视译测试比较容易进行，所以口译专业学生在毕业后去用人单位参加面试时，常常会被测试视译，以此作为评判他们口译水平的依据之一。如果熟练掌握视译技巧，就能在面试和职业实践中产出完整、流畅的译文，得到雇主或客户的青睐。

课堂讨论由案例背景介绍、案例讨论与分析和归纳与升华等三个主要步骤构成。第一阶段教师对本次教学的目标和所选择的案例做简要介绍，主要是介绍与视译相关的一些背景。第二阶段，教师向学生发放教学案例，让学生分组开展练习与分析，并且根据情况引入更多句子，逐步引导学生在策略层面上开展思考与讨论。第三阶段，教师对本次案例学习过程进行小结，并结合相关理论背景与学生共同探讨课前思考题中提出的规律性问题。

1. 案例背景介绍

教师告诉学生用于本次案例教学的英文长句均选自真实演讲原文，是译员在视译实践中可能遇到的典型句，而本次案例教学的目标就是让学生了解英文长句断句和顺译的技巧。为了让学生对在口译实务中应用视译的场景有更加深刻的体认，教师还对口译实务中用到视译的场合进行了介绍，并结合自身的经历分享视译实践中的挑战和应对策略。

在口译实务中，虽然大多采用的是同声传译和交替传译的模式，但有时也会用到视译，比如在正式会议、颁奖典礼、晚宴发言时，演讲人都有可能提供发言全稿给译员，译员在翻译时就可以根据稿件进行视译。但需要做视译的场合并不一定是有准备的。例如，教师本人就曾几次遇到临时被要求进行视译的情况。在这种情况，一般是没有时间对所要视译的材料进行充分准备的。因此，掌握了视译技巧和没有掌握技巧的译文会有很大差异。如果有娴熟的断句和顺译技巧，视译也能做到让听众感觉译员不是在翻译，而是在读出已经提前准备好的译文。而如果缺乏相应的技巧，则译文可能磕磕巴巴，给听众留下糟糕的印象。

在进行了背景介绍后，教师就向学生发放教学案例，并要求学生分组进行练习和讨论。

2. 案例练习与讨论

学生在小组中进行视译练习。练习开始前，先要求学生用 10-15 分钟左右的时间对案例进行个人的阅读和思考。在此过程中，学生的主要任务是对原句进行断句，并初步思考断句后如何衔接和顺译。继而在小组范围进行集体练习，一般可以采用小组成员每人轮流翻译一句的方式，在一名组员翻译后，其他组员可以从各自角度提出反馈和改进建议，并围绕断句和顺译的相关问题展开讨论。这样做的好处在于所有小组成员都可以参与练习，而且能够得到其他成员的反馈。口译练习中的一个重要因素是有意义的反馈。如果练习没有得到反馈，口译技能就较难得到提高。在传统的训练模式下，一堂课上能得到反馈的同学比较有限，而在采取了案例教学模式后，每位同学都有练习机会，每位同学都可以得到反馈，而且是多个反馈，这对提高学生的口译能力是非常有益的。

在小组练习过程中，有些同学会在视译时遇到困难，或是未能有意识地运用断句和顺译技巧，而是像在做笔译时那样习惯性地对句子成分进行前后调整，或是虽然想尝试断句和顺译，但却不知道该如何下手。在这种情况下，小组其他成员就会"七嘴八舌"地提出意见，讨论断句位置和断句后衔接和顺译的方法。教师应随时关注各小组的讨论情况和进度，一方面在小组遇到困惑时，可以适时提示，同时也把握进度。例如，在教学案例第 3 句中：

> We would like to help by improving the technical capacity of the correspondent ministries in each country that will be responsible for

implementing these actions.

如果没有采用断句和顺译技巧，就需要对句子结构进行较多调整，英文是典型的右分支结构，而中文则恰恰相反，因此英文原句可以在 We would like to help 这个主句的右边通过衔接手段，不断地延伸，而按笔译习惯翻译时就必须将右边的这些成分全部都放到左边去，这就意味着必须要看完全句才能开始翻译，这样出来的译文是：

我们希望通过提高各国负责实施这些行动的相关部门的技术能力的方式来提供帮助。

但是，在视译中，我们一般是不允许进行这种调整的，我们要求按照原文的语序来产出译文。因此，我们首先要对原句进行断句处理，将其断句为：

We would like to help by // improving the technical capacity of the correspondent ministries in each country // that will be responsible for implementing these actions.

在断句后，我们要思考的问题就是如何在译文中运用衔接手段，使得译文"断而能连"。在断句后，我们要对原句进行顺译，但是要按照原文语序译下来，且能译出自然的中文，一定要运用好衔接的手段。此句在视译时就可有如下译文：

我们愿意提供帮助，方法是提高各国相应部门的技术能力，这些部门将会负责实施这些行动。

显然，在断句后，我们有意识地运用了衔接手段，使得中文看起来尽可能自然，不拗口。我们用"方法是"翻译原文中的"by"，将定语从句的引导词 that 所指代的先行词明确译出，这样就比较好地实现了译文的衔接。

教学案例中的第 2 句同样需要在断句后采用一定的衔接方法，才能比较顺畅地译出来。

We must therefore mobilize the $7 billion a year // needed to meet the educational costs // of providing primary education // over the next 10 years // for the 130 million children // in developing countries // who do not now have access to it.

译文：我们因此必须动用 70 亿美元一年来满足教育开支的需要，这些钱用于提供基础教育，它们将在今后的 10 年中为 1 亿 3 千万的儿童提供基础教育。这些儿童生活在发展中国家，现在还没有条件接受基础教育。

但是，断句和顺译并不能解决所有问题，因为在翻译第 7 句时，学生就遇到了其他问题。第 7 句的原文是：

The role of the EU is to complement national information and marketing efforts, and promote the European dimension of higher education, including through innovative approaches such as a more intensive use of student and alumni associations as ambassadors of European higher education and programs.

在翻译这个句子时，学生在考虑断句的同时还必须要考虑到背景知识问题。不少同学在翻译此句时，都因为缺乏相关背景知识而不能准确地找到断句点，也不能给出准确译文。这句话涉及欧盟教育领域的一些背景，主要是讲欧盟在高等教育领域采取的一些措施以宣传其高等教育项目。但是，学生在对 national information and marketing efforts 和 European dimension of higher education 的理解上往往会遇到问题，不知道这里指的是，一方面欧盟各国在国别层面上进行宣传，而另一方面欧盟作为一个整体也在做总体层面上进行宣传。complement 一词其实指的就是两个层面之间的互补关系。理解了这一点，原文就不难理解了。

我们还是要先对原文进行断句处理，处理为：

The role of the EU is to complement national information and marketing efforts, // and promote the European dimension of higher education, // including through innovative approaches // such as a more intensive use of student and alumni associations // as ambassadors of European higher education and programs.

根据断句，我们对原句进行视译：

欧盟的作用是补充成员国层面所做的宣传和市场推广活动，并推动欧盟层面的高等教育发展，包括采用各种创新方式，如更多地利用学生和校友组织，让他们成为形象大使，宣传欧洲的高等教育及相关项目。

译文基本上是按照原文语序出来的，并采用了有效的衔接手段，使得中文听起来并不拗口，又达到了顺句驱动的目的。

又如第 10 句：

At the same time, // China has acknowledged that // the growth model it has relied on // for the last 30 years // — one based on low-cost exports to the rest of the world // and investment in resource-intensive heavy manufacturing // — cannot serve it as well over the next 30 years.

本句译文的衔接也有一定难度，因为原文中有一个很长的插入成分，如果顺着原句译下来，可能会出现以下译文：

与此同时，中国也认识到，它所仰仗的发展模式，过去 30 年一直仰仗的发展模式，这种发展模式基于向世界各国的低成本出口和对资源密集型重型制造业的投资。这种模式无法在今后的 30 年中继续支撑中国的发展。

这个中译文听起来是不连贯、不自然的。因此，为了能让译文比较顺畅地流动起来，我们必须对前半部分进行处理。处理时我们可以采取"预期"策略。所谓"预期"，就是根据我们的背景知识，对还没有看到的句子内容进行合理预测，进而在此基础上对译文进行及时的断句处理。我们看到原文中讲的是中国过去 30 年一直仰仗的发展模式。根据背景知识我们知道，这里应该指的是中国改革开放以来的前 30 年的发展模式，这种发展模式的主要特征是粗放型增长，是存在一定问题，并需要改变的。因此，我们就可以在译文中对应原文插入成分前的位置断句，再将插入成分及其后面的部分都独立成句，这样一来，译文既完整，又比较流畅。

译文：与此同时，中国也认识到，它所仰仗的发展模式，过去30年一直仰仗的发展模式有一定的问题（或：需要改变）。这种发展模式的基础是向世界各国的低成本出口和对资源密集型的重型制造业的投资。这种模式无法在今后30年中继续支撑中国的发展。

在小组对案例的练习和讨论分析过程中，教师随时聆听各小组的讨论情况，在小组讨论陷入僵局时给予提示，在小组讨论偏离主题时，及时拉回。小组完成练习后，教师组织大班汇报。可以由各小组分别翻译句子，并汇报刚才在小组中进行了怎样的讨论才得出了最后的译文。同时，教师还要引导学生共同思考在这些句子的断句和顺译背后有没有什么规律可循。在进行了充分讨论之后，教师会对案例中出现的典型英文长句的视译方法做简单总结，接着便进入本次案例教学的第三阶段，即归纳与升华阶段。

3. 归纳与升华

本次课堂教学内容是在英文长句视译时的断句及断句后的衔接和顺译技巧。学生在教师的背景讲解、小组练习与讨论及大组汇报后，对如何在视译中对英文长句进行断句、衔接，并进行"顺句驱动"有了较为直观的理解。在总结阶段，教师应重点引导学生思考英文长句在断句和顺译时的规律性问题。同时，由于学生在视译中遇到的常见困惑是断句后的衔接问题，教师将结合自身经验对长句断句后的衔接手段做重点讲解。

首先，教师指出，英文是"形合性"语言。有人曾做过这样的比喻：英文句子像一列火车，主句像前面的火车头，许多从句像通过连词和其他成分依次连接在后面的车厢。（施晓菁，2004：32）因此，在结构复杂的英文长句中，一般都靠各种衔接手段保持形式和意义的畅通。在断句时，应充分关注这些衔接成分，因为衔接词经常是断句的标志。例如案例中的第3句：

According to most market observers, // foreign insurers remain far ahead of their Chinese competitors // in terms of the expertise, the products and the quality of service, // and yet in key segments of the insurance market // <u>foreign insurance companies in China are restricted // to doing business through weak performing joint venture partnerships</u> // that prevent these foreign companies // from ever attaining a majority share.

教师引导学生回顾对这个句子的断句,可以发现好几个断句点都在衔接成分处,如 in terms of、and yet、that、from 等。而不少学生遇到困难的画线部分其实也有 to 作为断句标志。根据衔接成分定位断句点是在视译中迅速断句的比较有效的方法。在断句后,此句的译文是:

在大多数市场观察者眼中,外国保险公司远远领先于它们的中国同业,这表现在专业知识、产品和服务质量等方面。但是,在保险市场的关键细分领域,外国保险公司在中国受到了限制,它们开展业务须通过建立业绩不佳的合资企业方式来实现,这种情况下这些外国公司是不能获得多数股份的。

通过教师的归纳讲解,学生理解到,在今后进行英文长句视译时,可以用英文中的一些衔接手段作为断句标志,从而迅速、准确地确定断句位置,进而实现"顺句驱动"。

与此同时,教师再次强调断句后衔接的重要性,以及衔接方式的多样化。例如教学案例中的第 5 句:

We are most likely to reduce gender asymmetries // in power and resources // when we use a multi-pronged approach // that operates at a policy level // within a framework of poverty reduction and economic growth.

在对原文进行断句处理后,会发现在译文衔接方面有一定的挑战。在译文中,必须采取多种方法实现句意通畅。

译文：我们很有可能减小性别差异现象，我指的是减小不同性别在权力和资源方面不对称现象。但为此我们要采用多维度方法。该方法需要在政策层面运行。同时也要在一个减贫和经济增长的框架中实施。

译文中有下划线的部分都是为了保持在断句后的句意衔接而添加的衔接成分。由于这些衔接成分的加入，原文中一个长句虽然被断为了几个部分，但是，译文的句意并没有因此而被隔断。另外需要说明的一点是，原文中的 most likely，在译文中被处理为"很有可能"，而不是"最有可能"，前者比后者的意义更宽泛，且后续句式可以更灵活。在视译时，当不确定后文内容时，译员往往会选择更宽泛的说法，避免不必要的"束缚"。

其次，教师分享自己在口译实务中遇到需要视译的场合，并且分享当时的感受和应对策略。例如，教师在一次关于"一带一路"国家之间文化交流的会议上，有一位伊朗的资深女教授在发言前向译员提供了她的英文发言稿电子版本。译员原本以为这个发言稿是供译员在她发言时同传参考的，但没有想到的是，她上台后，简单地用英文寒暄了几句之后，就忽然说："我的英文发言稿已经交给译员了，现在就请译员直接根据稿子翻译成中文吧。"她的这个举动出乎译员意料，但是她此话一出口，现场立刻有工作人员把话筒送到了同传箱。译员就只能接过话筒，对着她的讲话稿现场做起视译来。她的讲话稿内容主要是关于中国瓷器远销伊朗和阿拉伯地区的情况，其中涉及不少文化和历史背景知识，都需要译员充分调动已有的知识储备，进行理解，选择适宜的译文。如果译员不能娴熟地运用断句和顺译技巧，那么必然会在视译过程中出现不流利，不顺畅问题，影响到听众对译员水平的信心。

通过教师对本次练习内容的归纳与升华，学生对英文长句的断句点与断句后的衔接和顺译问题有了较全面的了解，在今后视译中遇到英文长句时，就不会慌张，而会快速定位断句点，产出流畅、准确的译文。

三、课后评估

对视译案例教学的课后评估主要从学生评估和教师评估两方面开展。

教师对学生的评估主要针对的是学生在小组讨论和大组汇报中的表现,以及对课前讨论题的思考情况。学生的视译表现可以从译文内容是否全面、准确、表达是否流畅、自然,断句是否合理,姿态是否适宜等方面来进行评估。学生如果在课前认真阅读了教师布置的材料,认真思考了课前讨论题,并积极参与课堂讨论,在长句视译时展示出良好的语言基础和口译技巧,就会得到较高的评估成绩。

学生评估还可以通过学生撰写学习心得和体会的方式来进行。在口译技能的案例教学中,学生在课堂上的"练"和在课后的"思"是相辅相成,缺一不可的。如果只"练"不"思",就很难将学到的技能"内化",达不到举一反三,触类旁通的效果。例如,在学习心得中,有的学生提到自己对待英汉视译的观念变化:"以前,我以为视译的标准和笔译相近,尽量要让语言更地道,所以很少去考虑该怎么断句,总是想把一整句话、甚至几句话看完看懂再开始翻译,把句子的顺序进行大幅度调整。但是,视译是为同传打基础的,在同传的时候显然是没有办法这样做的,所以,视译中恰当的断句非常重要。"有的学生则这样描述自己在学习后对断句和顺译的理解:"……要学会把句子断的'碎'一些,接到一个包袱就解决掉一个包袱。虽然讲出来的译文可能多是细碎的短句子,但是只要逻辑通顺,就是可以接受的。"也有学生表示学习加深了自己对顺译在视译中价值的认识:"……顺译就显得尤为重要,尤其是长句,没有时间看完,如果顺译就可以避免把自己说糊涂了。……顺译主要是为了自己说的流畅。而且顺译也可以避免讲话人突然改变后面的演讲内容,方便衔接。"教师可以通过阅读学生的心得体会对学生学习成效做出评估。与此同时,教师还应基于学生反思中反应的问题作出及时反馈。

对教师的评估可从课前准备、课堂实施和课后环节等方面开展。教师在课前准备的教学案例质量很重要。在视译教学中,教学案例中的句子或语篇是否具有典型性和代表性,是否能实现教学目标非常重要。本次教学的目标是培养学生在视译中对英文长句的断句和顺译能力，教师选择的案例应能体现断句的规律性特征。在课堂实施环节，教师应引导学生关注本次教学中的重点问题，着重寻找英文长句断句的规律，发现迅速、准确断句的方法，同时也要关注断句后的衔接和顺译问题。而在课后环节，教师应为学生布置更多的英文长句，作为学生课后检验和巩固课堂教学效果的练习材料。教师的教学是否成功，教学目标是否实现，最终还是要看学生是否真正掌握了所应掌握的能力。根据我们的经验，在经过这样一堂有充分思考和讨论空间的视译课教学后，学生一般都会感觉到有较大收获，特别是对视译中断句点规律和断句后衔接手段的探讨，对他们今后进行视译练习和实践都很有益处。

为更好地评估教学效果，教师既要对整个教学过程作个人的反思，同时还可以从学生撰写的学习心得中评估教学效果。如一位学生在学习心得中写道："[以前视译]练习时总是不由自主地按笔译的方式做，眼光游离于几句或几行之间，试图从英语的行文结构中抓住足够的信息在脑中调正语序加以整合后，再按汉语的正常结构翻译出来，这样练起来捉襟见肘，因为大脑处理信息的时间太长了，所以翻出来的语句总不太连贯，时不时还会丢掉一些信息，所以内心特别纠结。课上经过老师的讲解，自己也觉得这种像笔译那样对整句进行整合调整语序后进行视译的方法不可取，因为在同传中时间非常有限，信息又非常密集，根本不可能听完整句后整合后再译出，只有断句顺译才是实际有效的方法。"从学生的课后体会中可以看出，通过课堂教学，他们对断句和顺译作为英汉视译中重要技巧的事实有了较为清晰的认知，这就意味着教学达到了预期目标。

通过全方位的评估，教师会在今后的教学过程中，继续改进教学质量，包括加强教学案例的针对性，充分发挥学生在学习过程中的主体性作用，为学生做好案例分析讨论的引导和升华工作等。视译教学虽属于传统口译技能训练范畴，但通过采用案例教学模式，可以充分激发学生的内在学习动机，提升教学效果。

第五节　交替传译案例教学实例

交替传译是应用最广泛的口译形式之一，适用于多种场合。交传译员的听辨能力是交传训练中的一个重要项目。在听辨能力中，译员对原文逻辑结构的把握又是重中之重。为了更有效地提升学生把握原文逻辑结构的能力，我们采用了案例教学模式。在本次教学中，学生先对案例语篇进行练习，接着在小组内进行互评与反馈，进而由教师在全班对重点问题进行归纳与升华。本次案例教学的目标是，学生理解透过演讲字面抓住原文逻辑结构的重要性，掌握抓结构的方法，牢固树立"听逻辑、抓结构"的意识。

一、课前准备

1. 案例选择

本次教学所用的案例语篇均来自真实会议演讲，且为教师本人亲身参与翻译的会议演讲。选段1来自一位EMBA课程的美国教授，他讲解的主要内容是美国不同规模公司中不同级别人员的薪酬水平。选段2来自美国能源行业的一位讲者，他主要介绍了美国的能源结构。选段3是一位中国经济学家谈跨国公司的企业社会责任问题。三个选段的共同特点是逻辑性较强，有较为明晰的结构，适用于训练学生抓结构的能力。但是，对刚开始学习听辨的学生来说，透过复杂字面抓住背后的逻辑结构并不是一件自然而然的事。教师选择语篇，就是为了运用这些典型案例强化学生"听逻辑、抓结构"的意识和能力。案例全文如下：

案例1：I put here a little chart provided for you an idea in US dollar terms, what the compensation ranges are for small, medium and large companies for the different positions. So, in the US today, if you look at the compensation systems, CEOs of small firms will make somewhere around two hundred thousand US dollars, which is around 1.5 million RMB. So 1.5 million would be the compensation in RMB terms, you know, if you are in the US for a small firm. If you are in a larger firm, the compensation would be 3 million RMB a CEO would make. And if you're in a very large firm, it would be somewhere around 20 or 30 million RMB. So the compensation levels for the CEO are very high, that's a lot of money. So the person, who is the CEO of Citi Group, one of the world's biggest banks, a man named Jimmy Diamond, very famous CEO. Because he's been paid a lot of money. They have just published the net worth. His net worth now exceeds 1 billion US dollars, that's more than 6 billion RMB, just for being the CEO of a company. That's a lot of money. So you know the CEOs get paid a lot of money and it's interesting to go to the very end of the chart. If you look at the lowest level workers, in a small company, the CEO's pay is at one level, and the lowest level worker will make somewhere between 5% and 10% of the CEO. But in a large company, it will only be 2% or 3% or 4% of the CEO. And so that's one of the criticisms of the system in the US right now is they say the CEOs make too much money compared to the lowest level worker. And so there are some people who are trying to now in the Congress in the US pass a law to limit the amount of the CEO pay based on what the lowest level person pays. Now in China, the CEO salaries have not risen to quite that level, they're not quite as inflated, but that's the way it works in the US. Now if you look at the pay levels for the C-Suite, which is, these jobs, you'll see that they generally get between 60% in the small firms to 40% in the large firms for the CEO. So if the CEO in a large firm is making, as an example in RMB terms, let's say in the CEO of a large firm is making around 30 million RMB, then the people who work for him would be making around 10-15 million RMB, still a lot of money, so they would be paid in that range, 10-15 million RMB. Now if you look down at the board members, what do you get paid to be a board member? In the US, this is the pay for being a board member in a US firm. Small firms, maybe three to four hurdred thousand RMB to be a small company board member. In a large company, as a board member, you probably make more like 3 million RMB. So much, much higher pay. So that's high pay, but you do have a fair amount of work. You'll attend ten in-person board meetings, you'll have 10 or 15 longer phone calls, many other things that happen that you do work. So the board is quite a bit of responsibility, but at the same time, the payment levels are pretty good. And so this little chart, framework 71, it gives you an idea of what some of the pay levels are that go across the firm.

案例2：You've been hearing a lot about China, but let me tell you a little bit about the United States. On the left-hand side, here you see the supply. Fossil fuels supply well over 80% of the total consumption in the United States, oil and gas represents 2/3 of this total supply. So in the United States, hydrocarbons are the dominant fuel source, whereas in China it is coal. Nuclear represents fewer than 10%, and that is a similar number to renewable share. There are four big markets that you can see on the right-hand side over here. Industrial, which is a lot of the manufacturing, which is around 30% of the total energy consumption. Hydrocarbons supply over 50% of this manufacturing. Electric power is another third of this energy supply. The transportation market is also about 30% of the total energy consumption. This includes vehicles and airplane ships and railway. Petroleum provides well over 90% of the supply for transportation. We have many automobiles which cause transportation to be so significant. In the United States, there are more than 110 cars per 100 people. Whereas in China I think it is fewer than ten cars per one hundred. Of course, you have traffic jams, I don't know what you'll do when you get to the United States level, it will be hard to get around. And the residential market, which includes homes and apartments, the biggest supplier to this market is electric power, it's about 70% of those energy needs. And like residential, the commercial market represents also about 20% of the total energy consumption in the United States. And commercial includes buildings, retail outlets and so forth. Now again electric power is the major supplier of the commercial sector at about 80%, but generating electric power in the United States comes predominantly from fossil fuels, 50% of it is coal,

20% of it is natural gas.

案例3：过去我们强调公司有股东责任。后来，特别是进入21世纪以来，在联合国的全球契约推动下，还有许多公司的努力，现在越来越多公司把承担社会责任、环境责任都作为企业责任。起码有这三个方面，就是经济责任、社会责任和环境责任。我们调查中发现，他们不但承担股东责任，而且承担环境、社会责任，这是一种全面责任，而且不但在自己的祖国承担责任还要在经营所在国承担责任。所以我们把这样的责任称作全球责任。跨国公司可能是美国或欧洲公司，原来强调在美国要承担环境或社会责任，过去可能有一些污染的企业出来了，或者劳动标准不高的企业转移到了发展中国家，但现在这种趋势被批判了。许多公司明确意识到了不仅要在祖国承担，而且要在所在国。所以全面的、全球的责任成为全球公司必须做的事情。而这样一个发展实际上体现了一种现代的竞争，文明的竞争，就是企业的竞争越来越走向文明和现代。所以我们觉得这种全球公司要承担全球责任，是非常积极的正面的。而这种公司责任在最近10年来，跨国公司通过在中国的经营不仅把全球战略延伸到中国，而且把全球的责任也向中国转移了。从我们的调查来看，总体来看，这些世界著名的跨国公司在强化公司责任方面应该说是做得不错的，在中国发挥了桥梁沟通作用、标杆示范作用和关联带动作用。下面我就想举几个案例。比如，很多公司开始在产品上强调环保，比如松下设计的新产品，如斜面的洗衣机，节水量大大超过传统洗衣机。现在的产品不光是性能好，还有一个环境指标。而且有的公司不光产品好，而且整个生产过程讲究环保。比如说欧洲拉法基公司在都江堰的水泥厂，我到现场考察的时候，水泥厂给人的印象不是一片黄乎乎的粉尘。在这个工厂里，草地是绿油油的，开发的矿山都做了绿化，而且都种上树，甚至在开发过程中由于发现了一个地下的瓷窑，被做成了博物馆，所以在整个生产过程中强调绿化。进一步发展，它们甚至把绿色标准扩展到整个产业链，比如我在考察索尼的时候，它对1010家供应商，一家一家地排查，有没有没达到ROHS指令标准的，ROHS指令是欧洲提出来的，在2006年1月1号实行，有六种有害环境的金属被严格的限制使用。它把它的1010家企业全部达标。一个公司从产品到制造过程到产业链全部推动环保理念全部在中国推动现代环保理念，我认为是一种正面的做法。

2. 理论准备

听辨是交替传译的核心技能之一。在学习交传的过程中，从一开始就应该牢固树立在逻辑结构层次上理解原文和记忆原文的意识。刚进入交传学习的学生，往往会把关注的焦点放在字面上，一个陌生词汇出现，就可能导致整个理解过程中断，进而导致笔记记录空白，译文遗漏信息等一系列的结果。因此，对于交传初学者来说，掌握"听逻辑、抓结构"的能力是一项基础性要求。

口译听辨能力的训练一般要在笔记训练开始之前就进行，因为一旦进入笔记阶段，由于记笔记所占用的精力会对学生的听辨训练产生干扰。所以我们主张，学生在进行听辨训练时，不要记笔记，集中精力去听原文，辨识逻辑，总结要点，并逐渐将之"内化"为自己的能力和习惯。只有经过一段时间的听辨训练后，学生在开始学习记笔记时才会有意识地记录和体现原文逻辑，而不是迷失在原文字面中。如果说一篇发言就像是一棵枝繁叶茂的大树，那么发言的逻辑结构就是树的主干和枝干。因此，学生要做的应该是透过树叶看到树干，抓住了主干，也就抓住了原文主要信息。

听辨训练的认知基础是：人类大脑的记忆对象不是语言，而是意义。这一点已为认知心理学研究所证明。研究表明，人类大脑对无意义内容的记忆容量是非常有限的，因此在记忆大量内容时，必须从语言表面层次进入到意义层面，而意义的展开主要是通过原文的逻辑结构作为载体的。法国巴黎的"释意学派"正是在对口译程序的心理学研究基础上提出了"脱离原语言外壳"的"释意"理论。正如刘和平在描述口译员的思维模式时所说："口译思维不是一般意义的抽象思维，因为译员接受的不是'直接现实'，而是原语的语言信息系统，是其系统的表层信息符号（言语链），其深层概念（所指事物）的产生需要译员根据表层信息系统的符号或言语链，通过大脑积极迅速地整合、分析、判断与推理，并在认知系统的不断参与下最终解决词语语义系统中的各类关系。"（刘和平，2018：225）这段话很好地解释了口译思维的特殊性，也说明为何口译员在听辨原文时不能停留在字面，而必须要深入到原文的逻辑结构层面。

在听取原文时，译员应注重从宏观层面把握其内容，以理解讲者核心观点的逻辑展开方式。有些逻辑性比较强的发言人会在讲话中明确提示自己发言的逻辑，但在更多情况下，发言的逻辑不是一听就明了的，特别是当原文内容比较复杂，或讲话时间比较长，对工作记忆的压力比较大时，译员很容易因为注意力被分散而导致不能准确把握讲话中的逻辑结构。对此，译员应努力把注意力聚焦在讲话的逻辑主线上，细节信息可以先放在一边，采取"抓大放小"的策略。

一般讲话的逻辑线索可以分为纵向逻辑和横向逻辑。纵向逻辑是指讲话人根据说话的意图决定什么时候开始一个语段，如何进行，强调什么，在哪里结束等。因此对纵向逻辑的把握，要从讲话的文体类型入手，因为同类文体一般遵循共性的纵向逻辑（桂诗春，1985）。例如，在译员常遇到的政府官员发言中，其纵向逻辑结构一般呈现为以下模式：

（1）献花词（问候、祝贺等）；
（2）会议召开的重要意义；
（3）在会议主题方面已取得的成就；
（4）在该领域还存在的问题；
（5）号召开展国际合作；
（6）结束语（发出行动倡议等）。

又如，高阿林和徐筠（2007）专门研究了国际学术会议报告的结构图式，总结出报告发言的三个语步，即：寒暄环节、主体报告和互动环节。而主体报告部分则可进一步划分为三个环节，即指示环节、阐述环节和总结环节。指示环节是指"指明讲解的主题和重点，帮助听众把握语篇的发展方向。每涉及一个新的讲授点时就出现该环节。"阐述环节指"宣讲者对重要理论、概念、定义、模式进行讲解"，可以使用 first、secondly、next 等语篇过渡标志。而总结环节则指"通过对讲授内容的总结，帮助听众把握宣讲者所要强调的主题"，其语篇过渡标志是 at last、finally、to conclude 等。下表是他们给出的一篇真实学术会议报告的具体结构展开方式。

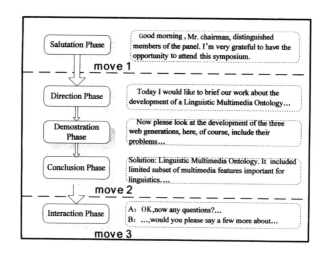

如果译员对常用发言类型的惯用模式比较熟悉,在听取原文时就能较为迅速和准确地把握住其逻辑层次,以原文的逻辑结构为线索,理解和记忆原文内容。译员在听辨时的一个重要任务就是不断地分析和判断发言的逻辑走向,而对特定类型发言结构的预先了解则可助译员一臂之力。

原文逻辑线索的另一类是横向逻辑,主要指句子之间和句子内部的逻辑关系,如概括(generalization)、分类(classification)、因果(cause-effect)、对比对照(comparison & contrast)、顺序排列(sequencing)、列举(listing)、提出问题—解决问题(problem-solution)等。(陈菁、肖晓燕,2014:41)横向逻辑关系往往体现在逻辑关系标记词的使用上,这些词是原文逻辑展开的关键点,抓住它们,就抓住了原文的逻辑主线。因此,译员应特别学会捕捉发言中提示逻辑的标记词。有时候,译员会因为没有抓住逻辑标记词而导致对原文理解的误差。例如,以下两个小句之间,如果不加逻辑词的话,是无法准确判断两者之间的关系,也无法给出准确译文的:

(1) The economy slowed down.(经济发展放缓了。)

(2) The central bank lowered the interest rate.(央行降低了利率。)

通过添加不同的逻辑标记词,可以看到全句因逻辑关系不同而产生的意义差别。对比以下两种情况:

(3) The economy slowed down, so the central bank lowered the interest

rate.（经济发展速度放缓了，所以央行降低了利率。）

（4）The economy slowed down, but, the central bank lowered the interest.（经济发展速度放缓了，但是，央行却降低了利率。）

可以看到，分别添加了表示因果关系的"so"和表示转折关系的"but"后，第（3）和（4）句表达了截然相反的态度。第（3）句的意思是央行降低利率是为了应对经济发展放缓的现状，作者对此持支持态度。而第（4）句却体现了作者对央行降低利率做法的反对态度。试想如果译员在进行口译工作时，没有抓住句中的逻辑标记词，就很有可能在理解原文意思上出现偏差。当然，如果译员对原文出现的情境及相关背景有足够了解的话，则有可能弥补未能抓住逻辑标记词的缺憾。这就是以下要谈的译员知识图式问题。

为了在听辨原文时更有效地把握其逻辑结构，译员还应充分调动自己的相关知识图式。知识图式是指"人的头脑中关于外部世界的知识组织形式，是人们赖以认识和理解周围事物的基础"（王立弟，2001：19）。口译员在工作中，也会形成自己特有的知识图式，而这正是译员把握原文逻辑结构的基础。在此，可以借用法国口译研究者吉尔曾提出的一个译员理解等式，即：

Comprehension（理解）= KL（语言知识）+ ELK（语言外知识）+ A（分析）

在这个等式中，ELK（语言外知识）就是上文所说的译员的"知识图式"，译员要想理解原文，仅了解语言本身是不够的，还需要语言外的背景知识。吉尔强调，语言知识对于提高理解程度的贡献是有限的，当译员的语言知识达到一定水平以后，语言方面对理解的贡献就不再显著了，而语言外的知识，即背景知识对理解的贡献却是持续增长，没有上限的，也就是说，译员掌握越多的背景知识，对原文的理解就会越全面、越深刻。

与此同时，语言外知识对提高原文理解水平的作用还体现在对"分析"的支持上。对原文的"分析"本身就包括对原文逻辑结构的把握。在口译职业实践中，当译员不熟悉某个领域的知识背景时，常常会觉得要想把握发言的逻辑是有一定困难的,但如果译员熟悉该领域,就会较容易把握原文逻辑。由此可以看出"译前准备"的重要性。"译前准备"的一个关键作用就是帮助译员形成对某个专业领域的知识图式。当译员的知识图式比较完善后,听辨时把握原文逻辑的能力就更强大。

3. 布置任务

教师在选好教学案例和做好相关理论准备后,就给学生布置了课前准备任务,要求学生阅读全国翻译硕士专业学位系列教材之《会议口译》第 2 章关于"听辨"部分的讲解,并告知学生下次课堂教学的重点是听辨原文的逻辑结构。为让学生对演讲语篇中逻辑结构问题的复杂性有更加深入直观的理解,教师准备了一个用于课前分析的案例语篇。该语篇选自一位中国经济学家关于"一带一路"区域经济合作的演讲词。在讲演中,他提到了"一带一路"国家经济合作的十个关键词,所选案例语篇为他对第二个关键词的说明。教师向学生提供的为音频版本,文字版的案例全文如下:

那么,第二个关键词是什么呢?叫作大国的责任。我们知道,中国经过 36 年的改革开放,在经济社会发展方面取得了举世瞩目的成就。我们已经成为全球第二大经济体。如果再经过 5 到 10 年的发展,按照现价美元来计算,很可能成为全球最大的经济体。那么,我们深知,<u>中国这样一个发展的成就是在一个良好的外部环境,借助于对外开放这样一个战略所取得的。</u>那么,作为一个重要的经济大国,作为一个新兴的大国,那么<u>中国需要为我们的世界,为一带一路区域提供重要的公共产品,这是作为一个新兴大国的责任,那么实际上也是沿线区域各国乃至世界重要的机构和国际社会的一个普遍的期待。</u>那么,作为中国而言呢,也是一带一路沿线区域的一个重要的大国,那么中国的 GDP 在整个 65 个国家这样一个沿线区域的范围内就占有 40% 多的份额,那么中国的对外贸易额呢,占整个区域的 30% 的这样一个水平。那么在这种背景下通过如何发挥大国作用,对推进一带一路区域合作具有举足轻重的影响。所以一带一路区域合作构想的提出还是大国责任的一种体现。我想这是我们第二个来理解一带一路内涵的一个关键词。

就这段讲话，教师向学生布置了以下课前思考题：
（1）这段讲话的逻辑主线是什么？
（2）讲话的结构是否很好地体现了它的逻辑主线？如果没有，在译文中可以做何调整？

二、课堂实施

在正式课堂教学开始前，为了激发学生兴趣，教师可以先播放2021年3月中美阿拉斯加会议上中方译员张京做长交传的视频选段，引导学生在观看后思考为什么张京能够在翻译16分钟的讲话时游刃有余，并将学生的关注点聚焦到对原文结构的把握上来，告知学生，口译员之所以能够借助笔记记住长篇幅的讲话，是因为对原文逻辑结构的把握。如果说原文的信息是珍珠的话，那么其逻辑结构就是串连珍珠的线。没有这条线，珍珠就会散落一地，没有美感。而译员抓不住逻辑结构，译文就如散落的珍珠，虽有原文中提到的各种信息，但却很难形成连贯、易懂的意义。

接着教师针对课前布置的语篇选段请学生代表汇报其个人及小组对该语篇逻辑结构所进行的分析，并回答课前提出的思考题。

在选段中，讲话人对"一带一路"战略内涵的关键词之一"大国责任"加以阐述。本段讲话按照内容明显可以分为两个部分：一是中国经过30多年发展后形成的大国地位及其成因，二是中国应承担的大国责任。但我们在分析原文逻辑结构时却发现，在发言时，讲话人并没有明确区分两个层面的内容，而是将两部分内容杂糅在了一起。例如，讲话人在介绍了中国经济在世界范围内的重要性后，就分析了取得瞩目成就的原因，并开始强调中国的大国责任（下划线部分），但接着又回到中国经济的重要性问题，只不过是聚焦到"一带一路"地区。译员在对原文进行听辨时，其实不妨根据讲话的内在逻辑，对原文信息进行顺序调整和内容整合，在此例中即可将描述中国经济重要性的内容归于一类，而将中国需承担大国责任的相关内容归于一类。这样的话，原文的逻辑主线就是：

（1）中国采取了改革开放政策；

（2）中国取得了巨大的经济发展成就；

（3）中国的成就有两个具体表现：一是在全球范围内来看，中国已成为第二大经济体；二是在"一带一路"区域，中国 GDP 占 40% 多，外贸占 30%；

（4）中国作为一个大国，应该承担相应的大国责任。

在这条逻辑主线上，第（1）句是第（2）句的原因，第（3）句话是对第（2）句的具体说明，而第（4）句话则是第（2）句话的结果。显然经过重组，原文的逻辑层次更加突出，而主旨信息的传递也更加明晰。

学生在讨论这个案例时，可能会对这样较大幅度的调整存在一定疑问。教师可以向学生解释，交替传译与同声传译是不同的。在同声传译时，译员无法预知后文的情况，因此很难对原文的语序和结构做较大调整。但是在交替传译中，特别是在即兴发言中，译员是有可能对原文结构进行一定调整的。不少即兴发言的特点之一就是逻辑不如书面发言严密。即兴讲话人根据幻灯片上的少量提示，在现场边想边说，不可避免地会出现一些逻辑上的瑕疵。在遇到这种发言时，交传译员的任务就不应仅限于按照原文语序说出译文，把理解原文的任务完全甩给听众，而是应该在全面把握原文逻辑结构的基础上，以更加清晰的方式向听众呈现译文。换句话说，译员调整原文语序在本质上是为了更好地传递信息。

本次课堂正式教学环节由案例背景介绍、案例讨论与分析和归纳与升华等三个主要步骤构成。第一阶段教师对本次教学的目的和所选择的案例做简要介绍。第二阶段，教师让学生分组聆听案例，并就各案例语篇中的逻辑结构问题展开分析和讨论。小组讨论可以采取不同组员轮流分析，其他组员参与讨论的方式。在此过程中，教师适时提醒学生将关注重点聚焦于对原文逻辑结构的把握上。第三阶段，教师对本次案例学习过程进行小结，并结合相关理论背景与学生共同探讨什么是判断和抓住原文逻辑结构的有效策略。

1. 案例背景介绍

首先，教师就此次课堂所使用的案例及教学目标向学生进行简要介绍。因为听辨训练是在交传学习中比较靠前的阶段，在这个阶段，学生还不具备长交传的能力，而且普遍对长篇讲话有畏惧心理。因此，教师要向学生说明，只要能抓住原文的逻辑结构，原文的长度并不与理解和记忆的负担成正比关系，也就是说，并不是越长的原文，交传时就难度越大。同时，教师向学生说明，本次课上所使用的案例语篇都有比较明晰的逻辑结构，学生在练习时，不要求全译，而要求在译文中明确体现原文的逻辑结构。教师需要提醒学生的是，选段1和2中都包含了较多数字，这些数字的连续出现通常会对学生把握讲话的逻辑主线产生干扰，学生可以用笔记录下数字，但不允许记录其他内容，必须在大脑中分析并记住原文的逻辑结构。数字虽然是口译中的难点，但是当数字放进一定的逻辑结构中时，其实也会变得更容易记忆。

接着教师播放音频，录音后将学生分成小组，向小组布置讨论任务：一是对组员的表现进行反馈，二是重点分析和讨论原文的逻辑结构问题。

2. 案例练习与讨论

教师首先播放录音，让学生先进行个体练习并录音，要求学生在聆听时，关注原文的逻辑结构，只允许记录数字，并在音频播放结束后，用译入语清晰地呈现原文的逻辑结构。之后将学生分为小组，向小组布置讨论任务：一是对组员的表现进行反馈，二是重点分析和讨论原文的逻辑结构问题。在讨论过程中，教师给予及时提示和指导。以下简要概括课堂讨论的主要内容。

案例1：在本案例中，讲话人的主要目的是介绍美国不同规模公司不同级别高管的薪酬情况。除了提供各种数字之外，他还举了一些具体案例来说明。因此，本案例从大的结构方面其实可以分为两大部分，即：摆事实、举例子。这也是常见的发言结构之一。但是学生在第一遍听的时候，往往不能迅速抓住这个层次关系，关注点会主要放在数字上，忙于记录数字，忽视了对宏观结构的关注。但在小组分析时，或经教师提示，一般都能看到这个宏观的语篇结构。

具体而言，本案例内容的一个部分是美国公司高管的薪酬状况。教师提示学生，这部分内容其实是讲话人根据预先准备好的表格来讲的，这个表格其实就是讲话背后的结构,因此如果在记录数字的时候,大脑中能根据讲话内容,逐步形成一个表格或框架,那么记下的数字就意义明确了,就不会因为被数字牵着鼻子走,而忽略了数字所处的结构。根据原文的描述结构,大脑中可形成一个如下的虚拟表格:

项目	小型公司(Small)	中型公司(Medium)	大型公司(Large)
CEO			
高管层(C-Suite)			
底层员工			
董事			

在这张表格里可以给原文中出现的所有数字找到位置,每个数字所代表的意义也都非常明确。

项目	小型公司(Small)	中型公司(Medium)	大型公司(Large)
CEO	$200k/¥1.5m	¥3m	¥20-30m
高管层(C-Suite)	60%/CEO		¥10-15m(40%/CEO)
底层员工	10%/CEO		2%-4%/CEO
董事	¥300-400k		¥3m

本案例中的另一部分内容是讲话人为说明高管薪酬情况所举的3个例子。第1个例子是Jimmy Diamond因担任花旗集团CEO而积累了高达10亿美元的个人财富。第2个例子是由于美国公司高管层与普通员工的薪酬水平相差过大,因此有国会议员建议要对高管层限薪。第3个例子是担任大公司的董事虽然薪酬不低,但每年都有很多义务要履行,如参加6次线下会议,10-15次电话会议等。

通过对原文逻辑结构的分析,学生理解到在听起来复杂的原文背后,其实隐藏着非常清晰的结构。而且一旦把握了这个结构,在交传时,就不一定必须要按照原文的顺序来翻译,而是可以根据实际需要,进行一定的调整。在口译实践中，译员有时会收到各种各样的要求，例如，不用翻译全文，只用翻译主要意思，或者只用翻译听众感兴趣的内容等。比如说，在这段案例中，译员当然可以按照原文的语序来翻译，讲一个级别的薪酬水平，紧接着就是相关举例。但如果了解到听众最感兴趣的就是高管们的薪酬到底是多少，那么译员就也可以考虑不按原文顺序翻译，而是先翻译上述表格中的数字及其代表的意义，再根据听众的需求决定是否要翻译后面的例子。当译员从宏观上把握了原文结构之后，在交传中就会有更多，更灵活的处理方式。

案例2：本案例也是有非常明晰的结构层次的。讲话人分别从美国能源供给和能源市场/消费两个角度介绍了美国能源结构现状。这段话中的数字比较多，而且较为复杂，但是数字背后的结构层次却又非常清楚。在个人练习和小组讨论中，学生有时会聚焦在原文中的各种比例数字，教师可以适时提醒他们尝试用思维导图方式来理清原文结构。例如：我们可以利用工具制作本段内容的思维导图如下：

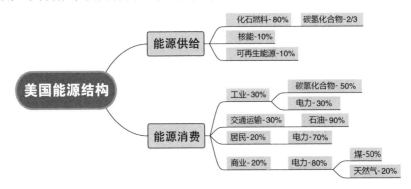

从思维导图中可以非常清晰地看到原文的结构层次。对原文结构层次的划分，其实也就决定了原文中信息的主次关系。在本案例中，原文中出现的信息按其重要性至少可以分为四个层次。原文中的第一层次是能源供给和能源消费的结构划分，如果用一句话概括的话，那就是介绍了美国能源供给和能源消费的结构。在能源供给部分，第二层结构是化石燃料、核能和可再生能源的分类占比。而在能源消费部分，第二层结构是四大消费领域，分别是工业、交通、居民和商业。如果再用一句话概括，就是：美国的能源供给主要有化石燃料、核能和可再生能源等三种来源，而能源消

费则主要体现在工业、交通、商业和居民等四大领域。能源供给部分的第三层结构比较简单，只有碳氢化合物占比2/3这一条信息。但在能源消费部分，第三层结构较为复杂。工业领域的能源消费中，50%是碳氢化合物，30%是电力。在交通运输领域，90%都是石油。居民领域的能源消费70%是电力，而商业领域也主要是电力，但在商业领域，讲话中又延伸出第四层结构，即电力中有50%来自化石能源，20%来自天然气。在发言中，还出现了一些其他细节信息，例如对特定能源消费领域的简单解释，对中美交通情况的对比等，这些都属于非常细节的信息，是附着于原文的主逻辑结构的。在传译时，译员可以根据情况，按照信息的重要性决定取舍。在有必要的时候，总的原则是先宏观结构，后细节信息。

案例3：本案例的讲话主旨是说明跨国公司所应承担的多重责任。通过分析，可以看出，原文的逻辑结构是先讲道理，再举例说明。这个逻辑与案例1的逻辑类似，说明中英文发言里存在着共性的逻辑特征。这段中文语篇的结构是比较清晰的，但是原文较长，内容较多，而且学生需要用英文说出其逻辑结构，因此也有一定的挑战。这里提供一个可借鉴的版本：

Multinationals must assume their economic, social and environmental responsibilities, not only in their home country but also in countries where they operate. Multinationals have played a positive role in China in terms of CSR. They pay attention to environment-friendliness on the levels of products, manufacturing process and industrial chain. Here are a few examples:

Example 1: (Environment-friendliness on the level of products): Panasonic designed water-saving and environment-friendly washing machines.

Example 2: (Environment-friendliness on the level of manufacturing process): La Farge's effort to greenize their cement factory.

Example 3: (Environment-friendliness on the level of industrial chain): Sony brings all its suppliers up to the green standards.

在讨论过程中，原文的逻辑结构逐渐清晰，学生在教师引导下，逐渐透过字面看到背后隐藏的逻辑。在小组讨论结束时，针对案例1和案例2，教师让学生再听一遍原文音频，并让他们根据原文逻辑，提前用笔画好结构图，感受一下根据结构等待数字出现与第一遍聆听时有什么区别。听第二遍后，学生普遍觉得在头脑里有了预设结构之后，无论是对原文的理解还是对数字的记录都变得更加容易，而且也对原文有了更大的驾驭能力。针对案例3，教师指出，因为多数学生的英语都不是母语，因此在用英语概括原文逻辑时，更要清晰、明了，多用简单句，少用复杂句，充分考虑如何有利于听众对原文信息的接受。

3. 归纳与升华

本次课堂教学的内容是听出原文逻辑，把握原文结构。在经过教师讲解、个体练习和小组分析与讨论后，学生对如何跳出字面，抓住原文逻辑结构的问题有了比较直观的理解。在总结阶段，教师应重点引导学生巩固"听逻辑、抓结构"的意识，并就发言结构问题做进一步引申。

首先，教师指出，绝大多数发言都是一定逻辑结构的。一般说来，特定类型的讲话会遵循特定的共性逻辑。译员在口译工作中有时候感觉到某个发言人缺乏逻辑，很可能是因为译员对特定类型发言人风格不熟悉，或者是囿于字面。所以对译员来说，熟悉不同领域、不同文化背景的讲话人的常用发言逻辑，对抓住原文的逻辑结构和理解原文是非常有用的。特定领域的讲者有可能遵循某种特定逻辑，比如，政府官员、企业领袖、专家学者的讲话各有其特点，如果能多收集同类讲者的发言稿，仔细分析，往往能从中发现背后的逻辑共性。译员还应了解，受其思维方式影响，不同文化背景的讲者不仅讲话风格有差异，而且其逻辑结构也会有所不同。例如，中国讲者习惯于从宏观到微观，先谈国际大势，再谈具体问题，而美国讲者可能比较倾向于先讲一个具体的故事，由小见大。文化差异体现在演讲风格差异上，译员如果了解这种差异，在听取原文时就能更准确地抓住原文隐藏的逻辑，而且在产出译文时也能根据具体情况调整译文，使之更易为译语文化的听众接受。教师可鼓励学生收集各领域、各国讲者的演讲，并归纳和分析演讲中的逻辑共性问题。

其次，通过本次练习，学生应该认识到，演讲原文呈现出来的结构并不一定就是在译文中呈现的最佳结构。因此在有必要的情况下，译员可以根据原文"应有"的逻辑对其结构进行梳理、对语序进行调整，在译文中进行信息重组。特别是在讲话人做即兴演讲时，讲者可能是根据自己的思维走向，想到哪里讲到哪里。在这种情况下，如果是做同声传译，由于输入信息不足，译员无法对逻辑结构进行大的调整。但在交替传译中，译员可以听到一整段讲话，完全有可能对原文的逻辑进行梳理，并根据梳理后的逻辑产出译文。在此，教师可以向学生提供一个来自中国共产党的十九大报告英译中的实例。虽然是笔译中的实例，但译文遵循的原则同样适用于交替传译。十九大报告中的段落原文和译文如下：

十八大以来的五年，是党和国家发展进程中极不平凡的五年。面对世界经济复苏乏力、局部冲突和动荡频发、全球性问题加剧的外部环境，面对我国经济发展进入新常态等一系列深刻变化，我们坚持稳中求进工作总基调，迎难而上，开拓进取，取得了改革开放和社会主义现代化建设的历史性成就。

译文：The five years since the 18th National Congress have been a truly remarkable five years in the course of the development of the Party and the country. Outside China, we have been confronted with sluggish global economic recovery, frequent outbreaks of regional conflicts and disturbances, and intensifying global issues. At home, we have encountered profound changes as China has entered a new normal in economic development. We have upheld the underlying principle of pursuing progress while ensuring stability, risen to challenges, pioneered and pushed ahead, and made historic achievements in reform, opening up, and socialist modernization.

对比原文和译文，可以看出，中文原文中隐藏的逻辑在译文中被显化了。可以说，译者非常精准地抓住了原文的逻辑结构，并以符合译文读者接受习惯的方式将其呈现了出来。这种做法在交传中也值得借鉴。

最后，教师应帮助学生牢固树立分析和把握原文逻辑结构的意识。在口译听辨训练中，抓住原文逻辑结构是最基础，也是最重要的训练内容。如果学生习惯了听逻辑，就不容易被字面所困扰，不会因为一两个陌生词汇而放弃翻译，也不会为了追求译文的全面而不分主次信息，一股脑地把内容甩给听众，以为完成了任务。对听众来说，原本跟原文就隔了一层，如果译员不能将原文中的逻辑结构清晰地呈现在译文中，听众有可能会感到困惑。所以，把握原文逻辑对理解原文和产出好的译文都是至关重要的。

通过教师对本次练习内容的归纳与升华，学生对树立分析和把握原文逻辑意识的重要性有了更加深刻的理解。在今后听到其他语篇时，会尝试从逻辑结构层面把握原文，而不是囿于原文字面不能自拔。

三、课后评估

对交替传译案例教学的课后评估可以从学生评估和教师评估两方面展开。

1. 对学生的评估

教师对学生的评估主要针对的是学生在课前准备、个人练习、小组讨论和大组汇报中的综合表现。本次案例教学的目标是帮助学生形成听逻辑、抓结构的习惯。教师对学生的评估就可以从学生是否能够在听到一段陌生材料时迅速准确地把握其逻辑结构的角度来进行。学生如果在课前认真阅读了教师布置的材料，深入思考了课前讨论题，并在课堂练习和讨论中有较好的表现，展现出对原文逻辑的把握能力，就会得到较高的评估成绩。

对学生的评估还可以依据学生撰写的学习心得和报告，教师可以从中判断学生对课堂教学主要内容的吸收程度。在本次课堂教学后，绝大多数学生都树立了"听逻辑、抓结构"的意识，如有位学生写道："现在自己已经有了整体框架和大局观，能够更好地把握发言人的逻辑，开始学会主动地听，把握发言人的意图，核心观点。"但同时有不少学生表示想要迅速、准确地把握原文逻辑结构并不容易。有位学生这样描述道："我在听原文的时候，还没有做到（对逻辑结构的）听辨，而只是停留在将讲话人的话记下来，然后字对字翻译。实际上就是理解问题。我之前总是觉得汉语不存在理解问题，但并非如此。特别是一些政府官员的讲话，还是需要像听英语一样，积极地分析讲话人的逻辑，这样才能避免字对字翻译。"另一名学生也写道："我还有一个比较大的问题是抓逻辑关系，并在翻译的时候体现出来。……这需要我把更多的注意力放在听上，并且听的时候就要梳理逻辑。"

教师可以针对学生学习心得中反映出的共性问题向全班做出反馈，也可以针对个性问题做个别反馈。例如，针对学生感觉到把握原文逻辑结构的挑战，教师需强调，学生应在平时的学习中注意分析各种发言类型的逻辑结构，通过大量的刻意练习，逐渐形成习惯。

2. 对教师的评估

对教师的评估主要是对案例教学的课前准备、课堂实施和课后环节的质量评估。教师在课前准备的教学案例质量很重要。在交传案例教学中，教学目标是否明确，教学案例是否能体现教学目标，达到特定技能训练的效果，是评估课前准备质量的重要标准。本次教学中教师所选择的案例语篇是经过精挑细选出来的，全都来自教师本人的口译实践经历，是典型性案例，符合教学目标。这些案例在交传听辨教学中使用过多次，效果良好。在课堂实施环节，教师应引导学生聚焦于本次课堂教学的重点问题，无论是在个别练习还是小组分析与讨论中都应将重点聚焦在对原文逻辑的把握上。与此同时，教师还应在归纳与升华阶段展示出丰富的理论积累和雄厚的职业实践基础。在课后环节，教师应为学生布置更多语篇作为学生课后巩固课堂教学效果的练习材料。此外还应对学生撰写的学习心得和报告做出及时、有意义的反馈。

判断口译技能案例教学效果的主要标志是学生是否真正掌握了特定技能。教师可以通过三种方式来评估教学效果。第一种是让学生做类似练习，并观察他们是否更快速和准确地透过原文字面，抓住原文的逻辑结构。第二种从学生撰写的学习心得和报告中发现学生对本次案例教学的感受和反馈。而第三种则是教师的自我反思。教师比学生有更多的经验，也更了解口译实务中对译员的要求是什么。因此，教师可根据课堂教学的情况，对自己的课前准备、课堂实施和课后巩固等环节进行质量评估，找到可以改进教学效果的机会和途径。

交替传译是口译教学的重要领域。在传统的教学模式中，以"个人练习+教师反馈"为主。在这种模式下，每次课能够得到反馈的学生数量非常有限。实践证明，案例教学法适用于交传技能教学。在采用案例教学法后，学生有更多机会展示自己，并且得到朋辈和教师的反馈和指导，这有助于提升学生的交传能力。

第六节 同声传译案例教学实例

同声传译是目前在国际组织和国际会议中采用最多的口译形式。同声传译一般被视为难度最大的一种口译形式，主要原因是在同传时译员必须要同时完成多个认知任务。如果不经过相当强度的训练，普通人是无法做到"边听边说"的。同声传译技能教学的目标是使学生将同传技能"内化"并可运用于实际的职业工作中，而采用案例教学法则可以加速此"内化"过程。

我们在 MTI 同传教学中应用案例教学的方式之一如下：针对同一选段，学生和教师都提供同传译文，在课堂上将师生译文、生生译文对比作为案例展开讨论与分析，发现差距，探索译文改进策略。当然，教师提供的同传译文并非"标准答案"，而只是译文的一种版本。但由于教师同传实践经验丰富，在同传时可能会使用更多值得借鉴的策略和技巧。与此同时，不同学生的优缺点也有差异，生生之间也可以"取长补短"，互相学习。实践证明，这种教学方式的效果良好。

本次同声传译教学的目标是让学生了解高级别国际会议开幕式上主办方迎宾词的特点及同传时的应对技巧。

一、课前准备

1. 案例选择

本次教学所用案例语篇选自 2017 年 8 月在福建泉州召开的"金砖国家治国理政研讨会"。此次研讨会的主题为"开放包容、互利共赢，共建人类命运共同体"，来自中国、俄罗斯、印度、巴西、南非以及坦桑尼亚、埃塞俄比亚、墨西哥等其他发展中国家的代表深入交流了治国理政经验。教师本人曾为此次研讨会提供同传服务，对会议举办的相关背景比较熟悉。

本次使用的案例语篇节选自时任福建省委书记、省人大常委会主任尤权以东道主身份欢迎与会嘉宾和介绍福建省发展情况的迎宾词，属于高级别国际会议的正式发言。教师选择这样的材料是为了让学生熟悉正式国际会议发言的特点及同传时的应对技巧。语篇全文如下：

尊敬的黄坤明常务副部长，尊敬的各位嘉宾，女士们、先生们：

今天来自海内外的嘉宾相聚在中国历史文化名城、古代海上丝绸之路的重要起点城市泉州举行金砖国家治国理政研讨会。

在此，我代表东道主福建省和泉州市对莅会的各位嘉宾表示诚挚的欢迎。这次研讨会以"开放包容、互利共赢、共建人类命运共同体"为主题，充分体现了金砖会晤的核心理念，对于各国之间交流互鉴、深化合作、解决国家发展中面临的共性问题具有重要意义。

各位嘉宾、各位朋友，

福建作为中国东南沿海的一个省份，曾经由于地处军事海防前线，加上山林阻隔、交通不便等原因，发展相对滞后。从20世纪70年代末，中国开始施行改革开放政策以来，福建经济社会得到了快速发展，经济实力不断增强，生态环境不断改善，人民生活水平显著提高。

特别是最近这5年，在以习近平同志为核心的党中央治国理政新理念、新思想和新战略的指引下，在中央政府的大力支持下，福建进入了新的发展阶段，正在向全面建成小康社会的目标迈进。当前福建的发展正站在新的历史起点上，面对新的征程，我们将继续深入学习贯彻以习近平同志为核心的党中央治国理政新理念、新思想、新战略，坚定不移地走中国特色社会主义道路，坚定不移地深化改革和扩大开放，努力推动福建各项事业发展再上新的台阶。

各位嘉宾、各位朋友，

福建不仅生态环境优良，而且人文荟萃，人民热情好客。我们热忱地欢迎各位朋友多来福建观光考察、交流合作，在互学互鉴、互利共赢中携手建设一个更加美好的世界。最后，我预祝研讨会圆满成功。祝各位嘉宾在福建过得愉快，身体健康！谢谢大家！

2. 理论准备

同声传译是挑战较大的一种口译形式。要想做好同传，译员必须能够真正做到"边听边说"。吉尔用同声传译的"认知负荷模型"较好地解释了同声传译为什么是一种他所谓的类似"走钢丝"的认知任务。吉尔提出的同声传译认知负荷模型为：

$$SI = L + P + M + C$$

在这个模型中，其中 L 是指聆听与分析，M 指短期记忆，P 是译文产出，C 是协调。吉尔强调，模型中的"="符号应被理解为"由……构成"，而不是数学中的"等于"符号，而"+"号也不应理解为数学中的"加号"，而应是更宽泛的"叠加"之意。

根据吉尔的假设，在译员工作的某个特定时段中，译员可能要同时承受几种认知负荷，但同时译员在特定时段内的认知处理能力总量是有限的，因此同传译员顺利工作并保证译文质量的条件就是，在任何特定时段内，译员认知资源的总供给大于或等于认知任务的总负荷。吉尔用公式表述为：

$$TR = LR + MR + PR + CR$$

其中 R 为 requirement，即认知任务对认知处理能力的要求。在这个公式里，"="符号的意义与数学中的"等于"号相同。吉尔进一步提出，同传顺利进行的具体条件为：

TR ≤ TA

LR ≤ LA

MR ≤ MA

PR ≤ PA

CR ≤ CA

其中"A"代表 available processing capacity。

根据上述公式及具体条件，当译员的认知处理能力总供给等于总需求时，就意味着译员的认知负荷已经达到饱和状态，此时任何细微的干扰都可能导致译文质量下降。而当总需求超过总供给时则同传工作无法顺畅进行，同传质量也会随之下降。

吉尔认为，在同传过程中，有很多因素可能导致对译员认知处理能力要求的上升，既可能是发言方面的因素，如讲话人口音重、语速快、信息密集、数字多、逻辑混乱等，也可能是译员自身因素，如身体不适、情绪紧张、准备不足等，还可能是技术方面的问题，如耳机声音信号弱，声音不清晰等。吉尔将这些对同传译员造成干扰，导致认知负荷加重，并可能影响到同传质量的因素统称为"问题诱因"。他将同声传译的工作过程比作"走钢丝"，译员必须时刻保持平衡，不能出现任何问题。而问题诱因的出现往往会影响到译文质量。有时这种影响的范围不仅限于一句话，而可能延伸到一个语段，乃至整个语篇，吉尔将这种现象称为"失误序列"（failure sequence）。失误序列在同传的职业实践中并不少见，即使是有经验的译员也可能因为某个问题诱因出现而引发一系列失误。问题诱因可因口译形式而异，例如，以下例句中的问题诱因就是同声传译中特有的，它是由同传的特殊工作方式所决定的。

原文：The Director of the forensics program came to see the CI. In the U. S., forensics has several meanings, and one of them is public speaking. And he said he had received a call from CCTV, that CCTV had decided that it would be a good idea to send the two winners of the English-Speaking Cup to George Mason to the Summer Forensics Institute and what did he think about that.

现场译文：法医学院的院长来访问孔院。他说他接到了CCTV的电话，CCTV说决定派两名能说英语的警察来乔治·梅森大学参加夏令营，他还说了他的想法。

讲这段话的是美国乔治·梅森大学孔子学院的外方代表。她在介绍本校暑期活动时，提到了 forensics 这个词，还特别解释了这个词的一个意思是"公共演讲"。但 forensics 的最常见义项是"法医学"。在现场同传时，由于译员在认知负荷接近饱和的状态下工作，在 forensics 这个并不很常见的词出现时，显然对他的认知处理能力要求高了，因为他需要花费一些精力去调动过去的知识储备。但就在这个过程中，译员忽略了后面解释

forensics 意思的一句话，进而触发了失误序列。因为译员将 forensics 理解为"法医学"，因此他在听到 CCTV Cup 的时候，就将 cup 理解为与法医有关的 cop。原文本意是两名 CCTV 杯演讲比赛的优胜者要来参加暑期公共演讲培训，而译文却成了两名警察来参加暑期的法医培训。这个例子较好地说明了在同传的工作状态下由问题诱因引发失误序列的现象。

由于同传工作对译员认知处理能力的极高要求，在学习同传过程中，学生应掌握减轻认知负荷的一些方法。

首先是要及时断句。在同传过程中，为及时减轻认知负担，保持认知处理能力的充足供给，译员必须果断、及时地断句，不能试图像在笔译中那样采用复杂句式结构。例如：

福建作为中国东南沿海的一个省份，曾经由于地处军事海防前线，加上山林阻隔、交通不便等原因，发展相对滞后。

如果是笔译，在有足够时间思考的情况下，译文可以采用比较复杂的英文句式结构：

Fujian, a province located on the southeast coast of the Chinese mainland, lagged behind in the past due to its position as the front of coastal defense, and inconvenient transportation caused by the mountainous terrain.

但是在同传时，译员必须紧跟讲话人速度，几乎没有思考的时间和空间，所能分配给一句话的认知处理资源也非常有限。所以，及时断句是必然的选择，在同传时我们对这句话就可以处理为：

Fujian Province is in Southeast China. // It is a coastal province. //In the past, it was a frontier of coastal defense, and it has mountainous terrain, and poor transportation conditions. // Thus it has lagged behind.

经过断句原文变成了译文中的 4 句，这 4 句话包含了原文中的全部意思，而且更符合同传工作的特点。

其次是运用最省力原则（The Least Effort Principle）。根据吉尔的"认知负荷模型"，在同传过程中译员经常是在认知处理能力接近饱和的状态下工作。如果要想始终满足认知任务对精力供给的要求，译员就必须要考虑如何在每个具体的任务环节尽可能节约精力。其实，在同传的各个环节，都是有可能节约精力的。以原文理解为例,中文演讲中的信息通常比较密集,在译文中可以利用听众已有的背景信息,省略一些冗余信息,例如下面这句话:

> 在此,我代表东道主福建省和泉州市对莅会的各位嘉宾表示诚挚的欢迎。

如果完全按照原文传译,译文就是:
Here, on behalf of the host, the Fujian Province and Quanzhou City, I would like to extend my sincere welcome to all of you.

但是,在上句中,"东道主"就是福建省和泉州市,这一点是所有与会代表所共知的事实,在译文中两者取其一即可。此句可译为:
Hereby, on behalf of Fujian Province and Quanzhou City, I would like to extend my sincere welcome to all of you.

如果在时间压力之下,译员还可以采取更加简化的译法:
Hereby, on behalf of the organizers, I would like to extend my sincere welcome to all of you.

译文中使用 organizers(主办方)一词来替代听众已知的信息,大大节约了译员的认知资源,又不会造成信息的遗漏。在同传时,哪怕是少翻译一个词,也可以节约出一定的精力用于其他重要的认知任务,如对原文逻辑的把握,对下文的预判等。

最后是知识图式的构建。译员在译前是否构建了适当的知识图式是决定同传质量的一大要素。有研究表明,新手译员在同传时,对原文的理解主要是靠自下而上的方式,也即依赖原文中出现的内容形成对意义的理解。而资深译员在进行同传时,其工作模式是自下而上和自上而下相结合,也就是一方面从原文中提取信息,另一方面也从自己的背景知识储备中调取信息,通过两者的碰撞和融合形成对意义的理解。(Moser-Mercer, 2000)由此可见,资深译员对原文的理解通常优于新手译员,原因主要在于他们的知识图式更为丰满,因此可以从更宏观的层面理解原文中新出现的内容。

在本次教学中,我们对供讨论分析的案例内容不仅限于演讲材料本身，而是根据同传教学目标对其进行了拓展，增加了师生、生生之间的译文对比。因此在理论准备阶段，教师还应对口译研究中的另外一个重要领域，即专家译员与新手译员的比较研究有一定的了解。专家和新手译员的对比研究主要是通过比较两者在口译表现、口译策略与技巧以及口译中遭遇挑战方面的异同，探寻对口译研究与教学的启示意义。

"专家能力"（Expertise）是认知心理学中的重要概念。对专家能力展开的研究具有跨学科性。《剑桥专家能力与专家表现手册》（*The Cambridge Handbook of Expertise and Expert Performance*）指出，"专家能力"是指"区分专家与新手或非专家的特点、技能与知识"，专家则指具备此种"特点、技能与知识"者。在口译研究领域，"专家译员"并没有统一定义，但参照其他领域的专家研究，一般连续从事十年以上口译工作的译员可以被认为是"专家译员"。对口译过程各环节的研究表明，专家译员在理解原文、转换过程及译文质量方面均具有较之"新手译员"的明显优势。学界对专家译员的研究主要集中在口译过程，即理解、转换和产出，以及上述三个环节之间的互相影响。

在对原文的信息处理方面，Barik（1975）发现，专家译员在译文中省略的内容绝大多数是次要信息，而新手译员所省略的内容仅有一半是次要信息。刘敏华等（2004）在研究工作记忆时也发现，在无法做到译出全部信息时，专家和新手译员在对主要信息和次要信息的区分与选择方面表现出很大差异。刘敏华（2009）还指出，专家译员在信息处理方面对原语的话语结构类型更加敏感。研究发现，有经验的译员擅长将源语信息切分为更长的句段进行处理（Davidson, 1992），从而产出较之新手译员更为灵活、地道的译文（Barik, 1975）。刘敏华认为，这一方面是因为专家译员更多进行的是基于语义的信息处理方式，另一方面是由于专家译员的切分策略。在译文产出的准确性和流畅性方面，研究者发现，专家译员在原文语速过快，或重复过多时，会采取压缩和省略等方法及时跟上发言速度。（Chernov, 1979）。与新手相比，专家的译文更加流畅、准确、自然和平稳（Liu, 2001; Kirchhof, 1976/2002），同时也更擅长于协调听、说及自我监听之间的关系（Moser-Mercer et al., 2000）。刘敏华（2009）在总结前人相关研究基础上概括了口译中的专家能力以及专家和新手译员的差异。

她指出，专家译员的口译表现有"错误少、反应快和省力"的特征。而专家与新手译员的差异则体现在对原文的理解和翻译及译文产出的各个环节，尤其是他们对于原语宏观结构和话语类型的把握和利用。在这点上，她的结论与Moser-Mercer相仿。Moser-Mercer曾指出专家与新手译员在口译时的重大差异在于后者拘泥于原语的微观层面，而后者则能够在原语的微观和宏观层面之间迅速切换（Moser-Mercer et al., 2000）。杨承淑与邓敏君（2011）在比较专家和新手译员时，将重点置于口译决策过程研究。她们发现，专家译员具有"融合了语言、知识、技巧、策略等内涵于一身"的"综合技能"，与新手译员的主要差异表现在口译产出和临场应变等方面。姚斌（2013）对专家和新手译员在同传中遇到"问题诱因"时的口译表现进行了对比。结果显示，尽管问题诱因的出现对专家和新手译员都会产生影响，但其对新手的影响远大于专家。研究发现，在"问题诱因"出现时，新手译员常出现"顾前不顾后"的现象，对发言逻辑的把握不足，遗漏主要信息，不能采取有效策略减轻短期记忆负荷，被迫根据不全面的信息编造译文等问题。而专家译员则展示出较强的应对能力，即使是大量密集的数字信息出现时，他们也能借助既往经验和临场应变策略，合理分配精力，有效降低负荷，从而确保译文生成的质量。姚斌、王帅（2015）还对比了专家和新手译员在同传中出现失误序列方面的表现，发现新手译员出现失误序列的频率远高于专家，主要原因是缺乏对原文的宏观和整体把握，不善于区分主次信息，精力分配不当等。

专家与新手译员口译表现对比研究的价值在于清晰地描述专家译员的优势及新手译员的不足，从而明确新手译员提高口译能力的目标和路径。在本次案例教学中，师生同传译文的对比，也可以在专家—新手译员研究范式的指导下进行。

3. 译文准备

前面提到，在采用案例教学法时，教师一般不提供参考译文，但同时也提到，案例教学法应与传统教学方法互补。我们还想强调的是，案例教学法在应用于口译教学时应允许有较大的灵活性，以适应口译教学的特点和要求。同声传译是一种需要经过大量练习才能"内化"的技能，但仅靠练习本身并不足以快速提升同传水平。学生在练习过程中，还需进行有效的反思和得到正向引导。在教学中我们发现，对比学生和教师译文的方式，是一种比较有效的实现自我反思和正向引导的方式。因此，我们在教学中尝试将译文对比作为案例，就教师译文和学生译文之间的差异开展充分讨论。我们发现，学生在对比中会得出很多有价值的结论，有些发现是教师本人不曾注意到的。当然，进行译文对比的前提是教师本人具有专家译员的水平。如果不具备，则可以在准备练习材料时选择那些已有专业译员译文的。例如，我国政府召开的一些重要会议，在直播时就配有同传，还有一些国外重要事件，像美国大选辩论，电视媒体上都会有专业译员提供的同传。

需要再次强调的是，教师只是提供了学生进行对比的一种译文版本，而不是"标准译文"。没有完美的同传译文，教师也不用追求完美，在教师的同传译文中同样也有可能存在一些瑕疵，甚至错误。这样的译文才是符合同传工作实际的。学生在开展案例分析和讨论时，一方面可以从师生译文对比中找到差距和改进方向，另一方面也完全可以对教师译文提出异议和商榷。在这样的互动中，学生的意识和能力都会得到锻炼和提高。

针对本次教学使用的材料，教师在课前进行了同传，译文如下：

Your Excellency, Mr. Huang Kunming, distinguished guests, ladies and gentlemen:

Today, we are gathered here with guests from home and abroad in the historic city of Quanzhou, which is also the starting point of ancient Silk Road. We are here for the BRICS Seminar on Governance.

Hereby, on behalf of Fujian Province and Quanzhou City, I would like to express my warmest welcome to all of you. This seminar is themed on pursuing openness, inclusiveness and mutual benefit, building a community of shared future for mankind. It reflects the spirit of the BRICS cooperation, and it is beneficial for exchanges, mutual learning, cooperation and finding common solutions to our common problems.

Dear guests, dear friends,

Fujian Province is in Southeast China. It is a coastal province. In the past, it was a frontier of coastal defense, and it has mountainous terrain, and poor transportation conditions. It lagged behind.

Since 1970s when China adopted the reform and opening-up policy, Fujian Province has achieved huge progress in economy and society. It has become stronger in economy, better in eco-environment. And people's livelihood has also been boosted.

Over the past five years, under the guidance of the CPC Central Committee with Comrade Xi Jinping at its core, with its new vision, thinking and strategies for China's governance, and under the support of the central government, Fujian has entered a new stage of development. And now, we are striving to realize the goal of building a society which is prosperous in all respects.

And now we are at a new starting point, facing this new journey of development. We are going to insist on implementing the new vision, thinking and strategies for China's governance, proposed by CPC Central Committee with comrade Xi Jinping at its core, and we are going to promote the development of Chinese socialism. We are going to deepen reform and opening-up. We're going to push the development of Fujian province to new heights.

Dear guests, dear friends,

Fujian Province is famous for its eco-environment, and high-quality talent pool, and people of Fujian are very hospitable. We open our arms to welcome you to visit us in Fujian. We welcome you to cooperate with us, and we want to learn from each other. And we want to join hands with you in building a more splendid future. Finally, I wish the seminar a great success. And I wish you a pleasant stay in Fujian, and good health. Thank you!

4. 布置任务

教师在选好用于教学的语篇，准备好同传译文及做好相关理论准备后，就给学生布置了课前准备任务。如前所述，教师本人服务过此次会议，对相关背景情况有较多了解，但学生没有。为帮助学生在知识图式方面做好准备，教师要求学生在课前分小组就本次练习所涉及的背景知识做充分准备。教师告知学生，本次课上练习的材料是时任福建省委书记、省人大常委会主任尤权在 2017 年 2 月福建泉州召开的"金砖国家治国理政研讨会"开幕式上发表的迎宾词，同时向学生提供了开幕式的中英文日程，要求学生分小组进行背景知识准备。

与此同时，教师还要求学生阅读吉尔著《口笔译训练的基本概念与模型》一书第 7 章有关同声传译"认知负荷模型"部分的内容，了解同传认知负荷模型的基本假设及有关问题诱因和失误序列等相关知识，并向学生布置了课前思考题：

（1）根据你做的译前准备，本次练习的语篇中可能有哪些问题诱因？

（2）根据"认知负荷模型"，你在译前做的哪些准备有助于避免出现问题诱因时同传质量下降？

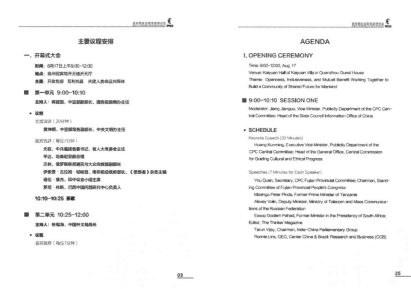

"金砖国家治国理政研讨会"中英文日程

二、课堂实施

课堂教学由背景知识介绍、学生练习及案例讨论与分析和归纳与升华等三个主要步骤构成。第一阶段，首先由学生基于课前的准备对练习材料相关背景进行介绍，教师做补充，并明确说明本次教学的目标。第二阶段，教师先让学生进行个体练习并录音。练习后，教师让学生先各自对比教师译文和个人译文，继而开始小组讨论。小组讨论的内容既包括师生译文对比中的发现，也包括生生之间的译文对比和相互反馈。在此阶段，教师要根据学生讨论的情况，适时提示，引导学生总结出在正式会议发言同传时及时断句和节约精力的方法与技巧。第三阶段，教师对本次案例学习过程进行小结，并结合相关理论背景与学生共同探讨如何才能更好地保证正式会议发言同传的质量。

1. 背景知识介绍

第一阶段教师首先请一组学生根据课前准备对本次练习材料的相关背景知识进行介绍。学生小组在课前进行了较为充分的背景知识挖掘，主要包括会议背景、发言人情况和相关词汇。以下是本次教学中负责分享背景知识的小组的课前准备内容：

（1）会议背景部分：

由中共中央宣传部主办，国家行政学院、中国外文出版发行事业局承办的"金砖国家治国理政研讨会"8月17日至18日在福建泉州举行。会议主题为"开放包容、互利共赢，共建人类命运共同体"，大会包含主题演讲及三场平行会议。议题分别为：议题一，深化改革，携手促进共同发展；议题二，交流互鉴，倡导文明多样繁荣；议题三，合作共赢，完善全球治理体系。（详见 http://www.scio.gov.cn/ztk/dtzt/36048/37035/index.htm 登陆日期：2022-3-1）

(2) 演讲人背景部分：

尤权，男，汉族，1954年1月生，河北卢龙人，1969年9月参加工作，1973年3月加入中国共产党，中国人民大学计划经济系国民经济计划专业毕业，研究生学历，经济学硕士学位。2012—2013年，担任福建省委书记。2013—2017年，尤权任福建省委书记兼省人大常委会主任。2017年至今，任中央书记处书记，中央统战部部长。

(3) 词汇部分：

金砖国家治国理政研讨会	BRICS Seminar on Governance
开放包容、互利共赢、共建人类命运共同体	Pursuing Openness, Inclusiveness and Mutual Benefit; Building a Community of Shared Future for Mankind
以习近平同志为核心的党中央	The CPC Central Committee with Comrade Xi Jinping at its core
治国理政新理念、新思想和新战略	new vision, thinking, and strategies for China's governance
人文荟萃	boast a galaxy of talents
全面建成小康社会	building a moderately prosperous society in all respects
新的历史起点	a new starting point

在学生进行背景信息分享后，教师根据亲身经历又做了一些补充说明，以帮助学生形成较为完整的知识图式。同时，教师对本次教学的目标进行了说明，即通过本次学习，学生应了解正式会议迎宾词的特征及同传时的应对策略，尤其是及时断句和节约精力的技巧。教师告知学生，在学习同传过程中一个比较常见的问题是不能真正做到"边听边说"，其重要原因是没有形成及时断句的习惯。同声传译是一项对译员认知处理能力产生重要挑战的工作，因为译员必须同时进行多项有难度的认知任务，因此同传工作常被比作"走钢丝"。为顺利完成这些任务，保证译文质量，译员必须抓住一切机会节省精力。同传中节省精力的重要手段有及时断句、

省略冗余信息等。学生虽然已在视译课上学习了断句和顺译技巧，但由于视译和同传的信息输入媒介差异，学生有时并不能自然而然地适应"从眼到耳"的转变，还是倾向于等待听到更多信息后再开始传译。然而，这种等待在同传中就意味着对译员工作记忆的巨大压力，因为译员必须在记忆中储存大量信息，而这对同传来说，往往是导致信息遗漏和传译质量下降的重要原因。在同传中，还会遇到各种各样的问题诱因，如口音重、语速快、信息密集、逻辑不清等挑战，它们可能导致译文出现各种问题。为避免出现由问题诱因导致的失误序列，译员也应该及时断句，"及时止错"。在断句后，译员在工作记忆方面节约了精力，即便前一句信息出现错误或者遗漏，也可以集中精力关注下一句话，而不至于触发失误序列。教师还要向学生说明，本次课上所用的语篇是正式会议发言，其中不乏较复杂的长句。在同传练习时，学生应主动采取及时断句策略，避免长句对工作记忆造成影响，导致传译质量下降。

2. 案例分析与讨论

教师首先播放录音，并再次要求学生在同传练习时，有意识地对原文中的长句进行及时断句，同时采取一切手段节约精力，提高译文的质量。个体练习结束后，教师向学生提供自己同传译文的音频。学生先对教师译文和个人译文进行对比，继而在小组中以师生、生生译文对比为案例开展分析和讨论。讨论的焦点是在正式会议发言同传中如何及时断句和节约精力。教师密切关注讨论过程，并给予及时提示和指导。以下表格展示了教师译文和学生译文，以及学生所作的对比分析与思考。

教师译文与学生译文对照分析表 [1]

原文	教师译文	学生译文	对比分析
尊敬的黄坤明常务部长、尊敬的各位嘉宾，女士们、先生们：今天来自海内外的嘉宾相聚在中国历史文化名城、古代海上丝绸之路的重要起点城市泉州举行金砖国家治国理政研讨会。	Your Excellency, Mr. Huang Kunming, distinguished guests, ladies and gentlemen, Today, we are gathered here with guests from home and abroad in the historic city of Quanzhou, which is also the starting point of ancient Silk Road. We are here for the BRICS Seminar on Governance.	Your Excellency, Huang Kunming, Vice President of Standing Committee, distinguished guests, ladies, gentlemen, today, friends from home and abroad gathered in this historic city of China, the starting point of ancient Silk Road, Quanzhou city. The city hosts BRICS Countries' Seminar on Governance.	1. 老师这里在处理称呼语时选择将"副部长"这一职务略去不译，因为在会议上听众已经事先知道了主要参与者的信息，无须赘述。而我不但说出来，而且还说错了。2. 此处因为译前准备不够充分，临时将"金砖国家治国理政研讨会"处理成了 "BRICS Countries' Seminar on Governance"，而老师则是严格按照官方译法处理为 "the BRICS Seminar on Governance"。

---

[1] 北京外国语大学高级翻译学院 2020 年级研究生李尧政提供了学生译文。

233

（续表）

原文	教师译文	学生译文	对比分析
在此，我代表东道主福建省和泉州市对在会的各位嘉宾表示诚挚的欢迎。这次研讨会以"开放包容、互利共赢、共建人类命运共同体"为主题，充分体现了金砖会晤的核心理念，对于深化国家之间交流互鉴，化合作，解决国家发展中面临的共性问题具有重要意义。	Hereby, on behalf of Fujian Province and Quanzhou City, I would like to express my warmest welcome to all of you. This seminar is themed on pursuing openness, inclusiveness and mutual benefit, building a community of shared future for mankind. It reflects the spirit of the BRICS cooperation, and it is beneficial for exchanges, mutual learning, cooperation and finding common solutions to our common problems.	Here, on behalf of the host, the Fujian Province and Quanzhou City, I would like to extend my warm welcome to all of you. This seminar is themed by openness, inclusiveness, win-win cooperation and building a community with a shared future for all. These fully illustrate the core values of BRICS countries Mechanism. This has promoted steady state-to-state exchanges and cooperation and resolution of common challenges.	1. 此处原文的"东道主"指的就是"福建省和泉州市"，属于重复信息，无须翻译出来。 2. 老师的译文通过使用正式话"hereby"很好地再现了讲者的庄重语调，契合研讨会的背景。 3. 在处理"各国之间交流互鉴"时过于拘泥于原文，逐字对译。其实金砖国家组织的参与方只可能是国家，因此"各国之间"这一层意思其实早已暗含在语境中了，无须再表达出来。

234

（续表）

原文	教师译文	学生译文	对比分析
各位嘉宾、各位朋友：福建作为中国东南沿海的一个省份，曾经由于地处东海防前线，加上山林阻隔，交通不便等原因，发展相对滞后。	Dear guests, dear friends, Fujian Province is in Southeast China. It is a coastal province. In the past, it was a frontier of coastal defense, and it has mountainous terrain, and poor transportation conditions. It lagged behind.	Distinguished guests, friends, Fujian Province is located in Southeast China. In the past, it was the military frontline and has numerous mountains, and bad transportation conditions. Its development has been slowed down.	此处我的译文搭配不当，中式英语的痕迹比较重，比如"bad transportation conditions"应该更正成"poor transportation conditions"。
从20世纪70年代末，中国开始施行改革开放政策以来，福建经济社会得到了快速发展，经济实力不断增强，生态环境不断改善，人民生活水平显著提高。	Since 1970s when China adopted the reform and opening-up policy, Fujian Province has achieved huge progress in economy and society. It has become stronger in economy, better in eco-environment. And people's livelihood has also been boosted.	Since 1970s, China adopted the reform and opening policy, Fujian's economy and society have enjoyed rapid development. Its economic power has been strengthened. Its ecosystem has been improved. Its people's livelihood has also experienced marked development.	1. 没有注意到语法问题，since 1970s 后面一般接的是现在完成时，而老师虽然也用了 since 1970s，但却巧妙地加上了 when，从而避免了语法错误。2. "改革开放"政策的标准译法应该是 reform and opening-up policy，而我没有准确译出，还是因为背景知识储备的问题。

(续表)

原文	教师译文	学生译文	对比分析
特别是最近这 5 年，在以习近平同志为核心的党中央治国理政新理念、新思想和新战略的指引下，在中央政府的大力支持下，福建进入了新的发展阶段，正在向全面建成小康社会的目标迈进。	Over the past five years, under the guidance of the CPC Central Committee with Comrade Xi Jinping at its core, with its new vision thinking and strategies for China's governance, and under the support of the central government, Fujian has entered a new stage of development. And now, we are striving to realize the goal of building a society which is prosperous in all respects.	In recent years, under the guidance of new governance theories, strategies and policies, and the support of central government, Fujian has started a new development journey, and is marching toward the target of building a moderately prosperous society in all respects.	1. 此处，我在做时没有听清楚年份，故而模糊处理成 "in recent years"。 2. 老师此处按照标准译法译出了 "以习近平同志为核心的党中央治国理政新理念、新思想和新战略"，而我由于语速慢、时间紧，故而简化处理成了 "new governance theories, strategies and policies"，但对于正式会议发言中的表述还是应该用标准译法为好。

第六章 · MTI口译案例教学实例

（续表）

原文	教师译文	学生译文	对比分析
当前福建的发展正站在新的历史起点上，面对新的征程，我们将继续深入学习贯彻以习近平同志为核心的党中央治国理政新理念、新思想、新战略，坚定不移地走中国特色社会主义道路，坚定不移地深化改革和扩大开放，努力推动福建各项事业发展再上新的台阶。	And now we are at a new starting point, facing this new journey of development. We are going to insist on implementing the new vision, thinking and strategies for China's governance, proposed by CPC Central Committee with comrade Xi Jinping at its core, and we are going to promote the development of Chinese socialism, deepen reform and opening-up, push the development of Fujian province to new heights.	Now, Fujian is at a new starting point. Proceeding from the starting point, we will deepen our learning of governance theories, thoughts, and strategies, proposed by the Party Central Committee. We will firmly follow the socialist development path, and promote reform and opening-up. We will promote all sectors of Fujian province to new development stage.	我在处理"推动福建各项事业发展再上新的台阶"时还是不够简洁，实讲者的意思就是促进整个福建的发展，"all sectors"完全不必译出，而老师的译文灵活简洁，"push the development of Fujian province to new heights"。

237

（续表）

原文	教师译文	学生译文	对比分析
各位嘉宾、各位朋友：福建不仅生态环境优良，而且人文荟萃。我们热情好客。民热情好客。我们热烈欢迎各位朋友多多来福建观光考察、交流合作，在互学互鉴、互利共赢中携手建设一个更加美好的世界。最后，我预祝讨论会圆满成功。祝各位嘉宾在福建过得愉快，身体健康！谢谢大家！	Dear guests, dear friends, Fujian Province is famous for its eco-environment, and high-quality talent pool, and people of Fujian are very hospitable. We open our arms to welcome you to visit us in Fujian. We welcome you to cooperate with us, and we want to learn from each other. And we want to join hands with you to build a more splendid future. Finally I wish the seminar a great success. And I wish you a pleasant stay in Fujian, and good health. Thank you.	Dear guests, dear friends, Fujian not only boasts a good bio-environment, but also a galaxy of talent. People here are also hospitable. We welcome friends to come to visit, and exchange with us, conduct win-win cooperation, to build a brighter future. Finally, I wish this seminar a great success. I wish you have a happy time, and good health in Fujian. Thank you.	1. 此处有个明显的口误，"生态环境"翻成了"bio-environment"。 2. 老师将"人文荟萃"处理得比较形象，译为"high quality talent pool"，而我使用的 a galaxy of talent 不仅有"生搬硬套"之嫌，而且 talent 用单数也是不对的。 3. 文中有一个长句，"我们热忱地欢迎各位朋友多来福建观光考察、交流合作，在互学互鉴、互利共赢中携手建设一个更加美好的世界。我在处理时，沿用了长句结构，但是老师使用了三个句子。老师的及时断句节约了精力，而我的句子显得干净有力。句式松垮，力度也不够。

从以上的案例对比分析可以看出，学生对比教师译文时，在词、句、篇以及背景知识层面都展开了思考。而且，由于师生译文都是音频，对比分析的内容不仅限于语言本身，而且还涉及很多副语言的比较，例如，声调、语气、重点强调方式等。这种对比可以让学生较为全面地看到自己的差距，明确改进的方向。在小组讨论时，学生在教师的引导下主要聚焦在同传时如何及时断句和节约精力。如果没有译文对比，讨论就可能停留在理论或原则层面，学生很难把握实操时的具体处理技巧。而通过与教师译文及其他同学译文的对比，则可更加直观地看到断句和节约精力的策略是怎样应用于实际同传实践中的。在讨论中，学生普遍表示，课上的译文对比分析使他们对同传中及时断句和节约精力的问题有了更深刻的认识，在今后同传时，会主动采取策略，缓解认知压力，提高同传质量。

3. 归纳与升华

本次教学的内容是在正式会议发言同传中及时断句和节约精力的方法技巧。在经过背景介绍、个体练习和小组讨论后，特别译文对比分析后，学生对在同传中及时断句和节约精力的重要性有了比较直观而深刻的感受。在总结阶段，教师应重点引导学生树立在同传中采取及时断句等手段以减小认知压力的意识，并结合理论知识做进一步归纳和升华。

首先，教师指出，根据"认知负荷模型"，同传译员工作时在特定时段内要同时进行多项有挑战性的认知任务，只要有一项任务进行得不好，就会影响同传质量。同传工作对译员的认知处理能力要求很高，因此，译员必须遵循"最省力原则"，即在每个认知任务上都想办法节约精力。同传中节约精力的方法有不少，其中及时断句是一种比较常用且重要的方法。在同传时及时断句是为了减小对工作记忆的压力，也就是减小了对认知处理能力的压力。正式会议发言通常有信息比较密集、句式比较复杂等特点，因此，在同传时尤其要主动断句，不能被动跟随原句的结构。

其次，由于同传对认知的压力很大，因此对译员来说，在原文中存在不少问题诱因，这些问题诱因进而会引发失误序列。教师可以引用相关研究，并举例说明，即使有经验的译员也有可能受到问题诱因的影响而出现失误序列，像数字、密集信息等问题诱因对新手和资深译员是同样有挑战的，但是区别在于，新手译员在问题诱因出现时应对策略有限，而资深译员则有更多的应对手段。所以，学生在学习同传的过程中就应该多积累如何在同传时避免受到问题诱因影响的手段和策略。例如，在本次练习中，可以通过及时断句和译前构建知识图式来减小原文对认知造成的压力。

最后，教师指出，掌握同声传译技能需要大量刻意练习。学生在开始学习同传时，往往会觉得很难做到"边听边说"，也就是做不到同时处理多个认知任务。因此只有通过持续的刻意练习，才能将同传中"边听边说"的模式"内化"，进而形成自动化的认知过程。同传中的各种技能都需要通过反复练习才能熟练掌握。例如，本次教学中强调的及时断句，即使学生已经了解到及时断句的重要性，但在真正的同传过程中，仍然可能因为认知压力而忘记断句，所以，在每次练习中教师都要反复提醒和强调。

通过教师对本次练习内容的归纳与升华，学生对在同传中及时断句和节约精力的重要性及方法技巧有了更加深刻的理解。在今后的同传学习中，会努力做到及时断句，并有意识地采取更多手段节约精力，减小认知压力，提高同传质量。

三、课后评估

对同声传译案例教学的课后评估应从学生评估和教师评估两方面展开。

1. 对学生的评估

对学生的评估主要针对的是学生在课前准备、个人练习、小组讨论和大组汇报中的综合表现。本次案例教学的目标是通过译文对比帮助学生树立在同传中及时断句和节约精力的意识，对学生的评估可以从学生是否能够在同传时主动采取手段及时断句和节约精力来判断其学习效果。学生如果在课前认真进行了背景知识的准备，深入思考了课前讨论题，并在课堂练习和讨论中有较好的表现，展现出及时断句和节约精力的意识，就会得到较高的评估成绩。

对学生学习效果的评估还可以基于学生撰写的学习心得或体会。学生在课后反思中表达的感受是教师对学生做出全面评估的依据。因为学生在课堂上的表现只是冰山一角，学生的态度、情绪和认知才是冰山主体。仅凭课堂表现对学生做出评估有时会使一些深层问题被掩盖。例如，有位学生在学习心得中就解释了自己在课堂上表现并不令人满意的原因，她写道："保持良好的状态是做好同传的前提。这学期由于对未来道路迷茫做了很多无用的尝试，自己效率不够高，因此经常赶 deadline，这对我上课的状态有较大不利影响，经常睡眠不足。当没有休息好时，明显感觉脑子里处理语言的速度是慢半拍的。"从这段话可以看出，该生课堂表现欠佳的原因并不能完全从认知能力角度解释，而是与她的心理和生理状态有密切关系。在案例教学中，评估不是终结性的，而是动态的和过程性的。评估学生的目的不是给学生一个成绩，而是通过评估追踪学生的学习过程。传统口译教学方式关注结果，而口译案例教学强调过程，过程决定结果。

2. 对教师的评估

对教师的评估主要是对教师课前准备、课堂实施和课后环节的质量评估。教师在课前准备中设计的教学案例质量很重要，决定了案例教学的成效。在同传教学中，教学目标是否明确，教学案例是否能体现教学目标，达到特定技能训练的效果，是评估课前准备质量的重要参数。

本次教学中教师所选择的训练材料来自教师本人曾服务过的会议，教师对其背景比较熟悉，且有亲身经历可以与学生分享。教师设计了师生、生生译文对比作为本次案例教学的基本形式，是符合且有助于实现本次教学目标的。在课堂实施环节，教师积极引导学生关注本次教学的重点问题，在教学的各阶段都突出强调同传中的及时断句和节约精力的策略。在课后环节，教师为学生布置更多的语篇材料供学生课后练习，以巩固课堂教学效果。以下是教师布置给学生的练习语篇。该语篇为时任河南省副省长赵建才在 2015 年 5 月召开的"中国中部六省共建'一带一路'国际研讨会"上的讲话，与课堂上使用语篇的性质类似，其中有长句、密集信息和专有名词等问题诱因，同样需要大量运用及时断句和其他节约精力的手段，否则很难跟上发言速度。语篇原文如下：

共享发展机遇　共赢美好未来
——在中国中部六省共建"一带一路"国际研讨会上的讲话

河南省人民政府副省长　赵建才
（2015年5月18日）

尊敬的各位嘉宾，女士们、先生们、朋友们：

非常感谢国务院、外交部及相关方面搭建了一个重要交流平台，让我们有机会在万物勃发的五月，相聚美景如画的东湖，共话发展、共商大事，相信今天的研讨会一定会结出硕果。

推进"一带一路"建设，是党中央、国务院根据全球形势深刻变化、统筹国内国际两个大局作出的重大战略决策，对于我国加快构建开放型经济新体制、打造全方位对外开放新格局具有重大意义，也为作为内陆腹地的中部地区提供了全面提升对外开放水平、直接参与国际竞争合作的重大历史机遇。

河南自古就是"一带一路"沿线重要省份，依托区位交通、产业基础、市场潜力等优势，与"一带一路"沿线国家地区的产业合作、经贸往来、人文交流日益密切。党中央、国务院对河南的发展高度重视，尤其是近年来，粮食生产核心区、中原经济区和郑州航空港经济综合实验区相继上升为国家战略。今年，国家又将中原城市群、郑州和洛阳主要节点城市、郑州航空港等纳入了"一带一路"战略，为河南加快开放发展带来了新机遇。

去年底，河南省委通过了《河南省全面建成小康社会加快现代化建设战略纲要》，明确提出把国家三大战略规划实施与"一带一路"战略密切结合，"东联西进、贯通全球、构建枢纽"，东联西进就是推动陆海相通，向东与海上丝绸之路链接，提升郑欧班列运营水平，向西与丝绸之路经济带融合；贯通全球就是强化郑州航空港国际物流中心作用，以航空网络贯通全球；构建枢纽就是提升河南区位交通地位，打造连接东西、沟通南北的运输通道和中心枢纽。

在推进"一带一路"建设中，河南愿与中部兄弟省份一道，携手合作、筑梦丝路。借此机会，提出以下建议：一是完善路网和枢纽建设，强化战略支撑，共建"一带一路"对外交流合作的战略通道。二是加强多式联运体系建设，依托航空网络通达全球，共筑"空中丝绸之路"核心节点。三是弘扬丝绸之路友好合作精神，加强人文交流，共搭"一带一路"文明互鉴交流平台。四是加强产业对接和产能合作，推动中部地区产业转型升级，共赢"一带一路"产业合作发展新机遇。

女士们，先生们！

潮平两岸阔，风正一帆悬！推进"一带一路"建设的号角已经吹响。热情的河南人民，真诚欢迎中部地区、"一带一路"沿线国家和海内外各界的朋友们来豫投资兴业，共谋合作，共创辉煌！

谢谢大家！

判断教学效果的一个主要标志就是学生是否真正掌握了特定技能。教师可以通过两种方式来评估教学效果，一种是让学生做类似的练习，并观察他们是否更多地在同传中运用及时断句和节约精力的策略，并取得提升同传质量的效果。另一种是通过阅读学生撰写的学习心得和体会，理解他们学习中的收获和困惑。从本次教学后学生撰写的学习心得中，可以看出教学实现了预期目标。

例如，一位学生这样写道："Keep it short and simple and make it natural（译文要简洁自然）。在同传中，我觉得这点尤其重要，因为如果你的话'又臭又长'，那么同传肯定是很难跟上的，要用最 short 最 simple 的语言来传达讲者的意思，这就要求译员有足够的脑力值来分析讲者的意图，这是需要不断积累和长期练习的。而且在遇到长句时，适时断句也是 life saver，能够保证语流，缓解短期记忆负担……"

学生对此次对比译文式的案例教学形式的感受和反馈也在学习心得中体现出来。以下是另一位学生所写心得："对比式的分析讲解很好地将同传时老师和同学的思维逻辑详细地展现出来了，方便学生找寻自己的思维缺陷之处。比如句间逻辑关系是否理解正确，如何衔接比较恰当，何处该省略，何处该强调。在对比讲解过程中，我们不仅能够提升语言方面的技巧，而且也能直观地看到老师同传时的思维模式，进而能够依葫芦画瓢，模仿思维方式养成良好的同传习惯。在此基础之上，今后不论同传题材如何变化，科学的思维方式和良好的同传习惯总能为我们保驾护航，顺利地解决实战中的困难。"

从学生的反馈中可以看出，本次案例教学的形式和效果都是令人满意的。在传统口译课堂教学中，教师也会提供参考译文，但是往往局限于某句话，或某个段落，不能给学生以全景。因为同传工作的对象一般是完整的发言语篇，在语篇层面上进行的译文对比才更有启发价值。正如学生所写，从课堂上学到的不仅是具体的处理方法和技巧，更是同传时的思维方式和决策模式。

当然，教师自我反思也是不可缺少的。教师比学生有更多经验，更了解口译实务对译员的要求是什么。因此，教师可根据教学的实际效果，对自己的课前准备、课堂实施和课后巩固等环节进行质量评估，发现进一步提升教学效果的机会和途径。

在本次教学中，教师发现，学生虽然在课前按照要求进行了背景知识的准备，但是在真正进行同传时还是暴露出了背景知识准备中的不足。首先，译前准备集中在发言人本人，而对会场上的其他发言人关注不够，比如，对"中宣部副部长"这一职务，多数学生都没能准确地译为英文。针对此问题，教师在下次布置课前准备任务时就可以专门提醒学生在了解发言人本身的信息之外还要掌握发言人以外重要嘉宾的基本信息，如头衔、职务和工作单位等。其次，学生在同传中遇到一些固定表述时，虽然提前做了准备，但临场常出现记不起来的问题。这种情况会加大同传时的认知压力，不利于译员节约精力。要解决这个问题，可以在译前准备阶段将相关表述的中英文列表并在同传时置于手边，随时查看。对此问题，教师也要特别提醒学生注意。

在传统的同声传译教学模式下，学生的发言机会是不多的，教师在一次课上所能提供的反馈也是比较有限的。通过采用译文对比式案例教学法，学生有了更多的发言机会，特别是在提供了教师译文，并要求进行师生、生生译文对比和讨论时，学生有了更多深入思考的机会，而且通过小组讨论以及教师的归纳和升华，不仅对改进自身表现的方向和途径有了直观认知，而且还汲取了教师及其他同学的优点，有助于切实提升同声传译能力。

第七章　案例教学法应用于MTI口译教学：必要性、挑战与前景

在前面的章节中，我们已对案例教学法应用于口译教学的理论基础、原则与方法进行了研究，同时也展示了我们在MTI口译教学实践中运用案例教学法的一些实例。已有的教学实践证明，案例教学法适用于MTI口译教学，对实现MTI口译人才培养目标有积极作用。同时，案例教学法改变了传统口译教学方式下的师生角色关系，一方面提高了对教与学的要求，另一方面又释放了教师和学生的潜力，特别是激发了学生的学习兴趣和动力。案例教学法是以培养分析问题和解决问题能力为核心目标的一种教学方法，具体到口译人才培养领域，采用案例教学法的目的就是更好地培养学生的"职业能力"，以满足我国经济发展和社会进步对高层次、应用型、专业性口译人才的需求。本章将简要论述案例教学法应用于MTI口译教学的必要性、挑战及其推广和应用前景。

第一节　案例教学法应用于MTI口译教学的必要性

1. 主管部门的明确要求

我国专业学位教育起步于1991年，但发展迅速，体系健全。进入21世纪以来，国务院学位委员会和国家教育部曾多次发文强调案例教学是在

专业学位教育中实现教学改革和提高培养质量的重要抓手,足见其对专业学位教育发展的重要程度。

早在2002年,国务院学位委员会和教育部就在《关于加强和改进专业学位教育工作的若干意见》中提出应"加强案例教学,重视案例的编写和使用,高水平案例应作为教学研究成果",并将其视为改进专业学位教育中教学方法的重要途径。2013年,教育部和人力资源社会保障部在《关于深入推进专业学位研究生培养模式改革的意见》中再次提出要"创新教学方法,加强案例教学、模拟训练等教学法的运用",还提到"案例教学、实践基地建设等改革试点成效将作为培养单位申请新增专业学位授权点及专业学位授权点定期评估中的内容"。在这份意见中,案例教学不仅被作为专业学位研究生培养模式改革的重要抓手之一,而且提出要将其纳入专业学位授权点申请和评估。这无疑说明,案例教学法将在专业学位研究生教育中得到广泛应用。

2015年,教育部发布了《关于加强专业学位研究生案例教学和联合培养基地建设的意见》。这份文件凸显了案例教学在专业学位研究生教育中的重要意义,是迄今为止教育部文件中对案例教学进行最详细解读和推广的一份文件。文件首先指出:"案例教学是以学生为中心,以案例为基础,通过呈现案例情境,将理论与实践紧密结合,引导学生发现问题、分析问题、解决问题,从而掌握理论、形成观点、提高能力的一种教学方式。加强案例教学是强化专业学位研究生实践能力培养,推进教学改革,促进教学与实践有机融合的重要途径,是推动专业学位研究生培养模式改革的重要手段。"

该文件第二部分的标题是"加强案例教学,改革教学方式",分别从案例编写、教学模式创新、师资培训与交流、建立激励机制、案例库建设与共享、案例教学国际化等方面提出了非常具体的指导意见。同时,文件的第四部分还专门提出了对开展案例教学的各项投入、配套和保障措施,要求各培养单位高度重视案例教学,科学规划、创造条件,加大经费和政策支持力度,设立案例教学专项经费,为案例教学提供必要的条件保障,通过人才培养项目、实验室建设、联合科研攻关等途径加大对案例教学的投入;要求各教指委加强对案例教学的指导,研究制定案例教学的基本要求，积极推广普及案例教学经验，引导培养单位做好案例教学工作；要求各省级教育部门加强组织领导，会同有关部门，统筹区域内案例教学，加强政策引导和经费支持，调动行业、企业的积极性，推动专业学位研究生教育与地方经济社会发展的紧密结合，鼓励有条件的地区设立专项资金支持本地区研究生培养单位的案例教学工作。文件最后还提到，案例教学情况将作为专业学位授权点合格评估的重要内容，要求各省级教育部门和教指委针对案例教学情况加强督促检查，切实推动案例教学工作积极发展。

从这份文件来看，教育部既从微观层面定义了案例教学，强调了案例教学的重要意义并提出了应用和推广案例教学的具体方式，又从宏观层面对培养单位、教指委乃至省级教育部门提出了支持和推动案例教学在专业学位研究生教育中推广普及的要求，而且还再次明确提出要将案例教学情况作为专业学位授权点质量评估的重要内容。在2020年11月由国务院教育督导委员会办公室发布的《全国专业学位水平评估实施方案》中，"案例教学应用与开发建设"作为"课程与实践教学质量"评估的重要指标纳入。这一举措是国家教育主管部门过去20年对在专业学位教育中开展案例教学的原则性倡导的落地。在2021年开展的MTI质量评估中，"案例教学应用与开发建设"也已经成为衡量MTI人才培养质量的重要指标之一。在"以评促建"的推动下，各培养单位认识到案例教学对推动MTI翻译教学改革和创新的重要价值，纷纷开始对案例教学开展实践探索和研究。在MTI教指委层面，案例教学也受到了关注。在近几年的全国翻译专业学位研究生教育项目课题指南中均将"MTI教学案例库建设"列为常设课题。显然，在MTI教学中采用案例教学法符合翻译专业人才培养模式改革与创新的大势。

2. MTI的人才培养目标

设置MTI的目标是"培养德智体全面发展、能适应全球经济一体化及提高国家国际竞争力的需要、适应国家社会、经济、文化建设需要的高层次、应用型、专业性口笔译人才"。高层次口译人才在我国对外交流的第一线发挥重要作用。对他们的培养应以从事高质量职业实践的能力为目标。目前我国MTI项目培养人数逐年迅速攀升，年招生规模已突破1万人，但是业内有识之士一直在呼吁要提高培养质量。2017年，在MTI设置十周年之际，仲伟合就曾指出，翻译专业教育面临着"人才培养质量不高"的问题，并强调指出，如果不能在短时间内解决包括培养质量问题在内的一系列问题，翻译专业学位教育的发展和翻译学学科的建设将受到严重影响（仲伟合，2017）。在2021年的MTI年会上，仲伟合再次指出，在翻译专业学位人才培养方面仍存在"人才培养质量不高"问题。

MTI口译人才培养质量的核心问题就是毕业生在职业实践中是否具备实干能力，能否将学习到的知识与技能应用于实践中，能否在遇到实践中的难题时运用合理的职业伦理推理作出合乎情境的判断与抉择。这些是考核MTI口译毕业生的重要标准。然而，目前在口译教学中占主导地位的仍是以教师为中心的传统口译训练模式，不能体现口译人才培养的本质要求。正如黄友义所指出的："翻译硕士专业学位教育应改变传统外语教学以学历教育为主，主要培养学术型和研究型人才的教学模式，在课程设置和教学模式上应以职业能力为本进行设计，真正实行课堂内外双导师模式。在教学过程中要注重结合社会需求，加强案例教学，培养翻译的实干能力。"（黄友义，2010）案例教学法作为在其他专业学位领域已经得到大量成功实践经验证明的一种教学模式，非常适合应用于MTI口译教学。

案例教学法的核心目标是提高学生分析和解决在职业实践中可能碰见的问题的能力。将案例教学法应用于MTI口译教学，就是在学习过程中，为学生创设模拟的职业情境，使学生在模拟的情境中遇到难题，经历挑战，学会分析难题和寻找解决方案的思路。传统口译人才培养模式的一个弊端是，学生在校期间只关注语言和口译技能的训练，缺乏对真实职场的了解。因此在走进职场时，常常会产生种种不适应的感觉，而用人单位也会觉得，学生虽然经过了两年的口译学习，但却不能、也不敢直接用在需要人的场合，还须要在岗位上经过一段时间的培训和锻炼才能逐渐满足岗位要求。然而，采取案例教学可以在很大程度上避免这种现象。因为通过持续的情境模拟，学生无论是在心态上还是在能力上都做好了应对口译实务中挑战的充分准备，他们在毕业后进入职场时，不会对职场中的各种情况感到陌生，在遇到挑战和难题时，也有明晰的思路去寻找适合的解决方案。案例教学中使用的案例来源于前辈译员的职场实践，又通过课堂教学，反哺于未来译员的口译实践。可以说，案例教学架起了课堂与职场之间的桥梁，有助于实现 MTI 口译人才培养目标。

无论是从国家教育主管部门对专业学位教学模式改革的纲领性文件，还是从设置 MTI 的初衷来看，为改进 MTI 口译教学方法，提高人才培养质量，大力推广应用案例教学模式都是必然选择。

第二节　案例教学法应用于 MTI 口译教学的挑战

在 MTI 口译教学中，虽然已有一些应用案例教学法的探索和研究，但是目前推广普及案例教学所面临的挑战也是明显的。

首先，尽管国家教育主管部门已经多次下文，明确强调要将推广普及案例教学作为推动专业学位教学改革，提高专业学位人才培养质量的重要抓手，而且也于 2020 年将案例教学应用与开发建设纳入了对专业学位评估的指标体系，但迄今为止案例教学在 MTI 教育领域得到的重视远远不足。从 MTI 教指委近几年的研究项目招标和立项情况来看，MTI 教学案例库建设一直是常设课题之一。教学案例库建设是开展案例教学的基础，没有高质量的教学案例，案例教学也无从谈起。最近几年立项的教学案例库建设项目涉及几个语种，它们诚然为今后在 MTI 教学中开展和推广案例教学提供了一些基础。但从目前口译案例库的建设情况来看，实际建成并有效地应用于口译教学的成果很少，远不能满足高质量的应用性口译人才培养要求。而且，教学案例库建设只是案例教学的一方面，对应用案例教学法进行翻译教学的具体模式和方法却既没有被纳入项目课题指南中，也没有相关的立项或项目成果。与此同时，MTI 教指委也没有颁布一个专门针对案例教学推广的纲领性文件。在缺乏来自指导机构明确信号的情况下，各学位授予单位虽然都已意识到案例教学的重要性，也开始进行一些实践探索和研究，但却很难在短时间内迈出实质性的步伐。

其次，在 MTI 口译教学领域，多数教师对案例教学的认识还不够清晰。案例教学是一种系统化的教学模式，在教学目标、教学内容、教学方法、教学组织形式、对师生的要求等方面都有一整套的成熟体系。因此，不是说教师在上课时举了几个口译实践中的例子就等同于案例教学。在传统的口译课堂上，教师举例在教学活动中只占次要地位，是为了服务教师讲解某个知识点或传授某种技能。而在实施案例教学的课堂上，案例是教学的关键要素，教学活动是围绕案例而设计的。在进行案例教学的过程中，师生是平等的，教师不是权威的化身，学生也并非只能"洗耳恭听"。在实施案例教学时，有些教师可能会担心，课堂上如果把过多时间花在讨论上，会导致学生的技能训练时间不足，影响学生对口译技巧的掌握程度。因此，他们对应用案例教学的效果感到不确定，进而不太愿意尝试进行案例教学。实际上，案例教学法虽然可能在表面上减少了学生课堂上进行技能训练的时间，但却大大增加了学生思考的时间，"学而不思则罔"，反思是习得任何技能的重要条件。在 MTI 口译人才培养过程中，教师的作用应该主要是指导和点拨。到了研究生阶段，如果教师还像对待中学生那样在课堂上手把手地教学生做语言训练和技巧训练是不符合教育规律的。学生完全可以在课后进行大量的自我练习，而教师在课堂上的作用主要是帮助学生树立正确的能力观。在通过案例教学获得正确的理念和训练方法后，学生在课后的练习可以事半功倍。

再次，高质量案例仍然缺乏。如前所述，多数口译教师在教学中都会讲到一些实践中的案例，但是，个人的经验毕竟有限，视角也是有局限的，不足以支撑起整个课程的案例教学体系。编写高质量的口译案例并不简单，需要投入大量精力和时间。仅以通过对资深译员访谈采编案例为例，首先要进行访谈，继而要对访谈内容进行处理，从中提取出有价值的案例素材，再根据案例教学的需要编制成可以使用的案例，这些工作都是需要花费大量时间和精力的。然而，目前编制口译教学案例在高校的科研评估体系中并未得到应有的重视，要让在晋升和科研压力下"疲于奔命"的教师投入大量精力来进行案例编制是有较大困难的。如果教师不愿意花费精力编制案例，又没有成熟的案例库可以使用，那么即使采用了案例教学的模式，也不能取得预期的效果，反而可能会使师生双方都感觉到不习惯、不舒服，进而导致对案例教学模式的质疑和抗拒。

复次，案例教学对师资质量提出了挑战。在目前从事口译教学的教师中，能做到理论、实践和教学兼优的"三栖型"人才本就不多，这些人中愿意接受或系统化接受过案例教学法培训的更是寥寥无几。在这种情况下，合格师资的匮乏是制约在MTI口译教学中应用案例教学法的重要因素。同时，因为习惯了传统的教学方式，教师对在案例教学法中自身角色的转变接受起来也有困难。教师习惯了向学生传授知识和扮演"权威"的角色，要在一时间让其转变为引导者和促进者的角色并不容易。有些教师会因此产生某种"危机感"，如感觉如果自己不能掌握绝对的"标准"，学生可能会质疑自己的水平等。从建构主义理论的视角来看，知识或能力的形成与发展不是由单向传授实现的，而是由"教"与"学"之间的不断互动而共同构建的。因此，需要教师放松心态，认识到"弟子不必不如师，师不必贤于弟子"。教师只要抱有与学生平等交流的心态，将自己也视为对实现教学目标做出贡献的一份子，就能够让学生从案例教学中受益，同时本人也会从中受益。

最后，案例教学中学生也面临角色转变的挑战。在传统口译教学模式下，学生是比较被动的，多数学生不愿意在课堂上表现自己，因此在上课时常常出现学生争先恐后坐后排的现象。出现这种现象的原因是学生没有树立课堂主人翁意识，而是认为自己只是教师和其他同学评价和批判的对象，因而缺乏主动参与的积极性。案例教学是要求学生积极参与课堂讨论的，而且要锻炼他们清晰且有逻辑地表达观点的能力，这对学生的个人素质和主动性提出了更高要求，学生也需要调整心态以适应新的课堂教学模式。

由此看来，目前在MTI口译教学中推广普及案例教学还面临着不少挑战。要想让案例教学法在MTI口译教学中生根发芽，开花结果，还需要教指委、培养高校、学位授予点、MTI教师、学生等多方面的共同努力。

第三节　案例教学法应用于MTI口译教学的前景

广义上讲，运用案例进行教育教学的方法在我国历史上早已有之。先秦时期的诸子百家几乎都是运用案例传授知识的高手。百家争鸣时期是中国思想史和教育史上的黄金时期,很多经典的案例影响了一代又一代的中国人,直到今天,很多案例仍然是我们学习的对象。中国古代的重要教育思想,如孔子所主张的因材施教,所谓的"不愤不启,不悱不发""学而不思则罔,思而不学则殆",讲的就是要尊重学生的个性差异、注重对学生的启发诱导,充分调动学生学习的主动性和积极性,强调学习与思考相结合。还有《学记》中提到的:"君子之教,喻也""道而弗牵,强而弗抑,开而弗达"等也都是主张启发式教学,强调教师要引导学生自己寻找解决问题的途径,而不是提供现成答案。由此可见,无论是从理念、形式还是内容来看,案例教学法在中国古代悠久的教育传统中都可以看到其雏形。

中国特色社会主义新时代,案例教学更是大有用武之地。我国社会主义教育的总目的是"培养德智体美劳全面发展的社会主义建设者和接班人"。就研究生教育而言,我们要"深化研究生培养模式改革,进一步优化考试招生制度、学科课程设置,促进科教融合和产教融合,加强国际合作,着力增强研究生实践能力、创新能力,为建设社会主义现代化强国提供更坚实的人才支撑"。MTI教育是研究生教育的一种形式,也是为我国社会主义现代化事业培养合格建设者和接班人的。国家和社会的需求就是MTI人才培养的要求。

在素质教育和立德树人日益成为我国教育界的主导理念之时,以实践能力培养为核心的案例教学法理应成为推动MTI教学改革创新的不二之选。业内专家多次强调MTI人才培养模式的创新问题(唐继卫,2010;仲伟合,2017),而我们认为一条重要的创新途径就是应用和推广案例教学法。案例教学法应用于MTI口译教学有助于实现素质教育和立德树人的目标。

在2021年举行的MTI年会上,仲伟合提到翻译专业未来发展应坚持的七个重点,包括学科交叉融合、拥抱技术影响、迎应需求变化、改变教学方式和创新培养模式、提升教师能力和提升教育质量。可以说,案例教学法与其中多数重点都直接相关,换句话说,在MTI口译教学中应用案例教学法可以迎应市场对口译人才需求的变化,改变传统口译教学方式,创新口译人才培养模式,提升口译教师能力,并提升口译教育质量。传统教学法强调"学",而案例教学法的重点在于"用",重在培养学生高层次的职业能力。

在教学案例选择方面,教师须根据口译职业和市场变化不断更新案例,编制符合最新发展的案例,从而使学生始终保持与市场和时代不脱节,并能在毕业时满足市场或工作岗位需求。传统口译教学方式以教师为主体,强调教师的权威,而案例教学法以学生为主体,以学习为中心,以实践能力培养为目标。传统的口译人才培养模式主要强调学生进行大量刻意练习,而案例教学法注重学与思相结合,重视对学生的启发诱导,调动其内在的主动性和积极性。案例教学法同样可以对提升教师能力做出贡献。从事案例教学的教师理想状态下应具备口译研究、实践和教学等方面的综合素质,是典型的"三栖型"人才。目前很多口译教师还达不到这个要求,因此在广泛推广口译案例教学法时还应注意对广大口译教师进行适当的培训。

在口译教学中应用案例教学法可以改进教学效果,提升教学质量。MTI口译教育不应满足于学生对口译技巧的掌握,而应重视学生在语言、知识、技巧和职业道德等多方面取得全面进步。这里需要强调的是,在未来的MTI口译专业教育中,还应充分肯定学生的主体地位,发挥学生的积极性和创造性。到了研究生阶段,MTI学生已经有了一定的知识储备和实践经验,他们可以对教学做出实质性的贡献,但前提是要为他们创造条件。学生习惯了传统状态下的师生关系,就很难在课堂上充分发挥主动性和创造性,而案例教学正是要通过一套系统的教学方法,改变课堂动力学,改变师生之间的关系,从而激发出学生参与课堂讨论,课前积极准备,课后刻苦训练巩固的热情。

案例教学法与传统口译教学方法之间并不存在矛盾。采用案例教学不是要完全替代传统的教学方法。案例教学法在培养学生分析和解决问题能力方面有其优势,但在口译教学领域中有一些基础性的认知技能训练,传统方法仍有其不可替代的作用。例如,对口译中一些基本技能,可以通过案例教学让学生了解正确的理念并掌握有效的训练方法,但要想达到高度自动化的程度,必须通过学生课后重复性的操练才能实现。案例教学是一种开放的教学模式,在应用于MTI口译教学时,完全可以根据MTI学生的特点进行调整,它可以与传统教学方法互补,包纳新的教学形式,可以采用新的教学技术。无论怎样,将案例教学法应用于MTI口译教学的根本目标只有一个，那就是切实、有效地提高学生的口译职业能力。

在将案例教学法应用于 MTI 口译教学方面，国内的一些教师和研究者已经进行了积极探索，也积累了一些经验，这些探索和经验为案例教学法在 MTI 口译教学中的应用和推广普及打下了良好的基础。我们相信，案例教学法在口译教学中的应用必将为 MTI 口译人才培养做出重要贡献。

参考文献

白秋梅．口译实战技能与译员职业发展．北京：清华大学出版社，2015．
鲍川运．翻译师资培训：翻译教学成功的关键．中国翻译，2009（2）：45-47．
[苏]别列日科夫．我是斯大林的译员——外交史的篇章．周梦黑等译．上海：上海译文出版社，1991．
陈佑清．学习中心教学论．北京：教育科学出版社，2019．
程志超，杨丹阳．采用双向式英语案例教学综合提高专业外语教学质量．黑龙江教育研究，1995（5）：97-99．
崔启亮．翻译技术案例教学案例资源建设和应用研究．外语界，2021（3）：22-29．
董纯才．中国大百科全书·教育卷．北京：中国大百科全书出版社，1985．
方梦之．翻译学辞典．北京：商务印书馆，2019．
何克抗．建构主义——革新传统教学的理论基础（上）．电化教育研究，1997（3）：3-9．
冯建中．口译实例与技巧．太原：书海出版社，2007．
何其莘．翻译和外语教学．中国翻译，2007（4）：11-12．
胡信华．试论高职学生翻译能力及其培养．福建论坛（社科教育版），2010（8）：106-108．
黄宝印．我国专业学位研究生教育发展的新时代．学位与研究生教育，2010（10）：1-7．

黄宝印. 我国专业学位教育发展的回顾与思考（上）. 学位与研究生教育, 2007（6）: 4-8.

黄宝印, 唐继卫, 郝彤亮. 我国专业学位研究生教育的发展历程. 中国高等教育, 2017（2）: 18-24.

黄友义. 翻译硕士专业学位教育的发展趋势与要求. 中国翻译, 2010（1）: 49-50.

柴明颎, 王静. 技术时代的翻译教学改革——翻译专业教学语料库的建库探索. 外语电化教学, 2017（6）: 25-31.

陈淑仪. 案例教学法在英汉、汉英翻译教学中的应用探赜. 高教学刊, 2020（11）: 92-96.

冯全功, 苗菊. 实施案例教学, 培养职业译者——MTI 笔译教学模式探索. 山东外语教学, 2009（6）: 28-32.

冯全功, 张全慧. 以职业翻译能力为导向的 MTI 笔译教学规划研究. 当代外语研究, 2011（6）: 33-38.

付永刚, 王淑娟. 管理教育中的案例教学法（第 2 版）. 大连: 大连理工大学出版社, 2014.

高阿林, 徐筠. 国际学术会议报告的体裁分析和图式结构. 广东技术师范学院学报, 2007（7）: 45-48.

桂诗春. 心理语言学. 上海: 上海外语教育出版社, 1985.

韩翔, 王潇音. 案例教学法在历史教学中的应用. 北京: 中国纺织出版社, 2020.

冀朝铸. 从红墙翻译到外交官: 冀朝铸口述回忆录. 西安: 陕西人民出版社, 2012.

贾正传, 贾玉嘉. MTI 专业课程案例库建设和应用系统模式探讨. 鲁东大学学报（哲学社会科学版）, 2014（6）: 80-85.

蒋本良. 给共和国领导人做翻译. 上海: 上海辞书出版社, 2007.

[捷] 夸美纽斯. 大教学论. 傅任敢译. 北京: 教育科学出版社, 2014.

李秉德, 李定仁. 教学论. 北京: 人民教育出版社, 2001.

李家春. 案例教学法在 MTI 笔译教学中的应用. 教育探索, 2014（11）: 46-48.

李美平．案例教学法在法语翻译教学中的应用研究——以浙江越秀外国语学院为例．中国法语专业教学研究，2013（0）：207-213.

李敏．任务驱动式案例教学在《笔译》课程教学改革中的探索与实践．高教学刊，2019（3）：130-132.

李朝辉，王志彦，谢羿．教学论．北京：清华大学出版社，2016.

连彩云，荆素蓉，于婕．创新翻译教学模式研究——为地方经济发展培养应用型专业翻译人才．中国翻译，2011（4）：37-41.

梁法丽．案例教学法在应用英语翻译教学中的应用——以华锐学院应用英语翻译课程教学改革为例．赤峰学院学报（自然科学版），2013（22）：251-252.

刘德有．我为领袖当翻译：亲历中日高层往来．沈阳：辽宁人民出版社，2017.

刘和平．职业口译教学与研究．北京：外语教学与研究出版社，2018.

刘士祥．高职商务英语翻译实训教学创新——基于众包翻译模式的启示与借鉴．宁波职业技术学院学报，2014（5）：28-31+88.

刘晓晨．过程取向的翻译案例教学研究．英语广场，2020（3）：15-16.

[美]罗伯特·K.殷．案例研究方法的应用．周海涛，夏欢欢译．重庆：重庆大学出版社，2014.

[美]罗伯特·K.殷．案例研究：设计与方法（第2版）．周海涛，李永贤，李虔译．重庆：重庆大学出版社，2010.

马会娟．汉译英翻译能力研究．北京：北京师范大学出版社，2013.

潘云良．案例教学的理论与实践．北京：中共中央党校出版社，2018.

潘政旭，王蕾．MTI朝鲜语同声传译教学案例库建设研究．韩国语教学与研究，2017（1）：58-63.

庞愿．应用型本科商务口译课程借鉴MBA案例教学的思考．成都大学学报，2010（3）：107-109.

任文等．译员道德准则与行为规范．中国翻译协会，2019.

任小平．外交口译的灵活度．中国翻译，2000（5）：40-44.

任文．试论口译过程中译员的"中立性"问题．中国翻译，2011（6）：36-41.

施晓菁. 北京联合国译训班学习生活散记. // 李铁成. 联合国里的中国人（1945—2003）. 北京：人民出版社，2004：829-833.

施燕华. 外交翻译60年. 中国翻译，2009（5）：9-12.

施燕华. 我的外交翻译生涯. 北京：中国青年出版社，2013.

师哲. 我的一生. 北京：人民出版社，2005.

唐继卫. 加强翻译硕士教育工作，适应翻译产业发展需要. 中国翻译，2010（1）：50-52.

唐世纲. 案例教学论. 成都：西南交通大学出版社，2016.

王斌华. "口译能力"评估和"译员能力"评估——口译的客观评估模式初探. 外语界，2007（3）.

王斌华. 从"口译能力"到"译员能力"——专业口译教学理念的拓展. 外语与外语教学，2012（6）.

王策三. 教学论稿（第2版）. 北京：人民教育出版社，2018.

王传英，赵琳. 依托影视字幕翻译开展案例教学. 外国语文，2011（4）：109-113.

王立弟. 翻译中的知识图式. 中国翻译，2001（2）：19-25.

王玉西. 对大学英语翻译教学若干问题的思考. 中国翻译，2010（6）：29-33.

王玉西. 探索案例教学法在翻译硕士专业教学中的应用. 中国翻译，2012（4）：41-44.

[美]威廉·埃立特. 案例学习指南：阅读、分析、讨论案例和撰写案例报告. 刘刚，钱成译. 北京：中国人民大学出版社，2009.

[苏]维什尼亚科娃-阿基莫娃. 中国大革命见闻（1925—1927）——苏联驻华顾问团译员的回忆. 北京：中国社会科学出版社，1985.

文军. 翻译课程模式研究：以发展翻译能力为中心的方法. 北京：中国文史出版社，2005.

肖晓燕，杨柳燕. 走进口译——欧盟亚欧口译项目多媒体教学资料. 上海：上海外语教育出版社，2006.

谢彩虹，朱艳宁，张敏. 案例教学法在商务英语翻译教学中的应用. 湖北经济学院学报（人文社会科学版），2008（4）：189-190.

谢敬中．案例教学法简介．成人教育，1983（6）：30．

许艳．商务口译案例形成性评估模式研究——以石材类口译为例．文教资料，2010（17）：172-174．

杨承淑，邓敏君．老手与新手译员的口译决策过程．中国翻译，2011（4）：54-59．

杨建娣．高职高专商务口译教学新模式及情景案例教学运用初探．广西民族师范学院学报，2010（4）：86-89．

杨晓华．翻译教学中的课程行动研究——以BTI文化翻译课程为例．外语教学，2012（4）：109-113．

杨晓华．基于问题学习的翻译教学研究——以MTI文化翻译课程为例．中国翻译，2012（1）：35-39．

姚斌．从译员回忆录看外交口译的特点与挑战．中国科技翻译，2022（1）：24-27．

姚斌．即兴发言汉英交替传译中的信息重组策略．中国翻译，2018（2）：106-110．

姚斌．"口译职业与伦理"课程教学设计与实践．山东外语教学，2020（3）：32-38．

姚斌．问题诱因对译员同传表现的影响——基于定量和定性分析的实证研究．中国科技翻译，2013（2）：20-23．

姚斌，任文．将案例法引入口译课堂——以"口译忠实（诚）观"教学为例．中国外语教育，2018（2）：20-25+84-85．

姚斌，王帅．英汉同传中的"失误序列"研究——基于新手和专家译员表现的实证分析．// 耿智，王玉平．科学翻译新进展．北京：国防工业出版社，2015：185-192．

姚斌，朱玉犇．从新手到高手：口译实战案例30讲．北京：中译出版社，2021．

姚斌，朱玉犇，孙婷婷．会议口译．北京：外语教学与研究出版社，2016．

于连江，张作功．以案例教学模式培养实用型英语人才．外语界，2001（6）：26-30．

于连江．商贸翻译教学研究．教学研究，2005（1）：58-61．

余国良. 翻译教学中批判性思维的培养模式研究. 外语学刊, 2010（5）: 101-104.

曾倩. 案例教学在高职英语教育专业翻译教学中的应用. 湖南广播电视大学学报, 2009（4）: 37-39.

展江, 彭桂兵. 媒体道德与伦理：案例教学. 北京：中国传媒大学出版社, 2014.

张林熹. 信息化视域下中医口译深度情境教学模式研究. 医学教育研究与实践, 2020（1）: 128-131.

张小波. 实用性翻译教学模式探索. 怀化学院学报, 2006（3）: 124-126.

张小波. 基于案例教学法的翻译教学探讨. 广东医学院学报, 2006（3）: 327-328.

张维为. 英汉同声传译（修订版）. 上海：上海外语教育出版社, 2011.

张妍. 移动互联网＋案例教学法在高职英语翻译教学中的应用分析. 江西电力技术职业学院学报, 2018,（7）: 38-39.

张玉翠. 案例教学法在口译教学中的应用研究. 盐城工业学院学报（社会科学版）, 2008（3）: 81-84.

张政, 张少哲. 真项目　真实践　真环境　真体验——基于北京师范大学MTICAT案例教学的探索与实践. 中国翻译, 2012（2）: 43-46.

张作功, 于连江. 高校翻译教学的案例模式研究. 浙江教育学院学报, 2010（6）: 61-65.

甄晓非. 以翻译策略能力培养为导向的翻译案例教学模式研究. 高教学刊, 2016（3）: 73-74.

钟建军, 陈中永. 智力开发的基本理念与实践. 心理科学进展, 2006（2）: 235-240.

仲伟合. 十年扬帆，蓄势远航：MTI教育十年回顾与展望. 东方翻译, 2017（3）: 7-9.

仲伟合. 翻译硕士专业（MIT）的设置——翻译学学科发展的新方向. 中国翻译, 2006（1）: 32-35.

仲伟合, 姚恺璇. 从专项评估看翻译硕士专业学位教育的问题. 东方翻译, 2016（2）: 4-9.

仲伟合. 我国翻译专业教育的问题与对策. 中国翻译，2014（4）：40-44.

周俊. 教育管理案例教学. 杭州：浙江大学出版社，2019.

周兴华. 计算机辅助翻译教学：方法与资源. 中国翻译，2014（4）：91-95.

朱方伟，孙秀霞，宋昊阳. 管理案例采编. 北京：科学出版社，2014.

祝朝伟. 基于翻译能力培养的MTI课程设置研究. 外语界，2015（5）：61-69.

朱慧芬. 案例教学在高职商务英语翻译课中的运用. 中国科技信息，2006（13）：238-239.

朱振武，綦亮. 理论·操守·权益——翻译硕士（MTI）专业设置引发的思考. 上海翻译，2011（3）：55-59.

中国专业学位案例中心. 案例库，https://case.cdgdc.edu.cn/index/enterIndex.do，登陆时间：2022-04-18.

AIIC (International Association of Conference Interpreters). Code of Professional Ethics. Geneva: AIIC, 2. https://www.aiic.org/document/10232/CODE_2022_E&F_final.pdf (Accessed April 18, 2022).

Albir, A. H. (ed.). (2017). *Researching Translation Competence by PACTE*. Amsterdam & Philadelphia: John Benjamins.

Baker, M. & Maier, C. (2011). Ethics in Interpreter and Translator Training: Critical Perspectives. *The Interpreter and Translator Trainer*, (1): 1-14.

Barik, H. C. (1975). Simultaneous Interpretation: Qualitative and Linguistic Data. *Language and Speech*, *18*(3): 272-297.

Bower, J. (2016). The Case Method. In M. Augier and D. Teece (eds.), *The Palgrave Encyclopedia of Strategic Management*. London: Palgrave Macmillan.

Chernov, G. V. (1979). Semantic Aspects of Psycholinguistic Research in Simultaneous Interpretation. *Language & Speech*, *22*(3): 277-295.

Copeland, M. T. (1957). *And Mark an Era: The Story of the Harvard Business School*. Boston: Little Brown.

Chesterman, A. (2012). *Memes of Translation: The Spread of Ideas in Translation Theory*. Shanghai: Shanghai Foreign Language Education Press.

Davidson, P. M. (1992). Segmentation of Japanese Source Language Discourse in

Simultaneous Interpretation. *The Interpreters' Newsletter*, Special Issue 1: 2-11.

Dean, R. K. & R. Q. Pollard Jr. (2011). Context-Based Ethical Reasoning in Interpreting: A Demand Control Schema Perspective. *The Interpreter and Translator Trainer*, 5(1): 155-182.

Delisle, J. (1988). *Translation: An Interpretive Approach*. Ottawa: University of Ottawa Press.

Dewing, S. A. (1931). An Introduction to the Use of Cases. In Cecil E. Fraser (ed.), *The Case Method of Instruction*. New York: McGraw-Hill.

Donham, W. B. (1922). Business Teaching by the Case System. *American Economic Review*, 12(1): 53-65.

Donnovan, C. (2011). Ethics in the Teaching of Conference Interpreting. *The Interpreter and Translator Trainer*, 5(1): 109-128.

Downie, J. *Being a Successful Interpreter*. London & New York: Routledge, 2016.

Drugan, J. & Megone C. (2011). Bringing Ethics into Translator Training. *The Interpreter and Translator Trainer*, 5(1): 183-211.

Ericsson, K. A., C. Neil & P. J. Feltovich (eds.) (2006). *The Cambridge Handbook of Expertise and Expert Performance*. Cambridge: Cambridge University Press.

Gaiba, F. (1998). *The Origins of Simultaneous Interpretation: The Nuremburg Trials*. Ottawa: University of Ottawa Press.

Gile, D. (2011). *Basic Concepts and Models for Interpreter and Translator Training* (Revised Edition). Shanghai: Shanghai Foreign Language Education Press.

Kirchhoff H. (2002/1976). SI: Interdependence of Variables in the Interpreting Process, Interpreting Models and Interpreting Strategies. In F. Pöchhacker & M. Shlesinger (eds.), *The Interpreting Studies Reader*, 112-130.

Liu, M. H. (2001). *Expertise in Simultaneous Interpreting: A Working Memory Analysis*. Ph.D. Thesis, University of Texas at Austin.

Liu, M. H., Schallert D. L. & Carroll P. J. (2004). Working Memory and Expertise in Simultaneous Interpreting. *Interpreting*, 6(1): 19-42.

Liu, M. H. & Chiu Y.-H. (2009). Assessing Source Material Difficulty for Consecutive Interpreting: Quantifiable Methods and Holistic Judgement. *Interpreting*, *11*(2): 244-266.

Monacelli, C. (2009). *Self-Preservation in Simultaneous Interpretation: Surviving the Role*. Amsterdam & Philadelphia: John Benjamins.

Napier, J. (2010). A Case Study of the Use of Storytelling as a Pedagogical Tool for Teaching Interpreting Students. *The Interpreter and Translator Trainer*, *4*(1): 1-32.

Nord, C. (2001). *Translating as a Purposeful Activity: Functionalist Approaches Explained*. Shanghai: Shanghai Foreign Language Education Press.

Moser-Mercer, B. et al. (2000). Searching to Define Expertise in Interpreting. In B. Englund-Dimitrova and K. Hyltenstam (eds.), *Language Processing and Simultaneous Interpreting: Interdisciplinary Perspectives* (pp. 107-132). Amsterdam & Philadelphia: John Benjamins..

Obst, H. (2010). *White House Interpreter: The Art of Interpretation*. Bloomington: Authorhouse.

Setton, R. & Dawrant A. (2016). *Conference Interpreting: A Complete Course / A Trainer's Guide*. Amsterdam / Philadelphia: John Benjamins.

相关文件

教育部. 关于加强专业学位研究生案例教学和联合培养基地建设的意见，http://www.moe.gov.cn/srcsite/A22/moe_826/201505/t20150511_189480.html，登陆时间：2022-04-18.

国务院教育督导委员会办公室. 全国专业学位水平评估实施方案，http://www.moe.gov.cn/srcsite/A11/s7057/202011/t20201126_501861.html，登陆时间：2022-04-18.

国务院学位委员会、教育部. 专业学位研究生教育发展方案(2020-2025)，http://www.moe.gov.cn/srcsite/A22/moe_826/202009/t20200930_492590.html，登陆时间：2022-04-18.

教育部．专业学位设置审批暂行办法，https://baike.baidu.com/item/ 专业学位设置审批暂行办法 /2375622?fr=aladdin#reference-[1]-2929369-wrap, , 登陆时间：2022-04-18.

国务院学位委员会、教育部．关于加强和改进专业学位教育工作的若干意见，http://www.moe.gov.cn/srcsite/A22/s7065/200201/t20020109_162658.html, 登陆时间：2022-04-18.

国家中长期教育改革和发展规划纲要工作小组办公室．国家中长期教育改革和发展规划纲要（2010-2020），http://www.moe.gov.cn/srcsite/A01/s7048/201007/t20100729_171904.html, 登陆时间：2022-04-18.

国务院学位委员会．翻译硕士专业学位设置方案，http://www.cdgdc.edu.cn/xwyyjsjyxx/gjjl/szfa/fyss/263550.shtml, 登陆时间：2022-04-18.

全国翻译专业学位研究生教育指导委员会．翻译硕士专业学位研究生教育指导性培养方案，https://cnti.gdufs.edu.cn/info/1006/1094.htm, 登陆时间：2022-04-18.

全国翻译专业学位研究生教育指导委员会．翻译硕士专业学位基本要求，https://cnti.gdufs.edu.cn/info/1006/2029.htm, 登陆时间：2022-04-18.

国务院学位委员会、教育部．2002．关于加强和改进专业学位教育工作的若干意见，http://www.moe.gov.cn/srcsite/A22/s7065/200201/t20020109_162658.html, 登陆时间：2022-04-18.

教育部、人力资源社会保障部．2013．关于深入推进专业学位研究生培养模式改革的意见，www.moe.gov.cn/srcsite/A22/moe_826/201311/t20131113_159870.html, 登陆时间：2022-04-18.